16	3	2	13
5	10	11	8
9	6	7	12
4	15	14	1

COLEÇÃO
TODOS OS
CANTOS

Dominique Dreyfus

Vida do Viajante:
A Saga de
LUIZ GONZAGA

Prefácio de Gilberto Gil

editora 34

EDITORA 34

Editora 34 Ltda.
Rua Hungria, 592 Jardim Europa CEP 01455-000
São Paulo - SP Brasil Tel/Fax (11) 3811-6777 www.editora34.com.br

Copyright © Editora 34 Ltda., 1996
Vida do viajante: a saga de Luiz Gonzaga © Dominique Dreyfus, 1996

A FOTOCÓPIA DE QUALQUER FOLHA DESTE LIVRO É ILEGAL E CONFIGURA UMA
APROPRIAÇÃO INDEVIDA DOS DIREITOS INTELECTUAIS E PATRIMONIAIS DO AUTOR.

Edição conforme o Acordo Ortográfico da Língua Portuguesa.

Capa, projeto gráfico e editoração eletrônica:
Bracher & Malta Produção Gráfica

Revisão:
Maria Conceição Silva Bragança

Crédito das imagens:
Arquivo Dominique Dreyfus/Divulgação (pp. 6/7, 11, 19a, 19b, 19c, 21a, 21b, 23, 26, 29a, 29b, 32a, 32b, 33, 42a, 42b, 48/49, 55a, 55b, 58, 61, 65, 68, 71, 74, 90a, 90b, 90c, 95, 101, 108, 111, 128a, 128b, 129a, 129b, 135, 139a, 139b, 141, 147, 156, 157a, 157b, 162, 163, 170b, 177b, 180, 187a, 195, 200, 206, 212a, 212b, 213, 216, 217, 222a, 222b, 222c, 234, 236a, 236b, 243, 250a, 250b, 251a, 251b, 256a, 256b, 256c, 257a, 257b, 257c, 265a, 265b, 276b, 279, 281a, 281b, 284a, 284b, 285a, 285b, 287a, 287b, 290a, 290b, 293, 298a, 298b, 305a, 305b, 310, 311, 313, 315a, 315b, 315c, 315d, 316, capa, 4ª capa); Arquivo Fernando Lobo (p. 270); Arquivo Iolanda Dantas (pp. 137, 151, 189a, 189b, 170a, 267a); Arquivo Miguel Ângelo de Azevedo "Nirez" (pp. 14, 114, 154, 177a, 183, 187b, 201, 267a, 267b)

1ª Edição - 1996, 2ª Edição - 1997 (2 Reimpressões),
3ª Edição - 2012 (1ª Reimpressão - 2013)

Dados Internacionais de Catalogação na Publicação (CIP)
(Câmara Brasileira do Livro, SP, Brasil)

> Dreyfus, Dominique
> D778v   Vida do viajante: a saga de Luiz Gonzaga /
> Dominique Dreyfus; prefácio de Gilberto Gil. —
> São Paulo: Editora 34, 2012 (3ª Edição).
> 352 p. (Coleção Todos os Cantos)
>
> ISBN 978-85-7326-034-2
>
> 1. Gonzaga, Luiz, 1912-1989. Gil, Gilberto.
> II. Título. III. Série.

CDD - 927.80981

Vida do Viajante:
A Saga de LUIZ GONZAGA

Prefácio, Gilberto Gil	9
Agradecimentos	12
Apresentação	15
Capítulo I	27
Capítulo II	59
Capítulo III	75
Capítulo IV	109
Capítulo V	149
Capítulo VI	181
Capítulo VII	207
Capítulo VIII	241
Capítulo IX	271
Discografia	317
Musicografia	343
Bibliografia	350

PREFÁCIO

Gilberto Gil

O caminho que a música popular percorre, do campo para a cidade, correspondendo ao êxodo das populações rurais para os centros urbanos maiores, vem sendo aberto e pavimentado ao longo do século, numa série de ciclos dos quais os mais intensos e significativos, numa escala verdadeiramente nacional, se deram, essencialmente, nas décadas dos quarenta e dos cinquenta. Os vários modos folclóricos, que os povos do interior foram criando e acumulando durante o longo período de colonização, começam a escoar mais intensamente para as cidades, na primeira metade deste século. Item indispensável na bagagem do êxodo rural, conseguem se estabelecer, definitivamente, senão como base formadora, pelo menos como ingrediente importante na constituição dos novos gêneros urbanos que vieram a plasmar a nossa música popular, a partir dos anos trinta. Dentre aqueles gêneros diretamente criados a partir da matriz folclórica, está o Baião e toda a sua família. E da família do baião Luiz Gonzaga foi o pai.

Seu nome se inscreve na galeria dos grandes inventores da música popular brasileira, como aquele que, graças a uma imaginativa e inteligente utilização de células rítmicas extraídas do pipocar dos fogos, de moléculas melódicas tiradas da cantoria lúdica ou religiosa do povo caatingueiro, de corpos narrativos vislumbrados na paisagem natural, biológica e psicológica do seu meio, e, sobretudo, da alquímica associação com o talento poético e musical de alguns nativos nordestinos emigrantes como ele, veio a inventar um gênero musical, o baião. O baião que, à frente de toda uma família de derivados, não só do Nordeste como de outras regiões do país, passa a se constituir no principal gênero da nossa música popular, depois do samba.

Este livro escrito por Dominique Dreyfus, uma jornalista francesa com profunda vivência das coisas do Brasil e da cultura nordestina, vem fazer justiça à vastidão e riqueza da paisagem humana gonzaguiana, finalmente retratada na sua variedade de tonalidades existenciais, topografias morais, microclimas afetivos — com suas serras amenas e seus rasos de cáctus e cipoais ameaçadores. Paisagem ora representada por uma estrada plana na campina aberta do amor incondicional ao povo, ora por uma gruta insondável e misteriosa no interior de um lajedo da alma. Paisagem, enfim, iluminada, aqui, com a luz ofuscante e inebriante do canto de peito aberto, ou obscurecida, ali, pela fumaça sufocante da fogueira das vaidades e das ambições.

Eu, como discípulo e devoto apaixonado do grande mestre do Araripe, associo-me às eternas homenagens que a História continuadamente prestará ao nosso Rei do Baião, abrindo ao leitor, com palavras de louvação e gratidão, as páginas deste livro.

Este livro, eu sei, é fruto do imenso amor e admiração de tantos que tiveram o privilégio do convívio com o belo e encantador mulato da caatinga. Tantos entre os quais a autora, estou seguro, tem grande orgulho de estar incluída.

AGRADECIMENTOS

Este livro não existiria sem a palavra de todos aqueles que me contaram a história... todos aqueles que obriguei impiedosamente a mergulhar no mais profundo de sua memória à procura de recordações, fatos, datas, anedotas, testemunhos, impressões. Quero agradecê-los. São eles, por ordem alfabética:

Alceu Valença
Ana Lícia (sobrinha de Luiz Gonzaga)
Anastácia
Antenógenes Silva
Bob Nelson
Carmélia Alves
Carmem Costa
Chico Buarque
Francisca Gonzaga — Chiquinha (irmã de Luiz Gonzaga)
Edelzuita Rabelo (segunda esposa de Luiz Gonzaga)
Elba Ramalho
Eva (prima de Luiz Gonzaga)
Expedito (ex-secretário de Luiz Gonzaga)
Fernando Lobo
Francisco Wellington Parente (ex-secretário da prefeitura de Exu)
Geni (irmã de Luiz Gonzaga)
Geraldo Azevedo
Gilberto Aires (filho de Manuel Aires)
Gilberto Gil
Gilberto Milfont
Helena Gonzaga (primeira esposa de Luiz Gonzaga)
Iolanda Dantas (viúva de Zé Dantas)
Ita (da família Alencar, foi professora da escolinha do Araripe)
Jairo Severiano
Janduhy Finizola
João Batista (filho adotivo de Maria Raimunda e Januário)

João Bosco
João Calixto de Alencar (escrivão-tabelião em Exu)
João Câncio (fundador da Missa do Vaqueiro)
João da Silva
Joca (sobrinho de Luiz Gonzaga e sanfoneiro)
Jorge Machado Nunes (genro de Luiz Gonzaga)
Jorge Paulo (deputado federal, amigo de Luiz Gonzaga)
José Clementino
José de Elvira (vaqueiro, amigo de infância de Luiz Gonzaga)
José Januário — Zé Gonzaga (irmão de Luiz Gonzaga)
Klécius Caldas
Lica (empregada doméstica no Parque Aza Branca)
Lúcia (irmã de Dina, que criou Gonzaguinha)
Luiz Gonzaga
Luiz Gonzaga Júnior — Gonzaguinha
Luiz Guimarães
Marfisa (neta do coronel Manuel Aires)
Maria Creusa (filha adotiva de Januário e Santana; empregada doméstica de Luiz Gonzaga nos anos 50)
Maria das Dores (prima de Luiz Gonzaga)
Maria Raimunda de Jesus (segunda esposa de Januário)

Maria Rosa Gonzaga (filha de Luiz Gonzaga)
Mariazinha (sobrinha de Luiz Gonzaga, administradora do Parque Aza Branca)
Marinês
Mauro (sanfoneiro de Luiz Gonzaga)
Miguel Ângelo de Azevedo "Nirez"
Muniz (irmã de Luiz Gonzaga)
Nair
Nazaré Pereira
Nelson Barbalho
Neusa (sobrinha de Dina)
Onildo de Almeida
Oswaldinho
Oswaldo Pereira Nunes — "Salário Mínimo" (músico)
Patu (historiador)
Pedro Cruz
Piloto (sobrinho de Luiz Gonzaga e sanfoneiro)
Plínio Pacheco (diretor da Paixão do Cristo, em Fazenda Nova)
Priscila (amiga de infância, e empregada doméstica de Luiz Gonzaga nos anos 50)
Raimunda Sales — Mundica (empregada doméstica de Luiz Gonzaga da década de 60 ao fim)
Raimundo Fagner
Reginaldo (operador, empresário de Luiz Gonzaga)
Simão (primo-neto do coronel Aires)
Suzana Gutman
Socorro (irmã de Luiz Gonzaga)
Sofia (prima de Luiz Gonzaga)
Vital Pereira Brigel (comerciante de estivas)

Também quero agradecer, pela generosa e inestimável ajuda, a todos aqueles que me deram, sem contar, conselhos, orientações, tempo; que me abriram seus arquivos, que me deram material, que atenderam a meus inúmeros telefonemas e responderam às minhas numerosas cartas. São eles:

Edelzuita Rabelo
Helena Gonzaga
Iolanda Dantas
Jairo Severiano
Miguel Ângelo de Azevedo "Nirez"
José Januário dos Santos

Obrigada também pelo apoio a:

Assis Ângelo
Clavio Valença
Glória da Silva
Napoleão Saboia
Pascoal Perrota
Rubem Valença
Silvia Lessa e a Varig
a todos os habitantes do Parque Aza Branca e de Exu que tão bem me acolheram quando lá permaneci
e à família Monteath

Obrigada a Tárik de Souza.

E que me desculpem aqueles que, talvez, tenha esquecido de mencionar aqui...

Dominique Dreyfus

APRESENTAÇÃO

Julho de 1948. Eu estava com dois anos e pouco. Embarcamos no aeroporto do Bourget, em Paris, no Constellation da Panair do Brasil. Vinte e quatro horas mais tarde, chegamos no Recife. Ficamos quatro dias na capital pernambucana e seguimos para Garanhuns, a 350 quilômetros do litoral, onde meus avós paternos, aposentados, moravam. E agora nós também estávamos indo viver lá. A viagem durou trinta e seis horas: as chuvas tinham derrubado uma ponte da estrada de ferro...

Nos primeiros meses ficamos morando no sítio dos meus avós, na casa de hóspedes vizinha à residência principal. Sentada na mesinha no seu quarto, minha mãe, saudosa, escrevia intermináveis cartas a seus pais, que tinham ficado na França. Falava dos três filhos que estavam se habituando bem à nova vida, e aprendendo a falar português rápido. Descrevia o Brasil, com os olhos tão maravilhados quanto apavorados de uma jovem francesa, que jamais saíra antes de seu país e que, de repente, se encontrava nas distantes terras nordestinas... Horrorizada com os açougues, maravilhada com a flora, com a gentileza das pessoas, com a música. Escutava o rádio e contava aos pais que havia um cantor chamado Luiz Gonzaga, que estava fazendo um tremendo sucesso e tocava o tempo todo no rádio uma música "à la fois joyeuse et mélancolique...". Contava que, certo dia enquanto ela estava escrevendo, eu estava brincando ao pé dela, quando ouviu-se Luiz Gonzaga tocando um dos seus sucessos do momento. Eu então levantei a cabeça, apontei o indicador para o radiozinho em cima da cômoda e falei para a mamãe: "C'est ça que j'aime" ("É disso que eu gosto").

Julho de 1986. Eu estava fazendo a cobertura do festival de música brasileira "Couleurs Brésil", em Paris. Entre muitos artistas programados, havia o velho Lua, que, 38 anos mais tarde, continuava sendo meu ídolo. Em pé, na imensidão da Grande Halle de La Villette, no meio de cinco mil pessoas, eu me derretia toda ao ouvir o vozeirão tão querido, cantando aquelas músicas que acompanharam minha infância. Pensei que era uma pena não haver uma biografia mais detalhada sobre ele, que já estava ficando idoso e cansado... pensei que alguém teria que fazer isso logo... e pensei enfim: por que não eu?

Quando o show acabou, a ideia ainda estava muito nova e o camarim do sanfoneiro muito cheio para eu ter condições de falar com ele. Luiz Gonzaga regressou rapidamente para o Brasil e eu fiquei amadurecendo o projeto.

Alguns meses mais tarde, escrevi-lhe uma carta expondo minha ideia. Gonzagão demorou a responder, mas respondeu entusiasmado e me convidando a ficar no Parque Aza Branca, em Exu, o quanto eu quisesse para pesquisar.

Várias cartas mais tarde, estava tudo combinado e, em junho de 1987, desembarquei no Brasil com gravador e centenas de cassetes...

Os dois meses que passei no Parque Aza Branca, regados a comilanças sertanejas que me deixaram o estômago alucinado e a balança desgovernada, permitiram que eu descobrisse, além do músico que eu sempre conhecera, um homem fora do comum. Luiz Gonzaga fazia parte da categoria "gênio" e, portanto, tinha todas as características que cabem aos gênios: era sensível, sonhador, encantador, sedutor, inteligente, engraçadíssimo, generoso, mas também violento, autoritário, instável, imprevisível, impaciente, cheio de contradições. E também terrivelmente só, sofrido, "incompreendido".

Tanto mais que estava vivendo o auge da crise conjugal, num clima de total incompreensão por parte tanto dele quanto de Helena, sua esposa.

Mal cheguei no Recife, onde tínhamos marcado de nos encontrar em junho, me apresentou a Edelzuita, "a outra", que se tornaria "esposa oficial" no último ano de sua vida. "Você é francesa, vai entender essas coisas." Todo mundo entendia "essas coisas", só ele é que achava que não podia viver publicamente a relação amorosa. Mas bem, como eu era francesa, tive o privilégio de ser convidada a permanecer com o "ilícito" casal, até embarcarmos, Gonzaga e eu, para o Exu.

Fui portanto me instalar no apartamento de Zuita, dois quartos e sala, em Boa Viagem. Cheguei lá no final do dia, e Zuita me indicou meu quarto. Era o dela, com a cama de casal. Fiz mil salamaleques: "Não, não pode. E vocês, onde vão dormir?". Mas é que Gonzaga só dormia na rede, no quartinho ao lado, e Zuita dormia na cama de solteiro junto à rede... Aceitei a cama de casal.

Trazia de Paris um champanhe para o Rei do Baião, e um frasco de Shalimar de Guerlain para sua esposa. Mas a essas alturas, eu já não sabia quem era a esposa. Acabei entregando o perfume a Gonzaga: "É para a mulher que o senhor ama". Dois minutos mais tarde, o perfume estava na prateleira do armário de Zuita.

De manhã cedo fui acordada pela vozona de Gonzaga: "Levanta, francesa, que eu quero ver se você é bonita quando acorda".

Durante o café da manhã, entre macaxeira, mamão, cuscuz, banana frita e café bem fraquinho, Gonzaga começou a contar sua vida.

Daí em diante, eu me tornei a mulher do gravador.

No dia seguinte fomos para Caruaru, onde Gonzaga ia dar show. Chegamos lá ao meio-dia, e fomos direto almoçar, a convite do dono, numa churrascaria. Heroico e sorridente, Gonzaga suportou que um dos presentes lhe cantasse, aos berros e desafinando, a íntegra de seus sucessos com Humberto Teixeira e Zé Dantas. Depois fomos até a feira, caminhando a dez... metros por hora. Luiz Gonzaga dava atenção a todos os admiradores que o solicitavam, dava dinheiro, conversava, abraçava, sorria... À tarde, ficamos no hotel. Do meu quarto vizinho ao do casal, ouvi Gonzaga xingando seus músicos: estavam chegando do Exu e tinham esquecido de trazer a roupa de palco dele, como estava combinado... na sua cabeça. Os músicos não tinham sido avisados. Furioso, Gonzaga resolveu ir comprar um chapéu de couro na feira. Sozinho. Pegou o carro e saiu. Uma verdadeira ameaça de tragédia. Com catarata num olho, e o outro que fora acidentado, pouco enxergava. Havia anos que não dirigia mais. De qualquer forma, nunca fora um ás do volante. Ficamos Zuita, os músicos e eu desolados no patamar do hotel, a escutar rangerem as rodas na estrada empoeirada. O carro sumiu. E logo em seguida voltou. Ufa! Gonzaga se acalmara rapidamente, desistindo da compra. Em breve voltou para o hotel, bem devagarinho. E inteiro. Antes do show, deu entrevistas para jornal, rádio, televisão, fazendo questão que "a biógrafa francesa" o acompanhasse em todas, assistiu ao cocktail, ao banquete, aos discursos, às homenagens e, noite alta, foi dar o seu recado no Forró Forrado de Caruaru, superlotado.

Regressamos na mesma noite a Recife. (Eu soube depois que ele estava sofrendo com os problemas de próstata.) Dois dias mais tarde, seguimos, ele e eu, para o Exu. No Parque Aza Branca, dirigido por Mariazinha, sobrinha de Gonzaga, havia uma casa grande e, ao lado, doze quartos de hóspedes. Fiquei num deles: uma suíte deliciosamente rústica, com uma salinha, uma quarto de dormir, um banheiro, e um punhado de jias verdes e simpáticas que pulavam cada vez que eu abria uma torneira ou dava descarga. Transformei a salinha em escritório.

Apresentação   17

De manhã cedinho, eu acordava, abria minha janela e via Gonzaga, vestido com um macacão branco e que, para combater a dor nas pernas, dava a volta no parque, que de parque só tinha o nome. Na realidade era uma vasta esplanada com algumas árvores valentes, que tentavam crescer na aridez do lugar. Entre elas, uma acácia se dava até bem, fornecendo — coisa rara na região — uma vasta sombra frente à casa.

Depois de tomar café, nós íamos, eu e Gonzaga, para minha "suíte". Ele contava sua história, eu gravava. Certa manhã, interrompeu a conversa no meio de uma frase: "Olha minha filha, seu quarto é muito cheiroso, mas eu sou alérgico a perfume, então de hoje em diante vamos fazer as entrevistas na minha sala". E assim foi. (Não usei mais perfume quando ia estar com ele.)

Gonzaga foi um magnífico anfitrião: na Veraneio dirigida pelo administrador do parque, seu Maia, percorremos os quatro cantos da região. Visitei Juazeiro, Crato, Bodocó, Ouricuri, Salgueiro, Serrita, Exu etc., suas farmácias (Gonzaga adorava comprar remédio), seus restaurantes (Gonzaga adorava comer) e suas sacristias (à procura da certidão de batismo dele, revistei todas as sacristias do município. Respirei toneladas de poeira, deparei com muita barata, folheei centenas de registros destroçados e acabei encontrando o que queria, por acaso, rasgado, no fundo de uma prateleira quebrada numa sacristia abandonada). Andei por todas as feiras. Conheci todos os amigos e familiares de Gonzaga. Participei, nos melhores lugares, de todos os eventos da época. Gonzaga — e sua então inevitável biógrafa francesa — sempre era convidado de honra, muito homenageado. Mas ele nunca esquecia que, antes de mais nada, era um sanfoneiro: com a mesma empolgação com que cantava para os dez mil visitantes da Feira do Gado do Crato, duetando com seus velhos amigos Patativa do Assaré e Luiz Bandeira, ou cantava a Missa do Vaqueiro, ele animava qualquer "forrozinho" que pintasse. Os mais velhos se deliciavam no meio da pista desertada pela juventude, que hoje já não sabe mais "como se dança o baião", e Gonzaga sorria feliz no fole. Num clima que, afinal, pouco mudara desde a época de menino. Certa feita, foi convidado para o lançamento do livro de poesias (publicação independente) de uma anciã da família Alencar, na fazenda do Araripe. Uma grande festa fora organizada. Discursos sucederam-se a homenagens, brindes sucederam-se a aplausos, muita comida, muita cerveja, muita cachaça. Gonzaga não esquecera a sanfona, nem seu microfone especial. Estava se preparando para cantar quando um jovem titubeou até ele e anunciou-lhe que precisava do microfone para fazer uma declaração — de ódio — contra

Parque Aza Branca: os quartos para hóspedes à esquerda da casa grande.

Entrevista: pela manhã Gonzaga ia contando sua vida e eu ia gravando.

Visita obrigatória: Gonzaga adorava ir à farmácia.

o próprio pai, político influente da região, ali presente. Com o microfone de Gonzaga? Jamais! O sanfoneiro recusou o empréstimo (por motivos técnicos e também políticos), em troca de que recebeu grosseiros desaforos que aludiam à cor de sua pele, às suas origens sociais e ao seu nível de alfabetização. Gonzaga não vacilou, pegou o microfone, a sanfona, a biógrafa francesa e foi embora para casa furioso, deixando a festa num clima de desolação.

Mas o incidente era sintomático de como o Rei do Baião era considerado na sua terra: com aquele misto de amor, admiração e orgulho, ao mesmo tempo que de racismo e de inveja, diante do sucesso de um simples filho de morador...

Volta e meia Gonzaga vinha me chamar: "Vamos telefonar, francesa?". O chofer nos levava para o telefone público. Havia telefone no parque, mas também havia ouvidos indiscretos. Então, enquanto eu ligava para minha família na França, ele ligava para Zuita.

Final de julho, dona Helena, que se recusara até então a vir a Exu me encontrar ("É a biografia do Gonzaga, então não precisam de mim, eu não sou Luiz Gonzaga!"), acabou deixando-se convencer. Foram necessários muitos telefonemas, mas consegui trazê-la ao Parque Aza Branca. Confirmou-se, nos longos papos que tivemos, o quão indispensável era seu testemunho. À tardinha, sentadas na varanda, ela falava, eu gravava... De vez em quando, Gonzaga nos trazia algum quitute: queijo quente, cafezinho, pedacinhos de mamão, melancia, carne de charque...

No porão da casa, havia algum material. Enquanto eu mexia nele, revirando tudo que podia à procura de informações, Gonzaga tentava resolver seus problemas administrativos e concretizar os sonhos que o mobilizavam então: abrir uma loja maçônica no Exu; inaugurar o Museu Luiz Gonzaga e o posto de gasolina que mandara construir à beira da BR Asa Branca, em frente ao parque; encaminhar a fundação "Vovô Januário", centro de ajuda para as mães roceiras da região. Eram mil projetos generosos, úteis, que mil problemas de toda sorte impediam de se realizar. Mas acabaram saindo.

Fins de agosto, preparamos nossa partida. Gonzaga tinha uma série de shows marcados. Eu ia prosseguir minhas pesquisas Brasil afora. No dia de embarcar, Helena veio me avisar que na véspera nascera um bezerro louro, e que se eu não me incomodasse ela queria chamá-lo Dominique. Adorei a ideia. Antes de me despedir do parque, fui bater umas

Feira do Gado do Crato: Patativa do Assaré,
Luiz Gonzaga, um amigo e a autora.

Homenagem: um bezerro chamado Dominique.

fotos de meu xará. Depois do almoço, Maia acompanhou Gonzaga, Helena e eu até o aeroporto de Juazeiro. Viajamos no mesmo avião até Recife. Alguns dias mais tarde, estive em Salvador. Ele estava lá, a caminho de Feira de Santana. Fui visitá-lo no hotel onde ia passar a noite. Ali nos despedimos, emocionados.

Alguns meses mais tarde, ele ligou para minha casa, em Paris. Estava preocupado com o que dissera sobre sua esterilidade e Gonzaguinha, temia ferir o filho... A comunicação caiu no meio da conversa e ele não voltou a ligar. Foi a última vez que nos falamos.

Dominique Dreyfus

A Gaston Dreyfus, meu avô,
A Alzira Felix da Silva, que me criou,
A Juliette, Marguerite e Leonard, meus "zamores",
A meus pais.

O telefone me acordou: eram três horas da madrugada. Só podia ser do Brasil. Ninguém lá se lembra do fuso horário. Atendi. A voz suave de João Gilberto falou, com aquele inconfundível sotaque baiano: "A televisão está anunciando que Luiz Gonzaga morreu".

Não sei mais do que falamos, estava atônita...

Luiz Gonzaga tinha 77 anos ao embarcar para sua última turnê...

— Eu tenho tanta coisa pra contar, nem preciso pensar, já sei de cor... Eu sempre fui um papagaio! Passei a vida inteira comendo, dormindo e mentindo.

— Olhe aí, seu Luiz, o senhor não vai mentir não, hein?

CAPÍTULO I

Acho que Exu nunca sofreu uma seca como se escuta falar em certas regiões, onde morre gente. Isso nunca ouvi por aqui. O pé de serra tem sempre essas matas, essas montanhas que atraem as chuvas. Tem um vento que desvia o rumo da chuva. Ela se forma, vem e quando chega no alto da serra, se divide, parte pra tudo que é canto. (Luiz Gonzaga)

A chapada do Araripe é o dedo de Deus: quando o Sertão todinho está cinzento, sedento, torrado pela seca, o Araripe verdeja, qual um oásis sertanejo. Apesar de localizar-se na região semiárida do Nordeste, a serra do Araripe é uma das melhores faixas de terra da região, que só as grandes secas conseguem atingir. Nascendo na Paraíba, ela vai morrer na serra do Inácio, na fronteira de Pernambuco com o Piauí. Sua inclinação drena todas as águas pendentes para o vale do Cariri, região mais nobre e rica do Ceará, zona de cultivo da cana-de-açúcar para a fabricação da cachaça e da rapadura. No entanto, à altura do Exu, essa conformação topográfica muda, e a terra se inclina levemente para o estado de Pernambuco. Daí a riqueza da terra exuense, com suas numerosas fontes de água que protegem a região das desolações da seca.

Exu é terra dos Alencar, antepassados — entre outros tantos — do romancista José de Alencar e de sua heroica avó, a revolucionária Bárbara do Crato, e do político Miguel Arraes de Alencar. Desembarcando de Portugal, Leonel Alencar chegou na região em 1709.

Confraternizando com a tribo dos índios que viviam lá, os Açus, cuja corruptela do nome daria Axu e logo Exu, o jovem Leonel Alencar, acompanhado de três irmãos, fundou a fazenda Várzea Grande. Os Alencar casaram, se multiplicaram e foram ocupando o espaço. Assim foram nascendo, entre muitas outras, as fazendas da Caiçara, de Bodocó, de Salgueiros, da Gameleira, situada no pé da serra do Araripe. Nesta última, foi fundado o povoado de Exu, que hoje é chamado Exu Velho, para diferenciá-lo do Novo Exu, situado a alguns quilômetros apenas do antigo, e que surgiu no início do século, às margens do rio Brígida.

Nos meados do século XIX, apareceu na fazenda da Gameleira um certo Moreira Franca, com um filho pequeno, chamado Pedro. Estavam chegando de Portugal, ou da Itália, ninguém sabe bem. Contam que o barco no qual eles tinham embarcado para vir ao Brasil afundou perto do litoral, e o pai terminou a viagem a nado, com o menino nas costas. Apesar de já casado na Europa, Moreira Franca driblou a lei cristã e casou novamente com uma mocinha, da Gameleira. Inacinha, era o nome dela, criou Pedro como se fosse o próprio filho. Este, já grande, casou com uma Alencar, que lhe deu dois filhos, Nelson e José Moreira de Alencar. Passaram-se os anos e José se tornou um moço bonito, alto, de cabelo louro e olhos verdes. E com a vista curta. Poeta, cantador, José tocava viola e gostava de farra. Montado no cavalo, com a viola a tiracolo, ele percorria a região, fazendo suas serestas...

Por volta de 1860, fugindo da epidemia de cólera que estava devastando o Nordeste e matara a maior parte de sua família, dona Januária saiu de Missão Velha no Ceará, passou a serra do Araripe, chegando, acompanhada de sua filha Ifigênia, na fazenda da Caiçara, onde se empregou. Quando moça, apesar de marcas de bexiga no rosto, Ifigênia tornou-se formosa e benfeita. José Moreira Franca de Alencar apaixonou-se por ela. Eles casaram-se, sem dúvida contra a vontade da família Alencar, pois Ifigênia, além de pobre, era preta. Desta união nasceram quatro filhas: Maria (que todos chamavam Baía), Vicença, Josefa (apelidada Nova) e em 1893, Ana Batista, (conhecida por Santana). Santana não tinha quatro anos quando o pai saiu de casa para fazer uma compra, e só voltou dois anos mais tarde, doente. Morreu pouco tempo depois. Dizem que, no lugar onde ele foi enterrado, nasceu uma planta desconhecida do Nordeste, que exala um cheiro muito forte...

Do pai, Santana herdou o corpo esguio e alto, a pele muito alva, os olhos claros, a miopia e o gosto de cantar.

Ela estava completando 15 anos quando chegaram na fazenda da Caiçara Januário e seu irmão mais velho, Pedro Anselmo. Oriundos não se sabe bem se de Flores ou de Pajeú das Flores, em Pernambuco, os dois irmãos, fugindo da seca, resolveram entrar Sertão adentro, à procura das terras mais clementes do pé de serra. Tinham um tio que vivia por lá e, sem dúvida, ele os ajudaria a encontrar trabalho e uma vida melhor.

As filhas de Ifigênia eram charmosas. Pedro Anselmo deitou olho em Baía, e Januário ficou gostando de Santana; mas a cabrocha era só tamanho. Apesar de seus 15 anos, ela era muito menina, com jeito de caçula que mamara até oito anos de idade, e ainda gostava de dormir no colo

Exu: cidade natal de Gonzaga.

da mãe. Não deu a mínima bola para Januário, que resolveu cair na simpatia de Ifigênia. A estratégia deu certo e, em setembro de 1909, na Igrejinha do Araripe — o povoado da fazenda Várzea Grande, criado em 1868 — Januário e Santana casaram-se, assim como Pedro Anselmo e Baía. O casamento foi celebrado pelo padre João Batista. Santana tinha, então, 16 anos e dizem que estava toda contente e sorridente. E a irmã dela, que era mais velha, chorava tudo o que podia.

Mais tarde, Vicença e Nova casaram, e as quatro irmãs ficaram vivendo no Baixio dos Doidos, que hoje se chama Timorante, povoado da fazenda da Caiçara. Antônio Jacó, marido de Nova, era vaqueiro do coronel Aires, da fazenda da Gameleira; Pedro Anselmo era carpinteiro; José Rufino, o marido de Vicença, e Januário eram agricultores. Normalmente, os moradores deviam três dias de trabalho por semana aos fazendeiros. De Januário, porém, os Alencar não exigiam muito, pois sabiam que, mais que tudo, ele era Mestre Januário, sanfoneiro famoso na região toda. Tal indulgência por parte dos Alencar era provavelmente devida ao fato de ele ser o marido de Santana, uma Alencar. Mesmo que nenhum Alencar jamais aludisse publicamente aos laços de sangue que havia entre as duas famílias, mantendo Januário e os seus no estatuto de moradores humildes que eram, como contaria mais tarde, com certa amargura, Chiquinha, irmã de Gonzaga:

> Só depois que Gonzaga ficou famoso e voltou para o Araripe, é que nós descobrimos que os Alencar eram parentes nossos. Tinha um moço lá que se chamava Nelson Moreira de Alencar, que tinha os olhos azuis, e minhas tias adoravam ele e sempre lhe pediam a bença. Quando eu já morava no Rio, é que vim saber que esse tal de Nelson era o irmão do meu avô!

Os meninos foram nascendo. Parteira não faltava nas redondezas: tinha Mãe Januária, a sogra de Nova, tinha Sá Joaquina, e até Ifigênia, que ajudava nos partos.

> *Samarica / Ó Samarica Parteira / (...) / Dona Jovina já está com dô de menino / (...) / Samarica entrou pra camarinha / Vestiu o vestido verde e amarelo / Padrão nacioná / Amarrou a cabeça com um pano / E foi dando as instrução / Acende um incenso / Ai Samarica, que dor! / É assim minha filha / Aproveita a dor / Chama as mulher desta casa pra rezar a oração de São Raimundo*

pra esse menino nascer nesse instante / (...) / Capitão Barbino /
Tem fumo de Arapiraca? / Me dê uma capinha pra ela mastigar
/ (...) / Capitão Barbino, tem cebola do Cabrobó? / Ai Samarica,
cebola não, que eu espirro / Pois é pra espirrar mesmo minha
filha / Dê uma garrafa pra ela soprar (...) ("Samarica Parteira",
Zédantas)[1]

Conforme a tradição naqueles latifúndios ainda hoje feudais, os donos da Caiçara, João Moreira de Alencar e sua esposa Maria Florinda, apadrinhavam a criançada toda.

E assim foi com Luiz Gonzaga do Nascimento, segundo filho de Januário dos Santos e de Ana Batista de Jesus, neto de José Moreira Franca de Alencar, nascido na fazenda da Caiçara, em 13 de dezembro de 1912 e batizado na matriz de Exu no dia 5 de janeiro de 1913. O padre, José Fernandes de Medeiros, sugeriu chamar o menino Luiz por ter nascido no dia de Santa Luzia, Gonzaga, porque o nome completo de São Luiz era Luiz Gonzaga, e Nascimento, porque dezembro é o mês do nascimento de Jesus. E por que não Luiz Gonzaga Januário dos Santos, como se chamaram os oito irmãos e irmãs? Isso, ninguém sabe![2]

Talvez fosse algum sinal do destino extraordinário desse molequinho, cuja vida na Caiçara começou como a de qualquer filho de morador pobre, numa fazenda do Sertão, no meio de uma meninada que, ano após ano, crescia em tamanho e quantidade. Baía teria sete filhos, Vicença oito, Nova e Santana nove cada uma! As quatro irmãs criando os filhos todos juntos, como irmãos.

Era uma vida de menino pobre, sem escola, sem gordura,
mãe puxando a enxada. Se o inverno vinha bonzinho, a gente
até melhorava a panela. Quando chegava a Semana Santa, a

---

[1] Todas as músicas ou prosas (como são chamados os recitativos no Nordeste) citadas neste livro fazem parte, sem exceção nenhuma, do repertório de Luiz Gonzaga, e figuram ou na discografia, ou na musicografia.

[2] A maneira como Luiz Gonzaga foi chamado, a vida inteira, variava segundo as pessoas e as circunstâncias. Na sua família, era chamado Gonzaga ou Luiz. Quem o chamasse de "seu", era com Luiz: seu Luiz, nunca seu Gonzaga. Havia os que o chamavam de Lula; mais tarde, houve quem dissesse Lua. Nos anos 80, passou a ser Gonzagão. Em regra geral, eu mantive o nome pelo qual era designado nos diferentes testemunhos. No que me diz respeito, sempre o chamei de "seu" Luiz quando estava com ele. Mas na hora de escrever, foi Gonzaga que se impôs, e Gonzaga ele ficou.

Vida do viajante: a saga de Luiz Gonzaga

Mestre Januário: sanfoneiro famoso na região.

Registro de nascimento: "Aos cinco dias do mês de janeiro de mil novicentos e treze na Matriz de Exu, bispado de Floresta, batizei solenemente a Luiz, nascido a treze de dezembro de mil novicentos e doze, filho legítimo de Januário Bispo de [?] e Anna de Baptista; foram seus padrinhos João [?] de Alencar e Maria Florinda de Alencar. E para constar mandei fazer este assento que assino. Vigário José Fernandes de Medeiros".

Casal unido: Santana e Januário, pais de Luiz Gonzaga.

gente já tinha colhido as vagens, então começavam as trocas. Vinha uma vizinha: "Ô dona Santana, eu trouxe um queijinho de coalho, pra trocar com vosmicê". Mãe pegava o queijo, dava um jerimum, um feijão verde. Daqui a pouco chegava outra: "Ô minha filha, queijo eu já tenho, preciso não". Talvez porque os patrões dali não eram tão tiranos, sempre sobrava um leitinho deles pra gente. (Luiz Gonzaga)

Santana e Januário formavam um casal muito unido, nunca brigavam, nunca discutiam. Santana era uma mulher de fibra, que educava os filhos com o maior rigor. O pai nunca batia em nenhum. Os meninos eram tranquilos e obedientes. Era Santana quem tinha a autoridade na casa. Januário era um artista! Assim mesmo, o casal trabalhava duro para manter a família. Naquela época, nas fazendas, os moradores ainda dispunham de um quinhão de terra, onde plantavam seu roçado. A terra no pé de serra era boa, arejada, raramente faltava água e as roças davam de tudo: frutas, legumes... Só não davam verdura, porque, no Sertão, verde só nos olhos das caboclas.

> *Bate a enxada no chão / Limpa o pé de algodão / Pois pra vencer a batalha / Precisa ser forte, robusto, valente, ou nascer no Sertão / Tem que suar muito pra ganhar o pão / Que a coisa lá / Não é brinquedo não...* ("Algodão", Zédantas / Luiz Gonzaga)

Na casa de Januário, era Santana quem cuidava da roça: cultivava feijão-de-corda, vagem, mandioca, macaxeira, batata-doce, algodão. Uma parte ela vendia, outra era para alimentar a família. Santana também fiava varanda de rede, coxim pra forrar sela, e corda de caroá,[3] que vendia na feira no Exu. No sábado, ela carregava tudo no lombo do jumento e saía de casa às cinco horas da manhã. Eram duas horas de caminhada para chegar à feira. Passava lá o dia, vendendo suas mercadorias, comprando mantimento para a casa, e à noite regressava, exausta. Gonzaga lembrava que os meninos aguardavam o retorno da mãe, ansiosos de descobrir o que lhes trouxera da feira:

Eu tinha uns seis anos e minha mãe voltou da feira com um

---

[3] Coxim para sela: o pano que se põe entre o lombo do cavalo e a sela; varanda de rede: a renda que enfeita a rede; caroá: planta com cuja fibra se faz corda, barbante...

par de alpercatas para mim. Calcei as alpercatas e saí todo gaboso da casa. Já era noite e a lua, que estava cheia, bateu no couro e brilhou. Ha! me senti um lorde! Mas elas me apertavam e eu não consegui andar com elas!

Sapato vinha da feira, mas a roupa, Santana fazia. Tinha muito jeito, e costurava para a família toda: as calcinhas curtas dos meninos, as camisas, as calças de alvorada para o marido, as saias para as filhas. E, para ela, os vestidos, sempre estampados. Santana era elegante, sempre muito bem cuidada. E obviamente, como todas as boas mães de família, ela cozinhava... se bem que a cozinha não era seu forte. José Januário, um dos filhos, lembrava que era um dos raros motivos de briga entre os pais:

> A única briga que eu vi entre meus pais, foi um dia que mãe quis fazer um pão de milho. Pai comeu um pedaço e disse: "Tá bom, mas se fosse aquele que comadre Baía faz, era melhor...". Aí mãe gritou: "Então eu não vou mais fazer pão de milho e pronto!". Realmente, mãe não nasceu pra cozinhar. Ela não gostava de cozinhar. Quando aparecia um pedaço de carne fresca, ela esquentava no fogo, só esquentava mesmo, e comia assim. E meu pai falava: "Êta onça danada!", e ela olhava pra ele com aqueles olhinhos brilhando.

Santana tinha a responsabilidade da casa. Januário ganhava a vida da família com o fole. Tocava nas festas e nos forrós — naquela época dizia-se "os sambas" — de toda região. Segundo a filha Chiquinha:

> Pai passava a noite todinha tocando, chegava em casa de madrugada. Aí ele mandava minha mãe preparar uns ovos, comia, se deitava, e dormia até o meio-dia. De manhã cedo, minha mãe saía pra roça com todo mundo, pra deixar ele dormir. Quando ele acordava, ele almoçava e ia pra roça ajudar mãe.

Ele não era só tocador, também consertava "fole", "pé de bode", "concertina" ou ainda "harmônica", como chamam no Sertão a sanfona de oito baixos. Hoje em dia, a palavra "sanfona", usada originalmente no Sul, se popularizou no Nordeste, por influência de Luiz Gonzaga, que passou a empregá-la quando, vivendo no Rio de Janeiro, tornou-se famoso. Mas, naqueles anos, famoso era Januário, que atendia toda a região. Vinha gente de longe, trazendo sanfonas para Januário consertar, ou simplesmente afinar. Por menor que fosse a moradia da família, sempre havia um quarto reservado para Januário, com toda a tenda de conserto: as faquinhas, as ferramentas guardadas nos estojos e, claro, as sanfonas esperando a reforma. Era terminantemente proibido entrar na "oficina" de Januário que, claro, fascinava a meninada toda. Era só o sanfoneiro se afastar da casa, e já estava lá uma criança mexendo em tudo... Gonzaga mais do que todos. Priscila, vizinha e amiguinha da criançada, vivia metida na casa de Santana, e já então notara o fascínio que a sanfona exercia sobre o menino Gonzaga:

> Ele gostava de entrar na tenda de Januário. Mas ele sempre foi muito organizado, então deixava tudo em ordem. As meninas não. Elas entravam lá e deixavam tudo à moda delas. Aí Januário se zangava.

Januário se zangava, Santana gritava, mas não havia jeito. Afinal de contas, os culpados eram eles, que incentivavam o apego dos filhos à música. Em casa, o divertimento era música: Santana era cantadeira de igreja e puxadora de reza. Na família, inclusive, ninguém jamais conseguiu explicar por que milagres Santana sabia ler, mas o certo é que ela rezava as novenas, puxando a leitura no breviário. Talvez fossem as moças dos Alencar, que aprendiam na escola e depois ensinavam os molequinhos da fazenda. Havia patrões que faziam questão que os filhos dos moradores aprendessem a ler. Outros não queriam, para que, quando crescessem, continuassem trabalhando para eles. Santana teve sorte, e aprendeu a ler. Ela adorava ler histórias. Os filhos nunca esqueceram da mãe, terrivelmente míope, debruçada sobre a leitura, soletrando sílaba por sílaba as notícias de algum jornal que aparecesse por lá. E também, durante todo o mês de maio, na novena de cada noite, Santana, de joelhos, a assistência, em pé, cantava os benditos:

> *Abris a porta do céu / Quero entrar no seu jardim / Eu peço a Nossa Senhora / Para abrir a porta pra mim...*

Com Januário, os meninos iam desenvolvendo o ouvido, aprimorando o fole, aprendendo a música. Dos nove filhos de Januário e Santana, cinco se tornariam sanfoneiros profissionais, quando adultos. Também fora de casa a música impregnava todos os momentos da vida. No Sertão, festa e felicidade rimam com música e dança. E o decorrer do ano era marcado pelos festejos. Em dezembro e janeiro, os reisados, os pastoris, os bumbas-meu-boi animavam a região. Em junho, eram as festas juninas, celebrando São João, Santo Antônio, São Pedro, encarregados de proteger a safra de feijão e de milho verde.

> *Ai São João, São João do carneirinho, / Tu que é tão bonzinho / Fale lá com São José, / Peça pra meu milho dar / Peça pra meu milho dar / Vinte espiga em cada pé... / Eu plantei meu milho todo / No dia de São José / Se me ajudar a providência / Vamos ter milho a granel...* ("São João do Carneirinho", Luiz Gonzaga / Guio de Morais)

Era um mês muito festivo. Os homens preparavam a fogueira, as mulheres cozinhavam as comidas típicas — pamonha, canjica, munguzá, milho assado, batata-doce. Os meninos soltavam balões e foguetes e havia forró todas as noites.

> *A fogueira está queimando / Em homenagem a São João / O forró já começou / Vamos gente / Rapapé nesse salão.* ("São João na Roça", Zédantas / Luiz Gonzaga)

Quando da fogueira só sobravam brasas, os casais brincavam de pular por cima, estabelecendo laços de compadrio, enquanto os mais velhos olhavam seu reflexo na água de uma bacia, para saber se ainda estariam vivos no ano seguinte... era festa bonita mesmo. Havia também as festas de Renovação, que Gonzaga gostava muito:

> De ano em ano, os moradores que tinham em casa um Coração de Cristo consagrado faziam uma limpeza grande da casa, pintavam, e depois chamavam o padre para benzê-la, e a vizinhança toda vinha para rezar ao pé da imagem. Quando terminavam as rezas, começava a festa. A banda de pífanos, zabumba e concertina animava o baile, e tinha fartura de comida.

E sempre acontecia algum batizado, algum casamento, sem contar as procissões, nas quais não faltavam as bandas de pífanos acompanhando os cantos agudos e arrastados das rezadeiras: "Aveee, ave Mariiia...". Mas o que ninguém perdia mesmo, eram os forrós, todo fim de semana...

*Lá se dançava quase toda quinta-feira / Sanfona não falta-
va / E tome xote a noite inteira...* ("No Meu Pé de Serra", Luiz
Gonzaga / Humberto Teixeira)

O sanfoneiro era, portanto, um personagem importante da vida no
Sertão. Para Januário, que era um excelente tocador, não faltava trabalho. Da quinta-feira ao domingo, ele não parava. Saía de casa, no final
da tarde, com o fole a tiracolo e só voltava para casa de madrugada. Se a
festa não era longe demais, a família o acompanhava. Santana ficava sentada, olhando tudo. A meninada não perdia uma dança: mazurcas, val-
sinhas, emboladas, polcas interpretadas com maestria pelo pai. "Segura
a porca!", gritavam os matutos no salão, encorajando o sanfoneiro; e
sempre havia alguém para se lembrar que a palavra certa era polca e fazer trocadilho: "Tá bem segura!", e a parceira que aguentasse a piada!

*Seu delegado / Sem encrenca eu não brigo / Se ninguém bulir
comigo (...) / Mas nessa festa / Seu doutor perdi a calma / Tive
que pegar as armas / Pois não gosto de apanhar...* ("Forró de
Mané Vito", Zédantas / Luiz Gonzaga)

O ambiente era familiar, mas podia acontecer que o samba degene-
rasse, por conta de um excesso de cachaça ou de ciúme.

Às vezes, pintava uma briga feia no meio da festa! E era à
faca! Ninguém se atrevia a separar os homens. Também, quem
tentasse acabava apanhando mais! Aí o sanfoneiro se mandava
rapidinho, pra proteger o instrumento, e a festa acabava... Outras vezes, era o dono da festa que não queria pagar o sanfoneiro;
aí era uma choradeira danada! Mas com meu pai, isso nunca
aconteceu. Às vezes ficava um pedaço pra pagar, aí o dono vinha no outro dia, trazia um jumento, um cavalo pra completar...
(Luiz Gonzaga)

Na verdade, o dia a dia do menino Gonzaga, como de qualquer sertanejo, era regado a música. Ela estava em todos os cantos, em todos os
momentos: nas bandas de pífanos, nos cegos da feira cantando suas litanias
fanhosas, nos seresteiros lânguidos, nos repentistas improvisando seus
desafios e dedilhando na viola, entre duas estrofes, os rojões que inspira-
riam mais tarde o ritmo do baião a Gonzaga. A música também estava

nos belíssimos aboios, infinitamente melancólicos, dos vaqueiros tangendo o gado pela caatinga. Antônio Jacó, tio de Gonzaga, e Raimundo Jacó, seu primo, eram dos melhores aboiadores da região; foi com eles que Gonzaga, apesar de nunca ter sido vaqueiro, aprendeu a aboiar.

> *Não me chame boaideiro / Que eu não sou boiadeiro não / Eu sou um pobre vaqueiro / Boiadeiro é meu patrão / Ê boi, êohohoho...* ("Aboio apaixonado", Luiz Gonzaga)

Até a natureza era música. Havia o estridente e interminável ranger dos carros de boi, o chocalho do gado no pasto, o vento na caatinga, o arrulho da asa branca, da ribaçã, da rolinha, o canto do assum preto e, quando chovia, o coro das jias na escuridão da noite. E Gonzaga ia assimilando todos esses sons, com uma sensibilidade que já na época impressionava os familiares, os amigos, e também sua prima Maria das Dores:

> Com cinco ou seis anos, Gonzaga, ainda nuzinho, como os meninos do Sertão, que só ganham calça com sete ou oito anos, já começava a bulir nas sanfonas que o pai consertava. Parece que tinha o tino de ser o que ia se tornar mais tarde. Ele pegava o fole escondido e tocava no terreiro pra nós pinotar.[4] Quando ele ouvia o zabumbeiro, ele pegava uns pratos e saía atrás. Ele tocava qualquer coisa. Tinha um velhinho, tocador de rabeca, que é como um violino, sendo que menor e com um som mais fraco. Uma vez, o velhinho estava na casa-grande da fazenda, e Gonzaga acompanhou ele no tambor. E na Novena do Araripe, ele ficava com o zabumba.

Em 1917, a família de Januário já contava com quatro filhos: Joca, Gonzaga, Maria Ifigênia (Geni) e Severino. A pobreza era grande, mas Gonzaga dizia que, para os meninos, a vida era maravilhosa:

> Tinha o riacho da Brígida, que todo mundo lá aprende a nadar muito cedo. A gente tomava banho, pescava de balaio ou de gandua, no riacho ou nas lagoas, jogava búzios, brincava de amarelinha, que lá se chama "gata", brincava de cavalo de pau.

---

[4] Pinotar: pular, dançar.

Quando eu era pequeno, gostava também de correr no mato, de caçar. Antes tinha muita caatinga, hoje acabou. Foram queimando, cortando, tirando lenha. Agora só tem essa capoeirinha. Caatinga é capoeirão, emaranhado de aroeira, de caroá, de macambira, de xiquexique, difícil de cortar. Rasga as canelas, a roupa...

Porém do que o menino Gonzaga mais gostava, era da sanfona. Nascera para ser músico e não faltavam oportunidades para exercitar seu talento. Pois como contava sua prima Sofia, naqueles anos, até para as crianças, a distração era dançar:

> Gonzaga e Severino tocavam pra gente dançar. Nós esperava tio Januário sair e fazia a festa. Quando ele voltava, nós ficava tudo quietinho. A gente gostava também de organizar casamento de boneca. Eram aquelas bonecas de pano, que a gente comprava na feira. Aí fazia uma comidinha, Gonzaga pegava o fole e era o tocador. As bonecas ficavam lá esperando enquanto nós dançava. Hoje eu não vejo mais as crianças brincando, não têm tempo. Vão pra escola, é aquela agonia... A gente vivia mais sossegado. Não tinha televisão, não tinha rádio, não tinha nada, mas vivia bem. Sertanejo vive de teimoso! E todo mundo tinha saúde, era feliz. Aqui no Nordeste, o importante é ter saúde. Não se sabia nada do Rio de Janeiro. O que mais se sabia era de Juazeiro, por causa do Padre Cícero. Do Sul, só se fala hoje...

O Sertão, contudo, tem suas durezas. Na idade em que as crianças da cidade começam a estudar, lá, elas começam a trabalhar.

> *Eu não tinha nem dez anos / Minha mãe veio me chamar / Me vestiu calça de homem, / Me disse / Vai meu fio, vá trabalhar.* ("Macapá", Humberto Teixeira / Luiz Gonzaga)

Gonzaga, com sete anos, e o irmão Joca com nove começaram a acompanhar a mãe para o roçado. Mas, para lavrador, realmente, Gonzaga não tinha muito jeito. O negócio dele era tocar oito baixos. Santana não se entusiasmava com essa perspectiva. Ela já não gostava que o marido tocasse nos "diabo dos samba". Achava que profissão de sanfoneiro não tinha futuro, e queria que os filhos entrassem na vida de lavrador. Com

Gonzaga, teve que se conformar. Ele não era um menino como os outros, todo mundo notava.

Gonzaga sempre foi uma criança destacada. Ele tinha uma coisa diferente. Ele era muito querido: onde ele tocava, já tinha uma aglomeração em volta dele, admirando. Já pequeno ele inventava umas coisas... Essa inteligência dele, precisava ser descoberta. A gente notava que ele se destacava dos outros meninos. Ele era muito vaidoso, queria crescer. O negócio dele era tocar e dançar. Ele sempre gostou de se salientar. Toda vida, ele teve um ideal. (Sofia)

Januário percebeu que o filho tinha um dom para a música. Passou a chamá-lo para o conserto das sanfonas. Viu que o moleque tinha um bom ouvido. Formou-o, e o menino se tornou piloto de provas do pai: "Experimenta aí Luiz, vê se a afinação tá boa...". Aos poucos, Gonzaga ia aperfeiçoando sua técnica no fole. Até que Januário achou que o filho podia acompanhá-lo nos bailes. Santana relutou. Mas Januário insistiu, implicou, brigou e passou a levá-lo consigo aos "sambas". Feliz, Gonzaga animava o baile com seu fole, revezando com Januário, até cair de sono. E nisso, o fole também caía!

O candeeiro se apagou / O sanfoneiro cochilou / A sanfona não parou / E o forró continuou... ("Forró no Escuro", Luiz Gonzaga)

Em 1924, houve uma grande cheia. O riacho da Brígida engrossou tudo o que podia, inundando os arredores. A casa de Januário encheu de água, obrigando a família a se mudar.

A Cheia de 24 / Doutor, não foi brincadeira / Na correnteza das águas / Descia família inteira / Quase não sobra vivente / Pra contar a história... ("A Cheia de 24", Severino Ramos)

Foram morar então no povoado do Araripe, na Fazenda Várzea Grande. Entretanto, tinham nascido mais duas crianças: José Januário (Zé) e Raimunda (Muniz).

Quando os filhos dos moradores completavam doze anos, tinham que dar dois dias de trabalho por semana aos patrões. Em geral, iam tra-

Festejos: a música impregnava todos os momentos da vida do menino Gonzaga.

Vida de criança: brincar, pescar, tomar banho de açude...

balhar na roça. Gonzaga escapou à tradição, graças ao coronel Manuel Aires de Alencar, da fazenda da Gameleira, prefeito de Exu e advogado, ou melhor, rábula. Ele atuava nas questões de terra da região, de sorte que sempre estava viajando pelos sertões. Precisando de um moleque para tomar conta do cavalo dele durante essas viagens, contratou Gonzaga, cuja esperteza notara.

> A partir daí o coronel sempre me levava nas viagens que fazia pela região. Ele no cavalo esquipador, "cotó cotó cotó cotó",[5] e eu no meu burrinho, naquele trote danado, "tocotó tocotó tocotó". Ele gostava de brincadeira e eu, metido a molequinho fino, ia contando histórias; qualquer coisa que eu via por ali, eu inventava logo uma anedota. E ele adorava, morria de rir. (Luiz Gonzaga)

A esperteza, a inteligência, a sensibilidade de Gonzaga, fizeram com que ele travasse relações privilegiadas com a família Alencar. Já pequenininho, quando mal falava, ele nunca teve medo de ir até a casa-grande, visitar a madrinha e encantá-la para ganhar um pedacinho de rapadura, audácia que a maioria dos moradores jamais se atreveria a ter, nem mesmo a própria família de Gonzaga.

> Nas casas do Alencar, a gente não entrava. Quando estava perto deles, falava baixinho, ficava tudo quietinho. (Chiquinha)

Porém, quando Gonzaga foi trabalhar com Manuel Aires, as filhas deste se encarregaram de educar o moleque, ensinando-lhe o "pê-quê-rê".[6]

> *Lá no meu Sertão / Pro caboclo ler / Tem que aprender / Um outro ABC... / O J é ji, o L é lê, o M é mê...* ("O ABC do Sertão", Zédantas / Luiz Gonzaga)

Até então, meus únicos contatos com a leitura, era ouvindo por fora os meninos da escola cantando o ABC. E eu ouvindo,

---

[5] Cavalo esquipador: cavalo que anda no passo esquipado, ou seja, que levanta a pata traseira e a dianteira do mesmo lado.

[6] O pê-quê-rê: o bê-á-bá, o ABC...

decorei... Quando eu vinha ao Exu, durante a semana, chegando na esquina da rua onde estava a escola, eu ficava escutando aquele coro afinado dos alunos recitando: a, b, c, d, ê, fê, guê, jê, lê, mê... Quando eu comecei a viajar com seu Manuel, as filhas dele me chamaram para me ensinar o "pê-quê-rê", porque pra trabalhar com o coronel, eu tinha que ser um moleque letrado.

Elas me ensinaram também a comer na mesa, com garfo e faca, para não fazer feio. Porque naquela época, não havia hotel, então nas nossas andanças, nós ficávamos hospedados na casa dos amigos, ou dos familiares do coronel, gente fina! Só que quando eu voltava para casa, ah! eu não queria mais comer de colher, como o resto da família! Fiquei enxerido! (Luiz Gonzaga)

O futuro Rei do Baião já estava adquirindo majestade, e um *status* à parte no seio da família. O que era uma faca de dois gumes, pois lhe valia, desde já, admiração e ciúme. Sentimentos, aliás, que iriam marcar as relações do sanfoneiro com a família, até mesmo depois dele morto. Junto ao coronel Aires, com quem trabalhou durante uns dois anos, Gonzaga foi conhecendo os povoados, as vilas, os municípios do Sertão pernambucano: Salgueiro, Taboca, Bodocó, Granito, Rancharia, Ouricuri, Serrita, Parnamirim...; e desenvolvendo o gosto para a "vida do viajante" que ele levaria mais tarde, e que tanto amou.

Certa vez, o coronel Aires foi chamado para defender uma questão em Ouricuri. O advogado e Gonzaga ficaram hospedados na casa do juiz, doutor Inácio, cuja residência ficava ao lado de uma casa comercial, na qual o garoto avistou uma sanfona à venda. Ele já começava a ser chamado sem o pai para tocar nas festas, e sonhava ter sua própria sanfona. Uma sanfona exatamente como aquela de Ouricuri. O caso que o coronel estava defendendo era complicado, ia demorar. Gonzaga sabia que teriam que voltar para Ouricuri, então calculou: ganhava 700 réis por dia e a sanfona valia 120 mil réis... No final da semana, quando o coronel foi pagá-lo, Gonzaga falou:

— Não preciso do dinheiro não, seu Aires. Pode ir juntando, que quando eu precisar eu falo com o senhor.

— Olha aí moleque, eu não sou banco não!

O moleque sequer sabia o que era banco, mas queria porque queria comprar a sanfona. O coronel e Gonzaga continuaram as andanças pela região e, dali a um tempo, voltaram a Ouricuri. Gonzaga falou então para o seu patrão:

— Coronel, eu queria falar uma coisa com o senhor. Não estou cobrando não, mas eu vi um fole aqui em Ouricuri que eu gostei... é igualzinho ao do meu pai e vale 120 mil réis. E eu já tenho 60 mil réis na mão do senhor, e eu queria pedir para o senhor me emprestar os outros 60, para eu poder já voltar para casa com o meu fole...

— Você já tem 60 mil réis na minha mão?

— Tenho, sim senhor.

O coronel concedeu o empréstimo, e Gonzaga comprou o instrumento. Depois disso, ficou descontando do salário o que estava devendo ao coronel. Santana também ajudou no pagamento. Quando a dívida chegou ao término, Gonzaga avisou Manuel Aires que não ia mais trabalhar com ele, pois queria ser sanfoneiro profissional. O coronel, que gostava muito de Gonzaga, e achava que ele ficaria a seu lado a vida toda, lastimou:

— Quer dizer que eu fiz um negócio contra mim? Fui ajudar você e agora você não vai mais me ajudar?

Era isso mesmo. De forma que, em 1926, Luiz Gonzaga entrou na vida artística... como sempre sonhara. Nesse mesmo ano, pensou que ia realizar o outro sonho querido: conhecer Lampião, o herói de todos os meninos do Sertão. Acabou que só conseguiu levar uns cascudos por causa do cangaceiro.

Eu não sei por que cheguei / Mas sei tudo quanto fiz / Maltratei, fui maltratado / Não fui bom, não fui feliz / Não fiz tudo o quanto falam / Não sou o que o povo diz. ("Lampião Falou", Venâncio / Aparício Nascimento)

A Coluna Prestes[7] estava então chegando nas redondezas. Os coronéis, chefiados pelo poderoso Padre Cícero,[8] em Juazeiro, procuraram todos os meios para combater os revoltosos. Floro Bartolomeu, deputado federal e organizador da campanha contra a coluna na região, sugeriu então que se apelasse ao bando de Lampião: com a prática de guerrilha que tinham, os cangaceiros seriam os melhores combatentes que se

---

[7] A Coluna Prestes: diante da repressão das forças legais, os revoltosos do levante de 1924 constituíram uma coluna, liderada por Miguel Costa e Luiz Carlos Prestes, cujo objetivo era percorrer o Brasil para levantar o país. A marcha da Coluna Prestes duraria três anos.

[8] O Padre Cícero: o polêmico padre, apesar de condenado por Roma, dominou o Nordeste, que, após mais de 60 anos de sua morte, continua venerando-o.

Vida do viajante: a saga de Luiz Gonzaga

podia desejar. O Padre Cícero, que se beneficiava do maior respeito do cangaceiro-mor, mandou chamá-lo. Lampião, vindo da Bahia, atravessou Pernambuco, em direção a Juazeiro. Lá, Padre Cícero o nomeou capitão da polícia do Ceará, com missão de combater a Coluna Prestes. O cangaceiro, muito honrado, aceitou a patente de capitão, as fardas para seus homens, as armas, as munições e a benção de seu "padim Ciço". E deixou tranquilos Prestes e seus companheiros. Não ia gastar balas com os homens que nenhum mal lhe faziam, quando havia macaco[9] por tudo que é lado o ameaçando! Tanto que sumiu Sertão afora, sem ter causado o mínimo tormento a ninguém, salvo a Luiz Gonzaga:

Quando Lampião e seu bando estavam indo para Juazeiro, correu o boato que eles iam passar pelo Araripe. As famílias daqui, então, foram se esconder nos matos. Nós fomos também, lá pra beira do rio Brígida. Chegamos lá, minha mãe escolheu uma quixabeira grande que havia para a gente dormir debaixo. E eu bufando, reclamando que estava perdendo a oportunidade de ver Lampião. Quando foi no dia seguinte, minha mãe acordou, mal dormida, olhou pro céu, bocejou... e eu de olho nela. Daqui a pouco ela falou:
— Será que o povo já voltou pro Araripe?
Eu aí perguntei:
— A senhora quer que eu vá ver?
— Tu tem coragem?
— Nesse instante!
Eu já tava de pé na estrada. Cheguei no Araripe, todo mundo lá, ninguém mais estava nos matos, só nós. Aí eu voltei pra avisar minha mãe. Atravessei o rio, quando avistei a quixabeira, aí tive uma ideia: "Agora vou me vingar, vou pegar um susto neles". Dei um pique, cheguei gritando: "Corre gente que Lampião vem aí!". Quando olhei debaixo da quixabeira, meu pai já tinha jogado terra no fogo, estava todo mundo em pé, com a mochila no ombro, prontinho pra disparar, e eu aí caí na risada, "quaquará quaquá!". Minha mãe viu que era brincadeira minha, foi chegando perto de mim, me agarrou e aí "tchan, tchan, tchan", todo mundo me dando cascudo na cabeça!

[9] Macaco: era assim que os cangaceiros chamavam os soldados.

Passando o Mestre Januário para trás, Gonzaga, com apenas 14 anos, era cada vez mais chamado para tocar nas festas. Por isso, apesar de a família continuar crescendo — em 1925 nascera Francisca (Chiquinha) — seu nível de vida ia melhorando. Gonzaga já estava ganhando bem com o fole, o que lhe permitia ajudar a família. Mas, uma parte do dinheiro que ganhava, o vaidoso moleque investia no visual. A elegância foi preocupação marcante da sua personalidade, que chamou atenção de todos durante sua longa carreira.

Quando começou a ganhar dinheiro, Gonzaga passou a mandar fazer as roupas dele. Ele ia muito arrumadinho: calça e paletó branco, porque quem não andava de branco não era boa gente. Era terno de brim, sapato — ele nunca gostou de andar de chinelo ou alpercata — e chapéu de massa, que na época ele não usava chapéu de couro. E você pensa que ele andava a pé? O pai dele, sim, andava a pé, com as sanfonas nas costas. Gonzaga não. Sempre arranjava um cavalo, um jumento com o coronel Aires. E a sanfona ia numa sacola de pano, benfeita, abotoada... (Sofia)

Elegante e bonitão, talentoso e famoso nas redondezas, Luiz Gonzaga começou a chamar a atenção das moças dos arredores, o que não desagradava nada ao rapaz, que revelaria ser um grande apreciador do gênero feminino. Os forrós proporcionavam ótimas oportunidades de namoro. E tema para o repertório futuro... "Cintura Fina", "Xote das Meninas", "Vem Morena", "Karolina com K", "Baião"... No entanto, a maioria das namoradas ficou anônima, e até esquecida. Seja porque a memória do sanfoneiro falhou no assunto, seja, o que parece mais provável, por motivos morais. Luiz Gonzaga sempre fez questão de preservar uma imagem de homem de bem, abstendo-se habilmente em tudo o que dizia respeito à sua vida amorosa, ou melhor, contando apenas o que o valorizava. E o tremendo namorador que foi a vida inteira não encaixava bem com a sua ideia da moralidade.

Com a de Santana tampouco, que vivia desmanchando os noivados que o filho travava a toda hora.

Pronde tu vai, Luiz? / Eu vou pra casa dela / Fazer o quê Luiz? / Eu vou carregar ela... ("Pronde Tu Vai, Luiz?", Luiz Gonzaga / Zédantas)

Vida do viajante: a saga de Luiz Gonzaga

Povoado do Araripe:
onde Luiz Gonzaga
passou a infância.

Quando Gonzaga tinha 15 anos, as moças eram doidinhas por ele, queriam casar. Elas brigavam por ele! É que ele tinha um tipo... era alto, magrinho, civilizadinho. Sabia das coisas, sabia conversar, era inteligente. Teve uma, Ana Doca, bonitinha, que Gonzaga se engraçou com ela, resolveu que ia casar. Ele novinho, tolo, se entusiasmou, foi para o Crato, comprou um sabonete Galipe, uma caixa de pó Reny e uma aliança, e pediu a moça em casamento. Quando Santana soube, ela falou: "O quê? As moças estão se iludindo com Gonzaga, ele sem ser gente pra casar, só por causa desse oito baixos. Eu vou lá!". E foi, deu uma bronca na noiva: "A senhora está arredando ele, não vai ter casamento nenhum!". Ana Doca tirou a aliança do dedo e jogou no chão. Santana apanhou e levou de volta. Gonzaga ficou desgostoso, mas não disse nada, que toda vida ele obedeceu a Santana. (Maria das Dores)

O futuro do jovem Luiz Gonzaga parecia plantado: sucedendo ao pai Januário, ele passaria a vida entre oficina de conserto de sanfona, forrós e a família que obviamente acabaria fundando... quando tivesse idade e cabeça para isso! Mas o menino tinha mais ambições.

Em 1926, radicou-se no Exu um sargento da polícia do Rio de Janeiro, Aprígio, que fundou um grupo de escoteiros. Entre outras atividades, o sargento dedicou-se à alfabetização dos meninos que tinha sob sua responsabilidade. Gilberto, filho do coronel Aires, era amigo de infância e companheiro de travessuras de Gonzaga. Apesar de branco, filho dos patrões e dois anos mais novo que Gonzaga, Gilberto era fascinado pelo carisma do amigo. Lembrando-se de que este morria de vontade de aprender a ler e escrever, convenceu-o a integrar o grupo de escoteiros e entrar na escola. Mas era difícil percorrer, diariamente, as duas léguas que separam o Araripe do Exu. Gilberto Aires incentivou Gonzaga a ir morar na cidade:

Eu falei para ele que a gente podia promover umas festas particulares, ele tocaria sanfona e, com o dinheiro que isso renderia, a gente podia se sustentar. Nós fomos morar numa república na cidade.

Gonzaga arranjara o seu primeiro "empresário" e, juntos, puderam financiar seus estudos e a hospedagem na casa de dona Vitalina, uma amiga de Santana, que dava casa e comida aos meninos. Apesar de só ter durado uns dois ou três meses, esse período da vida de Luiz Gonzaga deixou-lhe ótimas recordações:

> Eu gostava daquele movimento. Tinha as reuniões de escoteiro, a gente ia acampar, sentir a natureza. A gente saía às dez horas da manhã. O instrutor ia na frente, deixando uns sinais, e os monitores iam seguindo com os escoteiros. Até que encontrava o instrutor, aí armava as tendas e dormia nos matos. A comida, a gente levava já pronta: galinha, farinha, pão, rapadura... Aquilo era divertido.

Sentado no chão, à luz da fogueira, Gonzaga tocava sanfona para animar o acampamento. O ensino da leitura era secundário. Mesmo assim, Gonzaga aprendeu alguma coisa.

> Em 30 ou 40 dias, ele já sabia assinar o nome direitinho, com a letrinha boa. O bicho era inteligente! (Gilberto Aires)

A aprendizagem infelizmente não durou muito:

> Eu queria aprender a ler, mas meus pais precisavam de mim, para ajudar na roça, e aquele vai e vem entre Exu e a Caiçara não acabava mais. E eu não era um aluno interessado em queimar as pestanas. Isso me faz falta até hoje. Além do mais, eu era muito namorador...

Namorador, e muito mais interessado por sexo do que por leitura. Novamente, foi seu amigo e companheiro de travessuras, Gilberto Aires, que lhe indicou o caminho a seguir: o da casa de Maria dos Lajes, uma coroa especializada em iniciação sexual da rapaziada dos arredores. Mas a educação sexual naquele ambiente tomava frequentemente aspectos trágicos. Foi o caso para Gonzaga, cuja aprendizagem se concluiu com uma blenorragia:

> Gilberto era muito mais sabido do que eu. Ele era o filho do patrão, e eu, um moleque besta. Ele fazia o que queria de mim. Um dia, nós fomos para o Serro dos Lajes, perto do Baixio dos Doidos, visitar uma sujeita, Maria dos Lajes... Ela pegava ho-

mens. Gilberto queria ir, mas tinha medo, aí me chamou. E me botou na frente, porque segundo o que se dizia, se a mulher tivesse "engalicada",[10] quem passasse primeiro pegava tudo e o segundo não pegava nada! Aí eu fui antes e me lasquei! Menor de idade, envergonhei minha família. Naquele tempo, doença venérea era a peste, como o Aids hoje, talvez pior!

Santana tratou o filho com uma mezinha a base de raízes, e com a paciência de uma mãe sertaneja, que sabe que a vida sexual dos filhos machos passa por esse tipo de problema. "Coisa de homem", como dizia Gilberto, que também se contaminara, desmentindo a lenda:

> Eu também peguei, mas fraco. Todo mundo aproveitou da moça, mas Gonzaga teve mais azar, pegou muito forte, quase morreu.

Quando Gonzaga ficou bom, não tinha mais condições de retornar a Exu para prosseguir o curso: Aprígio morrera afogado. Estava caçando, atirou numa marreca que caiu num açude. Quando ele foi apanhar a ave, afundou e não conseguiu mais sair. Morreu deixando muita mágoa, pois os rapazes gostavam dele. E assim terminaram as aventuras dos escoteiros do Exu, e a escolaridade de Luiz Gonzaga.

Ele continuou no dia a dia de sanfoneiro namorador.

> *Vem morena pros meus braços / Vem morena, vem sambar (...) / Esse teu fungado quente / Bem no pé do meu pescoço / Arrepia o corpo da gente (...) / Deixa o sangue em alvoroço.* ("Vem Morena", Luiz Gonzaga / Zédantas)

Tocava nos bailes das redondezas, dançava e encantava as moças, noivava, desnoivava, e o tempo ia passando. Até que descobriu o grande amor, o primeiro... ou pelo menos o único que Gonzaga revelou publicamente e com emoção:

> Meu primeiro grande amor... O campo do amor do homem da roça é muito restrito. Quando aparece uma pessoa que a gente

---

[10] Engalicada: contaminada com doença venérea.

52   Dominique Dreyfus

simpatiza, é o grande acontecimento da nossa vida. Mas eu acho que a gente se apaixona mais pela carne, e dificilmente se consegue chegar a um bom termo com calma. O namoro é um agarrado, uma xamegação da moléstia e aquela vontade, e quando chega a noite de núpcias, chegam as desilusões porque ninguém estava preparado. As histórias de amor no Sertão são muito complexas, muito complicadas... Mas no meu caso, eu sempre tive vocação pra amar, amar direitinho. Mesmo como matuto que era, ignorante, eu me sentia capaz de tratar bem "o animal". Eu sentia que era um homem carinhoso. Eu conheci Nazarena em Exu, quando vim estudar. Ela muito simpática, eu me apaixonei. Nunca tinha visto uma moça vestida de colégio! Começamos a namorar.

Nazarena era uma conhecida de dona Vitalina, aquela que hospedara Gonzaga quando era escoteiro. No entanto, o namoro começou depois que ele voltou ao Araripe. Dona Vitalina testemunhava da história morrendo de medo, pois sabia que o pai da menina era brabo. Além do mais, Nazarena pertencia à família Olindo, mais ou menos importante e, sobretudo, branca. O Sertão tem suas formas de racismo. E dificilmente seu Raimundo iria suportar o namoro da filha com um filho de morador, sem futuro e negro, além do mais. Assim mesmo, os dois jovens se amavam e o namoro foi forte. Gonzaga, com quase 18 anos, já estava pensando, mais uma vez, em noivar. Até que contaram a Gonzaga que seu Raimundo soubera do caso, e dissera que não admitia o namoro da filha com "um sanfoneirozinho de nada, sem futuro". Como um bom machão sertanejo, o jovem sanfoneiro não vacilou:

Pensei: "Eu pego ele!". Eu sabia que ele ia para feira todo sábado. Eu também ia, com minha mãe, vender as cordas que a gente fazia lá no mato. Minha mãe trazia as cordas no jumento, depois comprava umas coisinhas para casa, e voltava no final da tarde. No sábado, quando nós chegamos, eu comprei uma faquinha mixuruca, escondi no bolso, tomei uma lapadas de cana — porque no Sertão, quando um cabra quer fazer um malfeito, é muito comum ele tomar uns goles de cachaça para ficar brabão... Uns valentões de merda! — e saí à procura de seu Raimundo. Encontrei o homem:
— Ô seu Raimundo, o senhor me conhece?

Vida do viajante: a saga de Luiz Gonzaga

— Conheço sim, você é Luiz, o filho de Januário.

— É verdade que o senhor andou aí me descompondo, dizendo que eu sou um sanfoneirozinho de merda, sem talento para casar com a sua filha?

— Ora Luiz, conversa desse pessoal. Eu sou amigo de seus pais. Não vai atrás desse povo, não!

Mas ele percebeu que eu tinha bebido, e estava desmantelado. Quando encontrou com a minha mãe, contou o que sucedera comigo.

Eu estava no meio dos meus amigos, todo metido a besta, contando que seu Raimundo tinha se afrouxado, com medo de mim, quando avistei minha irmã Geni:

— Gonzaga, mãe está te chamando lá na feira das cordas.

Quando minha mãe me viu, ela me disse:

— Vai buscar o jumento agorinha, que nós vamos embora nesse instante, e não boqueje.

Do Exu até nossa casa eram doze quilômetros. Ela deu uma passada, todo mundo a pé, andando, "pei, pei, pei". Chegamos em casa ao meio-dia; eu, com uma dor de cabeça da moléstia... nunca tinha bebido! Em casa, ela cochichou não sei o quê com meu pai, e eu de olho nela, longe. Ela então entrou no quarto, me chamou. Quando eu entrei, ela trancou a porta e meteu a chave no bolso da saia:

— Então tu agora é valente, anda armado e tudo? Quer até matar homem. E bebeu, hein? Pois vamos ver se tu é valente mesmo!

Ela estava com uma daquelas cordas na mão e começou a bater: tão, tão, tão! "Safado! Sem-vergonha! Desgraçado!" E eu, chorando: "Me acode meu pai!", e ela: "Eu vou matar esse sem-vergonha!". Bem, acabou me largando. Quando eu saí do quarto, meu pai, que nunca batia na gente, ainda me deu um chute nos traseiros, e falou: "Seu cabra!". Aí eu saí de casa, fui me esconder nos matos, e lá passei a noite. Eu estava desmoralizado. O povo é muito tagarela, Nazarena ia saber da pisa que eu tinha levado. Foi então que eu comecei a arquitetar um plano para fugir de casa.

Na realidade, essa surra, que foi um marco importantíssimo na vida de Luiz Gonzaga, foi crescendo na lembrança dele com o passar do tem-

Fuga: foi José de Elvira que em 1930 ajudou Luiz Gonzaga a fugir de casa...

No meu pé de serra: as primas de Gonzaga, Eva e Maria das Dores, em 1987.

po. Suas irmãs e primas lembram que Santana se zangou, com efeito, mas a surra não passou de uns tapinhas, "surra de língua", como dizia a irmã Muniz. O certo é que Luiz Gonzaga estava ficando grande, em idade e ambição. O afã do filho de Januário já não cabia no Exu. Independentemente do incidente da "surra", Gonzaga já andara dizendo aos amigos que "o jeito mesmo era dar no pé, porque senão não ia se arranjar na vida".

A dita surra o incentivou, portanto, a tomar a decisão de ir embora logo. Ele então procurou José de Elvira, que era tangedor, e ia frequentemente para o Crato, entregar mercadorias:

> No sábado eu estive com Zé de Elvira. Ele me perguntou por que é que Santana estava braba. Eu expliquei o que tinha acontecido, e disse que queria fugir de casa e precisava da ajuda dele. Ele ia no dia seguinte para o Crato, levar uma carga de farinha, e sugeriu que fôssemos juntos. Voltei para casa, e disse à minha mãe que tinha sido chamado para tocar no domingo, numa festa no Crato; peguei a sanfona e fui embora. Dormi na casa da sogra de Zé de Elvira, no Exu, e no domingo de manhã saí cedo.

Gonzaga e Zé de Elvira tinham combinado de se encontrar no Jenipapinho, uma ladeira que fica a caminho do Cariri.

> A gente combinou que o primeiro que chegasse pela Cruz das Dotas deixava um galho de ramo pro outro saber que ele já tinha passado. Quando passei pela Cruz, lá estava o galhinho de ramo. Cheguei no Jenipapinho por volta de onze horas, e lá estava Gonzaga me esperando. Falei para ele montar a cavalo, e eu segui a pé, que já estava acostumado. (Zé de Elvira)

Hoje, a bela estrada de asfalto que une Ouricuri, em Pernambuco, ao Crato, no Ceará, permite fazer o caminho em quarenta minutos. Mas, em 1930, era um caminhozinho de terra vagabundo, e a viagem era bem mais demorada. Anoiteceu quando Zé de Elvira e Gonzaga, com a sanfona nas costas e Nazarena no peito, atingiam a vertente cearense da serra do Araripe. Dormiram no mato, e, na segunda-feira de manhã, chegaram no Crato. Lá, se separaram. A ideia de Gonzaga era ir até Fortaleza para sentar praça. Apesar de Exu estar situado em Pernambuco, os exuenses são tradicionalmente muito mais vinculados ao Ceará, que fica bem mais próximo. Por isso Luiz Gonzaga foi para Fortaleza e não para o Recife, que só viria a conhecer no final dos anos 40. No Crato, Gonzaga vendeu a sanfona para conseguir o dinheiro da passagem de trem... e foi até a estação. Naquele dia, só havia trem cargueiro para Fortaleza:

Conversei com o chefe do trem, e ele deixou que eu embarcasse. Ô viagem ruim! Sofri demais!

Lá no meu pé de serra / Deixei ficar meu coração / Ai que saudade eu sinto / Quero voltar pro meu Sertão. ("No Meu Pé de Serra", Luiz Gonzaga / Humberto Teixeira)

CAPÍTULO II

> *O batalhão / Tá me chamando / Estou aqui, seu coroné /*
> *Recruta tá tocando o rancho / É o primeiro toque que aprende*
> *no quarté / No tempo certo fiz o meu alistamento / Tou aqui*
> *senhor sargento / Pra fazer a inspeção / Quero servir ao Exérci-*
> *to brasileiro / Quero ser logo o primeiro / A entrar no batalhão.*
> ("Toque de Rancho", Luiz Gonzaga / J. Ferreira)

Luiz Gonzaga chegou a Fortaleza em meados de julho de 1930. Cumpriria 18 anos em dezembro. Legalmente, não tinha idade para se alistar como voluntário, e, no entanto, conseguiu incorporar-se ao Exército. Por que milagres ele obteve tal façanha, as explicações de Gonzaga foram diversas e variadas, à medida dos anos que passavam e das entrevistas que dava. Às vezes, contava que soubera que não tinha idade para se alistar enquanto estava na fila dos voluntários, esperando sua vez para sentar praça:

> Falava com um, falava com outro, e assim ia me informando. Quando eu me apresentei ao sargento, ele perguntou quantos anos eu tinha, e eu respondi 21 anos, que era a idade aceitável. Com isso, o Exército se ajeitava, e dava até certidão. Eu era taludinho, trabalhava na enxada, então ele acreditou... Eu menti porque se desse minha idade, não ingressava.

Outras vezes, dizia que o sargento que tratava da inscrição dos voluntários informou-o de que precisava de uma autorização paterna. Gonzaga explicou, então, que lhe era impossível obtê-la, porque morava muito longe, não dava para voltar lá. Enfim, tudo o que ele queria era ser soldado. O sargento teve dó, e aconselhou-o então a dizer, quando lhe perguntassem a data de nascimento, 1909 em vez de 1912.

A verdade é que a situação política no país estava extremamente confusa na época, e o Exército precisava de homens:

Vida do viajante: a saga de Luiz Gonzaga

O governo estava chamando recrutas para servir na revolução. O assunto era revolução, então era fácil entrar no exército. Eu ingressei e mandei avisar meus pais que tinha sentado praça.

Recrutava-se portanto qualquer voluntário que se apresentasse, evitando investigar mais do que isso sobre ele. De sorte que Gonzaga não teve nenhum problema em integrar o 23º Batalhão de Caçadores, entrando então na vida militar com aparente satisfação, descobrindo maravilhado um mundo cuja existência jamais suspeitara. Tudo era diferente, as pessoas, a relação com as mulheres, as roupas, a comida, e tudo parecia tão imenso: a cidade, o movimento nas ruas, e o mar, que viu pela primeira vez:

Eu estava no quartel em Fortaleza, aguardando de receber a farda. Uns paisanos tinham sido mandados para descarregar um bote com munições. O barco não encostava na praia, então nós tínhamos que ir até ele numa canoinha. Era a primeira vez que eu via o mar. Quando cheguei na praia, com a maresia, fiquei tonto. E quando embarquei na canoa, foi um enjoar danado, um vomitar da moléstia! Aí me dispensaram.

No quartel, Gonzaga ia recebendo instrução. E como gostava! Lembrava-se da época em que, escoteiro, aprendera a marchar com o tenente Aprígio.

Mas ainda faltavam as fardas. Gonzaga, que gostava de fazer pose, já se via de uniforme, andando garboso pela rua, e as moças olhando para ele, maravilhadas. Depois de alguns dias, enfim, chegaram. E foi aquela decepção! O corte era não importa o quê, e não havia um único uniforme que desse num único soldado. Desesperado, Gonzaga pensou que ia ter que aturar essa roupa ridícula. Felizmente, sempre havia um jeitinho: umas costureiras que, por um preço razoável, reformavam os uniformes, e faziam dos soldados verdadeiros lordes.

Sou alfaiate do primeiro ano / Pego a tesoura e vou cortando o pano / Ai ai, que vida ingrata o alfaiate tem / Quando ele erra estraga o pano todo / Quando ele acerta a roupa não convém. ("Cortando o Pano", Luiz Gonzaga / Miguel Lima / Jeová Portella)

Soldado elegante: em 1930 no 23º Batalhão de Caçadores.

Gonzaga não hesitou um minuto em apelar para o talento de uma delas. Mas não chegou a exibir sua elegância pelas ruas da cidade...

Na Paraíba, Princesa estava fervendo com o assassinato de João Pessoa, vice-presidente de Getúlio Vargas na chapa da Aliança Liberal. No dia 4 de agosto de 1930, o batalhão de Gonzaga, sob comando do coronel Pedro Ângelo, embarcou num trem especial, a destino da cidade de Souza, na Paraíba. Gonzaga ia viver, então, um dos capítulos importantes da história do Brasil, participando da chamada "Revolução de 30", da qual, evidentemente, como a grande maioria dos soldados, não entendeu nada, como ele mesmo contava:

> Ninguém entendia direito aquelas ordens que vinham de cima, todas rigorosamente cumpridas, mas que deixavam um travo, já que a gente não sabia por que agia dessa ou daquela maneira. (...) A disciplina era cega. Se surgisse no meio da gente um sargento ou um tenente mandando a gente atirar, fosse onde fosse, a bala cantava.[1]

Gonzaga não agia por motivos ideológicos; apenas estava obedecendo as ordens de quem estava dando ordens:

> Eu me alistei em julho. Início de agosto, já estava no mundo, na Paraíba, defendendo uma fronteira. Eu, recruta analfabeto, sem jeito para nada, no meio dessa revolução!

Cumprida sua missão em Souza, Gonzaga regressou ao Ceará:

> O batalhão voltou para Fortaleza, todo engalanado, e foi recebido pelo povo, com muita festa... Mas o que eu queria mesmo, era andar mundo afora. Finalmente, não saíra de casa para ficar parado num quartel, queria viajar. Foi quando surgiu uma oportunidade de eu ir para o interior do Ceará, com um contingente, para prender os coiteiros dos cangaceiros e dos coronéis que estavam armados. Tinham resistido à revolução, e Getúlio Vargas queria dar uma limpeza nisso tudo. Aí nós fomos prender esse povo.

[1] Sinval Sá, *O sanfoneiro do riacho da Brígida*, Recife, Coleção Pernambucana, 1986, 6ª ed. revista e ampliada.

Efetivamente, a companhia recebera ordem de proceder ao desarmamento da zona do Cariri, sendo que o problema não era só revolução, mas também cangaço. A campanha contra o cangaço, começada na década de 20, continuava. Vã e ineficiente, mas continuava. Os soldados perseguiam Lampião e seu bando, do Ceará a Pernambuco, da Paraíba à Bahia, do Rio Grande do Norte a Alagoas. Mas o cangaço continuava triunfante, reinando sobre o Nordeste. Aterrorizava as populações, como também as fascinava. E para Gonzaga, como para muitos nordestinos, Virgulino Ferreira, o famoso Lampião, continuava sendo aquele herói. Mais tarde, quando resolveu assumir através da roupa de palco a identidade nordestina, Gonzaga foi buscar sua inspiração na indumentária dos cangaceiros. Porém, na hora em que o Exército lhe deu ordem de entrar na campanha contra o cangaço, e de ir prender os coiteiros, Gonzaga não vacilou um só momento e cumpriu as ordens, porque, como sempre se orgulhou:

> Eu era empregado do Exército, era soldado. Tinha disciplina. E eu sempre gostei de disciplina. Lá em casa, Santana mandava, ensinava a disciplina e eu era bem mandado. Então, me dei bem no Exército.

Ficou alguns meses no Ceará, na divisa com Pernambuco, cumprindo a sua missão, nem sempre fácil. Lembrava, por exemplo, de uma fazenda cujo coronel recebera ordem de prender. Mas ao chegar lá, seu contingente foi recebido a pedradas, regadas de insultos, pela esposa do fazendeiro. Aproveitando que estava perto do Exu, Gonzaga entrou em contato com seus pais.

> Eu já era soldado, não tinha mais medo de nada. Pai chegou lá, chorou, me deu uns conselhos, me chamou de covarde. "Ainda vou ser um homem, pai, pode ficar sossegado." Em poucos meses tudo tinha mudado para mim. Devia ser em janeiro de 31, e eu tinha saído de casa em julho de 30. Tudo foi tão rápido!

Mal terminou a campanha do Cariri, o 23º BC seguiu para Teresina, no Piauí.

> Nós chegamos lá, com missão de prender a polícia e parte do batalhão de Teresina, que não tinha aderido à revolução e andava marginalizado. Eles iam se entregando, e nós prendendo.

A essa altura, Gonzaga havia cumprido um ano no Exército, chegando, portanto, ao término do tempo legal de serviço militar. Podia voltar à vida civil, ou então engajar-se por mais alguns anos. Foi o que ele fez, escolhendo ir servir no sul do país. Em dezembro, embarcou para o Rio de Janeiro, onde adoeceu, permanecendo alguns meses internado no Hospital Central do Exército. Quando se recuperou, foi mandado a Belo Horizonte em agosto de 1932, e integrou o 12º Regimento de Infantaria.

> Porque o 12º RI tinha resistido à revolução, estava todo esfarelado e precisava de completar seu contingente. Aí fui para Belo Horizonte. Sempre com Nazarena no coração... Foi quando me falaram que ela tinha casado, e estava morando no Mato Grosso. Aí eu pensei: bem, acabou-se minha paixão, não vou mais encontrar com ela; e fui levando minha vida de soldado.

Depois de alguns meses, pediu transferência para Juiz de Fora, para onde seguiu no mês de novembro.

A situação política do Brasil continuava agitada. Mas parece que Juiz de Fora ignorou tudo do levante de São Paulo em 1932, da revolução socialista abortada em 1935, ou ainda do golpe de Estado de Getúlio Vargas em 1937. No quartel, a vida seguia seu curso normal e tranquilo, apenas interrompido, em março de 1933, por uma missão no Mato Grosso. Na guerra do Chaco, que opunha, numa questão de fronteira, a Bolívia ao Paraguai, o Brasil, que apoiava a Bolívia, enviou o 12º RI para Campo Grande, sede de uma guerra incentivada sem dúvida pelas poderosas Shell e Standard Oil. Tais detalhes escapavam totalmente ao entendimento da soldadesca, que ninguém informava exatamente. Mais uma vez, recebiam ordens, cumpriam ordens, estavam lá para isso.

> Houve no Mato Grosso um problema com a fronteira, e a esposa do presidente do Paraguai veio para Campo Grande: um problema político, e Getúlio Vargas mandou uma tropa de fora para guarnecer a fronteira, e eu fui com esse batalhão. (Luiz Gonzaga)

Se houve tiros e batalhas nessa guerra, Gonzaga não contou. Para ele, o que ficou de sua participação na guerra do Chaco foi a polca paraguaia, cujos acentos alegres ele descobriu — mais tarde ele aprimora-

64   Dominique Dreyfus

Fascínio: Gonzaga buscaria inspiração na indumentária de Lampião.

ria o ritmo na sanfona — e a punição que, soldado modelo, recebeu nessa ocasião, por conta de suas botas:

Nós fomos para o Mato Grosso de trem. No segundo dia da viagem, fizemos uma escala de algumas horas em Três Lagoas, e recebemos licença para ir andar um pouco. Eu saí com um grupo de soldados. Era de noite, nós não víamos nada. Quando voltamos para o vagão, todo mundo começou a reclamar de um cheiro ruim. E eu era um dos primeiros que reclamava. Quando foram olhar quem estava com a botina suja... era eu! Tirei a botina, lavei e, para ela secar logo, enfiei ela no puxador do vagão. Imaginei que com a velocidade do trem a fedentina ia embora. Mas quem foi embora foi a botina, que caiu. Quando chegamos em Campo Grande, a gente ainda tinha que caminhar até o quartel, que ficava a uma boa distância. Aí fui descalço, porque com uma botina só não dava, ficava fazendo aquele "xique-poque, xique-poque". Andamos num prego desgraçado. Quando chegamos no quartel, havia uma cama preparada para cada um. Eu, morto de cansaço, vi a cama e pensei: "É hoje! É hoje que eu vou dormir!". Nem tirei a roupa, me espichei na cama e puxei o ronco. Era meia-noite. Às três da manhã, toca a reunir acelerado. Claro que a gente tinha que ir uniformizado, com a mochila e tudo. O general do quartel era Nilton Cavalcanti, uma casca de ferida, ruim para moléstia. Ele ia passando, e olhando cada soldado, cara a cara. Chegou na minha frente, olhou para minha cara, olhou pra meus pés. Quando me viu descalço falou pro ajudante: "Toma nota disso". No dia seguinte, ele reuniu a tropa. Mandou formar um quadrado, como faziam na França antigamente, e leu minha punição: quatro dias de prisão.

E não só isso! "Em abril de 1933, foi feita carga para desconto na forma da lei, do valor correspondente a um par de borzeguins de couro preto, sendo punido com quatro dias de detenção, por estragar antes do tempo objetos pertencentes à Fazenda Nacional."[2] Contudo, em regra geral, Gonzaga foi um soldado sumamente elogiado por todos os seus

[2] Segundo está indicado na relação das alterações ocorridas com Luiz Gonzaga, durante o tempo em que serviu no 23º Batalhão de Caçadores, que foi remetida pelo Ministério do Exército a Luiz Gonzaga, em 1984.

superiores, que por unanimidade salientaram "o desempenho para todos os serviços para que foi designado, pela perfeita compreensão de seus deveres, pelos traços bem nítidos da educação civil e militar que possui...". Em suma, Gonzaga era obsessivamente disciplinado e obediente.

Os anos iam passando, Gonzaga demorando nas Forças Armadas. A vida no quartel era só instrução, montar guarda, cumprir algum serviço para as famílias dos comandantes. Gonzaga começou a achar os dias monótonos e pediu transferência para o 11º BC, em São João del-Rei. Havia possibilidade para os soldados de estudar, de apresentar concurso, de aprender alguma profissão. Mas Gonzaga não se animou. E também, no Exército ninguém deu força. Mesmo assim, ele passou no concurso de corneteiro, o que lhe permitiu adquirir algumas noções de harmonia, aprender a tocar corneta, ser elevado a tambor-corneteiro de 1ª classe em janeiro de 1933, e ganhar o apelido de Bico de Aço. Além do que, cumpriu novamente quatro dias de detenção, por ter estragado duas baquetas de tambor da banda.

Mas tocar corneta para despertar um batalhão não correspondia à ideia que Gonzaga tinha da música. Ele começou a estudar violão.

> Até cheguei a tocar alguma coisa. Ia bem, apesar do violão ser vagabundo, aprendi um pouco mais de harmonia. Mas violão era um instrumento cheio de problemas, desafinava, não tinha o volume que eu precisava. Não vi futuro no violão. E minhas origens eram de pai sanfoneiro mesmo!

Desde que vendera seu fole em 1930, para comprar a passagem de trem para Fortaleza, Gonzaga nunca mais tocara num oito baixos. Tentara integrar a banda do seu batalhão ao chegar em Minas Gerais, sem sucesso: a primeira coisa que o mestre da orquestra lhe pediu, foi que desse um mi-bemol. Gonzaga nunca ouvira falar nessas coisas, e sua carreira de sanfoneiro-militar abortou ali mesmo. De qualquer maneira, Gonzaga não possuía fole:

> Subestimei o instrumento do Sertão e fiquei no Exército na vagabundagem, só dando guarda, recebendo instruções.

E para preencher as horas vagas, escutava o rádio, tanto que conhecia todos os sucessos e os músicos da época. Era fã incondicional dos programas da Rádio Tupi, que conseguia sintonizar sem mais problemas,

Instrumento errado: durante o serviço militar,
Luiz Gonzaga aprendeu a tocar... violão.

e não perdia um programa de Zé do Norte. Assim, se encantaria em 1938 com um baiano que estava começando a fazer sucesso no rádio, chamado Dorival Caymmi.

Mas, ainda em 1936, ele fez amizade com um soldado da polícia, Domingos Ambrósio, que tocava sanfona e era até conhecido nas redondezas. Gonzaga, que na realidade só sabia tocar sanfona de oito baixos, começou a estudar sanfona com Domingos, aprendendo a tocar as músicas que ouvia no rádio e tanto apreciava. O problema é que lhe faltava uma sanfona própria para treinar. Domingos apresentou-o então a um amigo, Carlos Alemão, fabricante de sanfonas.

> Conversei com Alemão, que trabalhava mal demais. E ainda demorou uns três meses em fazer o serviço. Quando, até que enfim, ele me entregou a sanfona, eu peguei no instrumento, fiz "fon" e pensei: "Pois é, dá pra fazer 'fon', então está boa". Foi com ela que eu comecei. Tinha 48 baixos, era ruim demais, mas deu para o que eu queria.

Efetivamente, a sanfona, ainda que medíocre, deu para Gonzaga aprimorar a técnica do novo instrumento, progredir, e até aproveitar seus dias de folga para tocar nas festas de Juiz de Fora e mais tarde de Ouro Fino, para onde foi transferido em 1937.

Em Ouro Fino, justamente, havia um advogado, o Dr. Raul Apocalipse (*sic*), grande amador de teatro e revistas musicais, que costumava organizar espetáculos no clube Éden. Precisando de músicos, o advogado-teatrólogo pediu licença ao comandante para liberar Gonzaga, que já estava dominando melhor a sanfona. Diante da inatividade da soldadesca, não foi problema aceitar o convite. O advogado mostrou como se movimentar, como se apresentar, e Gonzaga fez seu *début* num palco, diante de um público urbano. Raul Apocalipse não imaginou um só minuto que estava iniciando no *métier* uma das maiores figuras da música brasileira! Satisfeito e feliz, Gonzaga tocou, cantou para o público de Ouro Fino. No repertório, "Faustina", um choro de Gadé, que Almirante havia gravado em 1937, os sucessos do grande astro da época, Augusto Calheiros, umas músicas do famosíssimo acordeonista Antenógenes Silva, ídolo de Gonzaga. As oportunidades de exercitar sua arte não faltavam, e Gonzaga progrediu rapidamente, sentindo então a necessidade de adquirir um instrumento de maior qualidade. Foi quando apareceu um caixeiro-viajante no quartel:

Isso em 1938. Ele vendia louça, pano, e um bocado de coisas... Ele ficou sabendo que eu tocava sanfona nas festas. Me procurou e me mostrou um catálogo com o retrato de todos os artigos que ele vendia. Tinha uma sanfona alemã, uma Horner branquinha, de 80 baixos. Fiquei doido por ela. Custava um conto e duzentos. Era caro demais pra mim. Ele então me explicou que eu podia comprar a sanfona a prestação. Era só ir mandando o dinheiro cada mês, e, quando a sanfona estivesse paga, eu ia buscar em São Paulo. Eu então me inscrevi. Ele preencheu uma ficha, que eu assinei, me deu o recibo do sinal, o endereço da loja em São Paulo e foi embora. A partir de então, eu fiquei mandando o dinheiro certinho, todo mês, e contando quanto faltava para completar. Até que resolvi vender a sanfona velha e, com o dinheiro, completar de uma vez o pagamento da nova.

Gonzaga teve então a ideia de organizar uma rifa, para vender a sanfona do Alemão. Mal conseguiu vender alguns bilhetes. Assim mesmo, no dia marcado, correu a rifa. E quem ganhou a sanfona foi... ele! Se houve malandragem ele não disse, mas, na história, ele ganhou o dinheiro da venda dos bilhetes, e o preço da sanfona que ele acabou vendendo. A soma dos dois dava para completar o pagamento da Horner. Gonzaga resolveu ir a São Paulo, saldar a nova sanfona. Pediu licença do quartel para viajar. O comandante negou. Mas Gonzaga não desistiu da viagem e embarcou assim mesmo. Comprou uma roupa civil, botou na malinha, pois não tinha direito de andar sem uniforme em Ouro Fino, e, no trem, trocou de roupa. Ao chegar em São Paulo, hospedou-se no Hotel Toscana, próximo da estação, recomendação do comerciante que lhe vendera a sanfona.

O dono do hotel era italiano. Cheguei lá à tardinha, pedi um quarto, tomei um banho e me deitei na cama, esperando a hora do jantar. Daqui a pouco, escutei alguém tocando sanfona. Saí do quarto e fui seguindo o som. Cheguei na cozinha, uma cozinha grande, e lá estava o velho, meio escondido por um armário, tocando. Quando ele me viu, ele parou e me contou que sempre tocava para chamar os hóspedes para jantar. O cozinheiro era ele. E perguntou se eu tocava.

— Toco um pouco; inclusive eu vim para São Paulo buscar uma sanfona que comprei.

À paisana: em São Paulo vestiu-se de lorde e, para melhorar a pose, pegou um cigarro.

— Então amanhã a gente faz um chorinho, com meu filho, que também toca.

Jantei, fui dormir. No dia seguinte, cedinho, saí pra rua, todo bem-vestido. Tem até um retrato meu vestido à paisana. Botei um cigarro para fazer pose! Estou de paletó e chapéu. Estava fazendo um frio danado, e eu vestido de lorde. Foi nesse dia que eu tirei o retrato, a caminho da loja. Quando cheguei no endereço que o caixeiro-viajante tinha me dado, decepção!

— Bom dia, eu vim buscar uma sanfona que eu comprei.

— Sanfona? Que história é essa? Aqui ninguém vende sanfona, não senhor!

Gonzaga fora simplesmente vítima de uma trapaça que lhe custara 500 mil réis.

Voltou para o hotel desesperado, e contou o sucedido para o Toscano, que perguntou:

— O senhor tinha pago todas as prestações?

— Tinha não, ainda faltavam 700 mil réis para completar, que eu trouxe.

Ele então chamou o filho e falou:

— Ô Armando, você está com um problema de coluna, o médico já proibiu você de tocar sanfona. E você já tem um piano, um órgão, não precisa de harmônica não. Você vai vender sua Horner para esse moço, por 700 mil réis.

E Gonzaga regressou a Ouro Fino com uma Horner branquinha de 80 baixos, igualzinha à que ele tinha comprado do caixeiro-viajante! Só que essa aí existia.

O comandante do quartel não se sensibilizou com a beleza da sanfona, e castigou o soldado nº 122, que fugira do quartel. Gonzaga cumpriu, pois, mais quatro dias de prisão. E no mês seguinte, forçado pela lei dos dez anos, deu baixa do Exército.

Me mandaram embora. Um soldado não pode se tornar soldado profissional. Aí o Exército, pra fazer economia, de vez em quando manda um magote fora.

Na verdade, um decreto recente proibia os soldados de se engajarem por um período superior a dez anos. Gonzaga, com um tempo de serviço de 9 anos, 8 meses e 10 dias, estava chegando ao término do tempo legal.

No dia 27 de março de 1939, Gonzaga embarcou num trem para o Rio de Janeiro. Na bagagem levava uma passagem de navio para o Recife, um passe da Great-Western que o levaria até o Exu, um dinheiro para as despesas que teria até chegar em casa, e uma ordem de permanência num quartel do Rio, no Batalhão das Guardas, onde ficaria aguardando a chegada do navio do Lloyd no qual devia embarcar.

CAPÍTULO III

> *Vim do Norte, o quengo em brasa / Fogo e sonho do Sertão / E entrei na Guanabara / com tremor e emoção / Era um mundo todo novo, diferente meu irmão / Mas o Rio abriu meu fole, me apertou em suas mãos / Ê Rio de Janeiro do meu São Sebastião / Pare o samba três minutos pra eu cantar o meu baião / Tive medo, muito medo meu irmão / Mas olhei o Corcovado e assosseguei o coração...* ("Baião de São Sebastião", Humberto Teixeira)

Gonzaga ficou no quartel, esperando que o navio do Lloyd a destino do Norte atracasse no Rio de Janeiro. Ele, praticamente, não conhecia a cidade. Os meses que passara na capital, quando era militar, fora trancado no hospital. Agora, novamente permanecia trancado. Desta vez, porém, nada o obrigava a tal; era paisano, não tinha que prestar contas a ninguém. Só que ele não conhecia a cidade, nem ninguém que o pudesse guiar. Amedrontado pela agitação e o tamanho da capital, não se atrevia a sair do quartel. E como não tinha nada que fazer, matava o tempo como podia. Um dia, por exemplo, resolveu limpar a sanfona. Estava no dormitório, com o instrumento no colo, quando entrou um soldado. Ao ver Gonzaga, falou:

— Oi rapaz, e tu toca sanfona? Tem um lugar aí, o Mangue, que esse fole dá pra você ganhar dinheiro. Lá, tudo quanto é bar tem música ao vivo. Enquanto seu navio não vem, você pode ganhar um dinheirão.

O Mangue, que ficava na atual Cidade Nova, era o bairro mais "quente" do Rio de Janeiro. O quartel onde Gonzaga estava hospedado ficava vizinho ao Mangue, então, à noite, ele se arriscou a uma voltinha por lá, com o soldado. A vida militar o habituara a frequentar os bairros quentes das cidades onde servira. Com a soldadesca, estivera em toda sorte de bordéis, pegara tudo que existe de doença venérea, dera canjas nos bares de Juiz de Fora e Ouro Fino, bebera muita cerveja... mas nada, absolutamente nada do que conhecera, se assemelhava com o que descobriu naquela noite. Jamais vira um ambiente como o que reinava no Mangue.

Por lá perambulavam os náufragos da noite: beberrões, soldados, marinheiros, boêmios de toda sorte, malandros, que ainda não "chacoalhavam nos trens da Central", mendigos, ladrões de carteira, músicos-aspirantes, músicos confirmados, o pessoal do samba. O Mangue fervilhava, com seus bares lotados, seus inferninhos, à porta dos quais as mulheres, praticamente nuas, esperavam os fregueses. Ao alarido da ruas, juntavam-se as vozes das prostitutas gritando obscenidades, palavrões ou convites libidinosos, e a cacofonia alegre dos inúmeros músicos que ali vinham animar a noite. A maioria dos bares tinha seu conjunto, e o músico que não conseguia ponto num deles tocava na rua mesmo. Com aquele mundo de gente circulando por lá, sempre havia quem desse uma gorjeta. Nesse período que antecedia a declaração de guerra, parecia que os navios do mundo inteiro atracavam no porto da capital do Brasil, vertendo na Zona multidões de marinheiros e soldados, numa mistura colorida de línguas, uniformes e raças. Como que querendo esquecer as tensões internacionais e as ameaças de guerra que pesavam sobre a Europa, procuravam o amor fácil das meretrizes, a embriaguez da cerveja e da música e pagavam o que havia de pagar para obtê-los. Enchiam as bolsinhas das mulheres, os pires dos músicos, as caixas dos bares com dólares, libras, marcos, francos, pesos, num alegre cosmopolitismo monetário. E quando não, pagavam seus prazeres com charutos, cigarros, garrafas de cerveja. No final da noite, era só devolver a cerveja ao dono do bar e receber o dinheiro em troca.

O moleque do Araripe abriu um olhão desse tamanho, observou, analisou e, na noite seguinte, botou a Horner branca de 80 baixos no ombro, caminhou até o Mangue e se atirou na vida. Investiu numa esquina de calçada e puxou o fole. As músicas que tocava quando pequeno com o pai há muito lhe tinham saído da mente. Nem eram coisas pra se tocar na cidade, no Sul. Ali, ele tocava o que aprendera com Domingos Ambrósio em Juiz de Fora: valsas, foxtrotes, tangos, choros. Não faltou público e, quando Gonzaga passou a latinha que providenciara, as moedas caíram e ele gostou. Tornou-se rapidamente um *habitué* do bairro. Fazia sucesso. Em volta dele sempre havia muita gente parada, escutando os acentos alegres de sua sanfona. Tanto que esqueceu do navio, do Sertão e de ir embora.

Nas portas dos bares, os donos ficavam observando o movimento na rua, e em torno dos músicos, nas calçadas. Quando percebiam que um deles atraía muito público, então chamavam-no para tocar dentro do bar. Músico que parava gente era um tesouro para os donos dos botequins: garantia freguês. E para o músico era melhor, tinha gorjeta segura, cerveja grátis e, em caso de chuva, estava protegido. Gonzaga não demorou a ser chamado pelos botequineiros. De modo que começou a ganhar o suficiente para se sustentar. Também começou a fazer amizades. Entre as principais, destacou-se a com o baiano Xavier Pinheiro. Outrora, Xavier fora marinheiro. Depois casara com Leopoldina, uma portuguesa, e agora era músico. Tocava violão e guitarra portuguesa, acompanhava fado, fazia programas de rádio na Vera Cruz, vez por outra umas pontas em gravações, dava aulas de violão, tocava numa bodega portuguesa da rua Santa Clara e à noite tinha um ponto no Mangue. Xavier chamou o sanfoneiro para jantar na sua casa, no morro de São Carlos. Gonzaga, que já não ia poder continuar no quartel, estava procurando um lugar onde ficar, e Xavier convidou-o a morar com ele e Dina, como chamava a esposa. A casa era pequena, tanto que Gonzaga mudou-se pouco tempo depois para a residência da sogra de Xavier, dona Amélia, antes de ir morar finalmente na casa de dona Tereza, uma vizinha de Xavier e Dina e, como esta, portuguesa, que além do quarto também dava comida.

O morro de São Carlos, bairro tranquilo, era na época um reduto português, onde soavam os acordes nostálgicos do fado e das modinhas lusitanas, as modulações chiadas dos gajos e das raparigas, pontuando suas frases de "poich, poich", e o cheiro gostoso do bacalhau à Trasmontana e do caldo verde.

> *Você pode me bater / Você pode me ganhar / Mas depois não toma pé / Se tiver que bailar / O corridinho Canindé / O rio Tietê tem um banho pra você / Depois do baile do corrido português / Tenho certeza, tenho muita fé / Numa casa portuguesa / Que tem lá no Canindé.* ("Corridinho Canindé", Luiz Gonzaga / Lourival Passos)

Gonzaga gostou do clima aconchegante e familiar do morro, do modo de ser tão gentil dos portugueses. Com aquele jeitão desembaraçado e simpático dele, em pouco tempo já dominava o bairro. Dava-se com todos, participava da vida do morro, cujos habitantes eram muito chegados ao jogo do bicho que, na época, não era caso de polícia. Geleia, o bicheiro do bairro, era amigo de todos. Iniciado por dona Tereza no famoso jogo, Gonzaga aconselhava, dava dicas, discutia os resultados com o pessoal da rua São Frederico, onde residia.

Por sua vez, tinha em Xavier um protetor e um mestre, que lhe ensinou os truques da vida de músico e boêmio. Ainda que Gonzaga demons-

Vida do viajante: a saga de Luiz Gonzaga

trasse mais talento para músico do que para boêmio. Xavier se queixava do amigo, que queria ir dormir assim que acabava o serviço, que não bebia, não fumava e receava ser enrolado pelas prostitutas:

A vida na Zona era muito perigosa. O pessoal ia lá pra possuir mulheres. Elas ficavam na janela, chamando os fregueses. O perigo é que elas queriam arranjar amantes para não sair sozinhas. E quando viam um cara bonitinho, bem aprontado, elas ficavam atrás. Eu sempre tive muito cuidado com isso. Eu sempre fui um cara com objetivo. (Luiz Gonzaga)

O filho da rigorosa Santana já possuía, então, a ética da qual jamais abriu mão, apegado que era à disciplina, à moralidade. Quanto ao objetivo, era o de vencer na vida com a sanfona. Formando dupla com Xavier — que perdera, pouco tempo antes de conhecer Gonzaga, o seu parceiro, Conceição — foi descobrindo a cidade, os melhores bairros e os melhores momentos de se tocar, aprendendo a se orientar no Mangue, a lidar com as pessoas e a ganhar o máximo de dinheiro possível.

Assim Xavier dirigiu Gonzaga para ir tocar à tarde nos lugares frequentados pelos turistas; na hora do jantar, nos restaurantes; mais tarde, no Mangue. Nesse aí, o ganho era o mais importante, apesar de incerto. Os riscos que corriam também eram mais importantes, e quase certos. Volta e meia estouravam brigas, tiroteios, mortes, em meio a gritarias, correrias, pânicos.

Nesse coco / Polícia não tem vez / Se acaba no pau / Quem falar em xadrez... ("Delegado no Coco", Zédantas)

A polícia irrompia na rua, perseguia as prostitutas, prendia alguns marinheiros bêbados, chutava um ou outro mendigo e ia embora. Pouco a pouco, a tumultuada rotina se instalava novamente, e o show continuava. Como em todas as zonas do mundo, a violência era grande e crônica no Mangue. Muito mais calmos eram os casamentos, os batizados, as festas familiares com bailes, que Xavier e Gonzaga animavam regularmente.

Passavam os dias, os meses. Gonzaga, que já estava bem "desasnado" e totalmente integrado à vida que escolhera ao chegar no Rio, começou a ter seus próprios contatos e a ser chamado para tocar sozinho nos cabarés, nas gafieiras, nos *taxi-girls*, não só do Mangue como também da Lapa. A autonomia que o discípulo estava adquirindo deixou Xavier meio en-

Dominique Dreyfus

ciumado. Tanto mais que Gonzaga estava se desinteressando dos fados e corridinhos lusitanos de Xavier...

O sanfoneiro estava trabalhando um repertório mais comercial, baseado nos sucessos do momento: tangos de Carlos Gardel, blues, foxtrote, valsas de Antenógenes Silva, canções de Augusto Calheiros, de Charles Trenet, enfim, todos os sucessos da época, que ele tocava, ou melhor, "massacrava no fole, sem a mínima responsabilidade", como gostava de lembrar mais tarde. Massacre que levou inclusive o dono do *dancing* O Tabu, a dispensar Gonzaga dois dias apenas depois de havê-lo contratado, pois os fregueses estavam reclamando da péssima qualidade dos tangos. O sanfoneiro precisava aprender a tocar tango. A essa altura, ele estava tocando numa sanfona de 120 baixos, comprada de contrabando.

> Naquele tempo era fácil comprar sanfona dos marinheiros que vinham da Europa. Eles traziam sanfona italiana, alemã. A primeira sanfona de 120 baixos que eu tive, acho que era uma Scandalli que eu comprei a um marinheiro bêbado no Mangue...

Gonzaga pegou a Scandalli e foi bater na porta de Antenógenes Silva, o melhor e mais famoso acordeonista da praça no início dos anos 40. O Mago do Acordeom,[1] como o apelidavam, sabia muito de tango. Apesar de ser mais conhecido por suas inúmeras valsas, também compunha tangos. Gravava pela Odeon e tinha aberto a primeira escola de acordeom do Rio, na rua Correa Dutra, 27, no Flamengo. Ali ministrava ensino de alto nível, para profissionais que podiam seguir cursos de harmonia, teoria e solfejo. Gonzaga, que era admirador de Antenógenes desde o tempo em que estava em Juiz de Fora, fora apresentado a seu ídolo por Xavier. Antenógenes o recebeu na sua residência.

> Eu sempre o via tocar nos bares do Mangue, da Lapa, onde eu ia às vezes encontrar com Xavier Pinheiro, meu amigo do peito. Quando ele foi contratado para tocar num *dancing*, ele precisou saber tocar tango. Foi quando ele me procurou e me pediu se eu podia lhe ensinar a tocar pelo menos dois tangos. Aí, eu ensinei "La Cumparsita" e "Mano a Mano". Com isso

---

[1] Gonzaga se divertia dizendo, com toda razão, que acordeom e sanfona eram o mesmo intrumento, mas, quando o artista tocava música de salão, era acordeonista, e, quando era mais popular, tornava-se sanfoneiro.

Vida do viajante: a saga de Luiz Gonzaga

ele estava feito. Depois eu ainda dei umas aulas para ele. Ele era muito inteligente. Tudo ele aprendia com facilidade. Por exemplo: quando ele chegou no Rio, ele não falava bem. Mas, rapidamente, ele foi se corrigindo. Na sanfona, em pouco tempo ele já sabia mais do que eu. Eu não tinha mais o que ensinar. (Antenógenes Silva)

Gonzaga começou então a pensar nos programas de calouros. Criados em meados dos anos 30, esses programas tinham por vocação revelar talentos. Estavam ganhando aos poucos grande popularidade, e todas as emissoras queriam ter o seu programa de calouros. Gonzaga, que descobrira o rádio em Minas Gerais, conhecia de nome tudo quanto havia de emissora, de programa, de locutor, de artista. Acompanhava os programas de calouros, e era fã do *Calouros em Desfile*, de Ary Barroso, que ia ao ar nos domingos à tarde, na Tupi. Também conhecia *Papel Carbono*, de Renato Murce, na Rádio Clube. Para os candidatos ao estrelato que compareciam nos programas de calouros, os objetivos podiam ser muitos: impressionar papai-mamãe, a vizinhança ou o(a) namorado(a), que iam ouvi-los cantar no rádio, conquanto não fossem vergonhosamente gongados;[2] ganhar um prêmio, quando prêmio havia; tentar um "abrete Sésamo" à carreira artística. Um sucesso junto ao público, a obtenção de um 5, a nota máxima de Ary, podiam proporcionar um contrato na rádio. Não faltam exemplos de estrelas que foram revelados em programas de calouros.

Interessado em qualquer uma das possibilidades, Gonzaga começou a frequentar os programas de Renato Murce e Ary Barroso. No primeiro imitava Augusto Calheiros, Antenógenes Silva, Carlos Gardel. No segundo, tocava uma valsinha, um tango, um chorinho, ou até mesmo um samba. Nunca era gongado. Tinha técnica suficiente para chegar até o final da música que apresentava. Mas a nota que tirava jamais passava de um 3. Ary Barroso concluía a apresentação com um daqueles implacáveis sarcasmos, e a coisa ficava por isso mesmo. Gonzaga não era músico para tocar sucesso comercial. Muitos anos mais tarde, ao se autodefinir, Gonzaga resumiu perfeitamente o motivo de suas malogradas tentativas radiofônicas:

---

[2] O gongo era uma invenção de Ary Barroso para eliminar o concorrente que estava apresentando uma música. Quando o calouro ouvisse a gongada, devia interromper seu canto e voltar a seu lugar.

Quando eu toco, falo, faço arranjo, é tudo com meu sotaque. O meu sotaque não me permite cantar valsa, bolero, samba. A minha sanfona é parecida comigo.

O sotaque da sanfona de Gonzaga era aquele *swing* e aquele som inimitáveis, inconfundíveis, que se destacam com incrível evidência já na primeira gravação que ele fez. Um sotaque que atravessou os anos, as décadas, e que nada tem a ver com as modas. Um sotaque que fez de Gonzaga "O Gonzaga". Mas, em 1940, nem ele, nem Ary Barroso, nem o público sabiam disso. Nem podiam. Obcecado pelo desejo de integração no Sul, Gonzaga fazia na época tudo o que podia para se fundir na multidão carioca, imitando o modo de ser dos crioulos do Mangue, e afastando tudo o que havia de nordestino nele.

Ninguém sabia que eu era nordestino. Eu já era um malandro, me atirava no meio dos crioulos, vestido igual a eles, até cantava samba nas gafieiras. Eu tinha interesse em me adaptar ao sotaque carioca. Sotaque nordestino, havia muito tempo que eu já tinha perdido. Também, já tinha saído do Nordeste há mais de nove anos. Quando dei baixa do Exército e saí de Minas Gerais, já estava ficando mineiro.

E dava mesmo para disfarçar... enquanto não falasse um "é", aquele "é" aberto, terrível, traiçoeiro, que não enganava ninguém. E que não enganou o grupo de estudantes cearenses que frequentavam o bar Cidade Nova, onde Gonzaga costumava tocar em dado momento. Saudosos da terra natal, os cearenses ficaram emocionados ao perceber a pontinha de sotaque nordestino do sanfoneiro valsista e tangueiro do bar. Puxaram conversa, acabaram ficando amigos dele. Gonzaga passou inclusive a frequentar a pensão onde viviam, na rua Visconde de Paranaguá, na Lapa, verdadeira "república" estudantil, à moda do século XIX, e celeiro de futuras figuras importantes, como Armando Falcão, que viria a ser um dos notáveis da política brasileira durante décadas e que continuou mantendo com Gonzaga relações de amizade. O exuense tocava sanfona para os estudantes; os estudantes pagavam com refeições... mas, um dia, reclamaram: basta de valsas vienenses! Por que diabos Gonzaga não tocava umas coisas lá da terra dele, do Nordeste?

— Não, não dá. Já faz muito tempo que eu saí de lá, não sei mais nada. E lá eu só tocava aquelas coisas do pé de serra.

— Mas é isso mesmo que nós queremos, rapaz!

Gonzaga tentou argumentar que as músicas do Sertão ele aprendera a tocar num fole mixuruca, que não tinha nada a ver com a sanfona dele; que essa música não ia interessar os fregueses dos bares onde ele costumava tocar, que etc. e tal. Mas os cearenses implicaram e, finalmente, ameaçaram não botar mais moedas no pires do sanfoneiro se ele não tocasse uma coisinha lá do Nordeste. Gonzaga acabou prometendo que, na próxima vez, ele tocaria alguma coisa lá daqueles pés de serra.

No dia seguinte, na casa dele, pegou a sanfona e começou a pensar nas músicas que tocava com o pai. Polcas, mazurcas, quadrilhas, valsas, chorinhos, coisas que existiam por todo o Brasil, mas que, no Sertão, eram tocadas com o "sotaque" local. Gonzaga foi procurando, dedilhando os baixos e as teclas, revolvendo o passado, reconstituindo a memória musical.

Eu passava o dia inteiro, tocando, procurando, ensaiando. Dona Tereza até reclamou: "Ô Gonzaga, toca uns fados, que essa música aí, a gente não entende". Aí eu esperava ela sair para continuar treinando. E preparei duas músicas. "Vira e Mexe" e "Pé de Serra", não o meu, que compus mais tarde; um outro, lá da minha terra. Caprichei nas duas composições e esperei os cearenses. Até que uma noite eles apareceram para "trocar o óleo". Aí eu pensei comigo mesmo: "É hoje!". Quando terminou a música que eu estava tocando, dei uma pirada, recolhi as moedas na caixa de charuto, sem dar atenção aos estudantes, ajustei a sanfona no peito... E toquei "Pé de Serra". Ti-tiriri-tiriri-tiriri.

Registrado mais tarde sob o rótulo "xamego", "Pé de Serra" na realidade é uma polca charmosa e alegre, que encantou os fregueses do Cidade Nova e até os passantes na rua, que pararam à porta do bar para curtir o som fascinante da sanfona. Gonzaga nunca esqueceria a felicidade que sentiu ao ver o público rindo, aplaudindo, gritando, pedindo bis.

Foi uma loucura. Respirei fundo, agradeci e joguei o "Vira e Mexe"... Tiiiiiii-tiriririririririritiririrum, tchan tanran tanran tanran tanran... Ah! foi mais loucura ainda. Parecia que o bar ia pegar fogo. O bar tinha lotado, gente na porta, na rua, tentando ver o que estava acontecendo no bar. Aí peguei o pires. Na terceira mesa já estava cheio. Aí eu gritei: "Me dá um prato!". Daqui há pouco o prato estava cheio. Aí pedi uma bandeja. E pensei: agora a coisa vai.

Qual a surra de Santana, com o passar do tempo, na memória de Gonzaga, o sucesso que fez naquela noite foi provavelmente crescendo, sua história se embelezando. No entanto, mais de 50 anos depois de tê-la vivido, seus olhos ainda brilhavam de felicidade e emoção quando ele relembrava a cena, cantarolando o célebre xamego, que seria aproveitado durante anos como prefixo de tudo quanto é programa de rádio sertanejo.

O certo é que Gonzaga estava começando a tomar consciência do valor de sua cultura musical. No Elite, uma gafieira onde costumava se apresentar sob a regência do maestro e pianista Amirton Vallim, já lhe ocorrera tocar algumas toadas sertanejas. Mas, naquela noite, pressentiu pela primeira vez que, na música dos cafundós do mundo, que tocara a pedido — insistente — dos estudantes cearenses, estava seu rumo.

Contudo, a essas alturas, ele ainda era um dos muitos músicos que animavam as noites boêmias dos bairros quentes e as tardes ensolaradas nas esquinas das ruas da capital. Trabalhava duro, ganhava justo o necessário para manter-se. Voltava para casa de madrugada, dormia até o meio-dia. Certa manhã de março de 1940, foi chamado antes da hora por dona Tereza.

— Oh Gonzaga, acorda, que cá está um gajo a dizer que é seu irmão.

— Oxente, dona Tereza, que diabo é isso? — resmungou Gonzaga, mal acordado. Foi até a porta, tropeçando de sono, reclamando, e deu de cara com um rapazinho de olhos azuis, iguais aos de Santana.

Quando a lama virou pedra / E mandacaru secou / Quando ribaçã de sede / Bateu asas e voou / Foi aí que eu vim m'embora... ("Paraíba", Luiz Gonzaga / Humberto Teixeira)

Havia quatro anos que uma seca devastadora estava arrasando o Sertão. Até as terras tão clementes do Araripe começavam a sofrer com a situação, padecendo da falta d'água, ameaçadas de fome. Com os três filhos mais velhos morando no Sul — Joca e Severino estavam em São Paulo, trabalhando na agricultura — Santana aconselhou o quarto filho, José Januário, a partir à procura dos irmãos, para pedir-lhes que ajudassem a família. Como tantos e tantos sertanejos, desde que o Sertão é Sertão, José Januário preparou a mochila e rumou para o Sul. A viagem Araripe-Rio dificilmente se fazia em menos de dez dias. José Januário enfrentou o

Vida do viajante: a saga de Luiz Gonzaga

trajeto, distraindo os outros viajantes com o pé de bode que levara consigo, pois era um exímio tocador. Só esquecera uma coisa: o endereço dos irmãos.

> *Quando eu vim do Sertão / Seu moço / Do meu Bodocó / A malota era um saco / E o cadeado era um nó / Só trazia coragem e a cara / Viajando num pau de arara / Eu penei mas aqui cheguei.* ("Pau de arara", Luiz Gonzaga / Guio de Morais)

Mas isso não o preocupava, chegando lá, ele se informaria. Era só perguntar por Gonzaga; ele seguramente tinha algum conhecido por lá... Ao descobrir o que era uma capital, entendeu que nem tão cedo ia encontrar com o irmão e seguiu para São Paulo, onde esperava ter mais sorte com Joca; esbarrou com o mesmo problema. Procurou então um emprego na área que mais conhecia, a agricultura:

> Com 12 anos, eu já ajudava a mãe no roçado. Mas ela sempre dizia: "Olha José, tu não vai passar a vida aí, labutando pros brancos não. Quando tu ficar maior, tu vai pro Rio de Janeiro, pra trabalhar feito gente".

Para José Januário, trabalhar feito gente era ser sanfoneiro, como o pai e o irmão radicado na capital.

> *Trouxe um triângulo, no matolão / Trouxe um gonguê, no matolão / Trouxe um zabumba, no matolão / Xote, maracatu e baião / Tudo isso eu trouxe no meu matolão.* ("Pau de arara", Luiz Gonzaga / Guio de Morais)

Mas enquanto não resolvia seu problema, trabalhou numa fazenda durante oito meses, com a esperança de encontrar Joca e Severino, o que, evidentemente, não ocorreu. Entretanto, Santana enviou o endereço de Gonzaga. José Januário largou o trabalho e seguiu novamente para o Rio de Janeiro. E lá estava ele no morro de São Carlos, rua São Frederico nº 14, perguntando a dona Tereza se era ali mesmo que morava Luiz Gonzaga. Era sim.

Segundo José Januário, que sempre teve relações bastante complicadas e violentas com o irmão, ao vê-lo no patamar da casa, Gonzaga não manifestou a mínima alegria.

Quando apareceu aquele negão de cara redonda eu perguntei:

— Você é que é Luiz Gonzaga? Eu sou José, seu irmão.

— E você veio fazer o que aqui, seu moleque safado, que eu não mandei chamar ninguém praqui, que eu estou pior que vocês.

— Eu vim praqui porque tá uma seca danada lá no Nordeste, e mãe mandou dizer pra tu dar um jeito pra ajudar a gente.

O único jeito que Gonzaga pôde dar de imediato foi comprar um colchão para o irmão mais novo e conseguir um quarto para ele na casa de dona Tereza.

Daí em diante, José passou a ser seu ajudante. Carregava-lhe a sanfona até a rua Carmo Neto, no Mangue, passava o pires recolhendo as gorjetas.

Com o irmão para sustentar, a família lá no Araripe precisando ajuda, Gonzaga tinha que ganhar mais. Voltou a pensar no prêmio de 150 mil réis do programa de Ary Barroso. Animado com o sucesso que fizera no Mangue com as músicas de pé de serra, resolveu tentar mais uma vez sua chance no *Calouros em Desfile*. Já que falhara lamentavelmente com os "hits" do repertório moderno, ia tentar "Vira e Mexe", número um das suas paradas de sucesso pessoais. Ao ver mais uma vez o sorriso resplandecente do sanfoneiro, Ary já foi ironizando: "E aí, o que é que você vai tocar hoje, valsa ou tango?".

Nem valsa, nem tango, ia tocar uma coisa lá do Norte,[3] o "Vira e Mexe". Ary achou graça no título, fez um trocadilho qualquer como de costume, e mandou Gonzaga tocar: "Então arrevire e mexe aí!".

Quando soou o último acorde da música, Gonzaga notou a expressão séria, surpresa, admirada, do Ary, ouviu o clamor no estúdio, o estrépito dos aplausos, e uma voz dizendo "Gonzaga, nota 5".

Nesse dia, Gonzaga saiu da Tupi feliz da vida. Conseguira realizar vários sonhos de uma vez só: tocar numa rádio importante, tirar nota máxima no mais exigente dos programas de calouros, ganhar 150 mil réis, impressionar Ary Barroso e — mas isso ele não sabia — ser visto e nota-

---

[3] A distinção entre Norte e Nordeste não era explicitada na época. Dizia-se Norte e nortistas para designar o que mais tarde passaria a ser indicado como o Nordeste e os nordestinos. E Luiz Gonzaga nunca deixou de empregar essa terminologia para falar de sua terra e de seu povo.

Vida do viajante: a saga de Luiz Gonzaga

do por Almirante, que estava no estúdio do Ary. No entanto, naquele bendito domingo, o maior êxito de Gonzaga foi o de ter afirmado, com sucesso, sua personalidade própria, sua originalidade, interpretando não aquilo que estava na moda, como fazia nos bares, nos *dancings*, nas esquinas das ruas e nos programas de calouros, mas o que ele próprio estava a fim de tocar.

A bem-sucedida passagem pelos *Calouros em Desfile* rendeu-lhe um dinheiro, o prazer do sucesso, um impulso para seguir na direção escolhida. Mas, contrato para trabalhar numa rádio, nada.

Até que apareceu uma oportunidade, graças a Zé do Norte. O pai da futuramente celebérrima "Mulher Rendeira" trabalhava na Tupi, onde cantava repertório sertanejo — emboladas, cocos, toadas — em dois programas: a *Hora do Guri*, à tarde, e *Noite na Roça*, que ia ao ar à noite e no qual trabalhavam, também, a dupla Alvarenga e Ranchinho. Certa noite, ao sair da Tupi no final do programa, Zé do Norte e a dupla foram passear pelo Mangue, e entraram no bar Municipal.

> Estava um conjunto tocando. Ao entrar no recinto, vi logo que três eram conhecidos: o violonista Zé Curinga, o Índio do violino e o Paraíba do bandolim. O outro eu não conhecia, porém, fui apresentado a ele. Era o sanfoneiro Luiz Gonzaga, que, meio encabulado, levantou-se e veio falar comigo.[4]

Meio encabulado talvez, mas bem esperto. Gonzaga admirava Zé do Norte, desde a época em que morava em Minas Gerais, quando não perdia *A Hora do Guri*, na Tupi. Emocionado ao ser apresentado ao ídolo, ficou de cabeça fria assim mesmo e tocou o "Vira e Mexe", e "Saudade de Ouro Preto". Depois, aproveitando a oportunidade, foi falar com Zé do Norte, e perguntou-lhe se tinha condições de ajudá-lo a tocar em rádio.

Por sorte, pouco tempo depois desse encontro, Zé do Norte passou da Tupi para a Rádio Transmissora (futura Globo), com a responsabilidade de dois programas: *A Hora Sertaneja* e *Diz Ligue*. Nordestino solidário, Zé do Norte lembrou-se do pedido do sanfoneiro pernambucano, e convidou-o para trabalhar com ele n'*A Hora Sertaneja*. A temática ser-

---

[4] Alfredo Ricardo do Nascimento, *Memórias de Zé do Norte*, Rio de Janeiro, Revista Continente Editorial, 1985.

taneja das músicas apresentadas no programa correspondia exatamente ao que Gonzaga fazia de melhor. Ele conhecia bem o repertório regional paulista, mineiro, nordestino, evidentemente, e até gaúcho. Os cinco mil réis que ganhava por programa, quando muito, pagavam o bonde e uma cerveja. Mas Gonzaga tocaria até de graça, desde que integrasse uma estação de rádio, como era o caso. Sabia que assim podia fazer nome, tornar-se conhecido dos profissionais do planeta radiofônico. No limiar da década de 40, o sanfoneiro do Araripe sabia aonde queria chegar, e como tinha que agir para conseguir.

A sorte é que ele havia chegado no Rio na hora certa. O desenvolvimento do rádio criava espaço para mais diversidade musical. As emissoras tinham no seu *cast* tanto orquestras sinfônicas quanto conjuntos regionais. E, na praça Tiradentes, onde existiam vários teatros e cinemas, não eram raros os espetáculos de sabor caipira. As gravadoras não relutavam em seguir a moda e também tinham seus artistas caipiras.

Para Gonzaga, parecia que as coisas estavam se organizando, tomando o rumo que ele queria. Tinha seus hábitos, seus pontos, onde conhecia todo mundo e todo mundo o conhecia. No meio da música, ele já estava ganhando certa fama, principalmente como sanfoneiro, ou melhor, como "sanfonista", como diziam então.

Justamente naquele momento, chegara ao Rio de Janeiro o paulista Genésio Arruda, para uma temporada no cinema Paris, da praça Tiradentes, com um parceiro carioca, Januário França. Além do show, a dupla estava gravando um disco. A primeira música, uma valsa, já fora gravada, sem maiores problemas. Mas a segunda, de sabor sertanejo, não estava conseguindo sair. O sanfoneiro contratado não acertava fazer o que Arruda queria, e o dia tinha terminado sem que a gravação ficasse pronta. Januário França lembrou-se, então, de um sanfoneiro conhecido dele que era excelente e que, sem dúvida alguma, saberia tocar como Arruda estava querendo. Dito e feito, Januário foi para o Mangue procurar Gonzaga.

> Eu estava num bar tocando, quando apareceu Januário França. Eu o conhecia bem, ele sempre passava por lá e, inclusive, nunca me dava dinheiro, porque, segundo ele, não sabia dar gorjeta a artista por ser um deles. Ele me disse que vinha me fazer um convite, para eu gravar com ele e Genésio Arruda. (Luiz Gonzaga)

Vida do viajante: a saga de Luiz Gonzaga

A dupla gravava pela Victor,[5] que ficava na rua do Mercado, no mesmo prédio que a Rádio Transmissora, junto à Bolsa de Valores. Gonzaga não teve dificuldade em chegar ao estúdio. Genésio explicou o que queria, Gonzaga fez o que lhe pediram com a maior facilidade, e ainda sugeriu botar uma introdução. Genésio aceitou a proposta com alegria, e adorou o resultado. A gravação, que com o outro sanfoneiro não conseguira sair num dia inteiro, com Gonzaga ficou pronta em duas horas, deixando Arruda encantado. A música, intitulada "A Viagem do Genésio", que conta as peripécias de uma viagem de trem entre São Paulo e o Rio, tem duas partes. A primeira é um diálogo falado entre Genésio e Januário. Na segunda, Genésio passa a cantar, acompanhado pela sanfona de Gonzaga e por um violão, num ritmo semelhante ao das rancheiras sulistas. Na época, as músicas sempre tinham indicação do gênero — samba, choro, polca etc. No caso de "A Viagem do Genésio", está marcado no rótulo do disco: "cena cômica". Gravado no dia 5 de março de 1941, o disco foi lançado em maio, sob a referência "Victor 34741".

Vale observar que em nenhum lugar está indicado o nome dos músicos que tocam no disco. Sabe-se que o sanfoneiro é Gonzaga através do seu testemunho. Mas, mesmo que ele nunca tivesse evocado esse episódio sumamente importante de sua carreira, não é difícil detectar no som da sanfona aquele famoso sotaque gonzaguiano. A personalidade do sanfoneiro já está nitidamente afirmada nessa gravação, que revela a impressionante maturidade do estilo e da técnica. É dizer que, em 1941, a *griffe* Gonzaga já se impunha ao ouvinte. E isso não escapou à atenção de Ernesto Augusto Matos, que era chefe do setor de vendas da Victor, mas que, por ser um dos mais antigos na casa, assessorava os diretores artísticos da gravadora. Ernesto mandou chamar o Gonzaga quando terminou a gravação.

> Eu fui ver seu Ernesto e ele pediu para eu fazer uma prova. Se ela fosse aceita, a gente fazia um disco. Aí toquei uma rancheira e ele gostou. Toquei uma valsa, ele gostou. Propus uma coisa lá do Norte, mas ele não quis. Disse que, conforme andassem as coisas, a gente ia ver depois. Mas eu insisti. Ele acabou aceitando, e eu toquei "Vira e Mexe" e "Pé de Serra".

[5] Na época, havia várias gravadoras no Brasil. As mais importantes eram as multinacionais Victor (que passou a se chamar mais tarde RCA Victor, logo RCA e agora é BMG) e a Odeon (hoje chamada EMI).

Na época, a Victor queria contratar um artista para fazer concorrência a Antenógenes Silva, o famoso e extremamente rentável acordeonista da Odeon, a grande companhia rival. O que explica o entusiasmo de Ernesto Augusto Matos ao descobrir a maestria de Gonzaga, a orientação do repertório que ele deu para o teste, assim como o pouco interesse que demonstrou quando Gonzaga se propôs a tocar uma coisa do Norte. Em suma, Gonzaga passou no exame e, no dia 14 de março de 1941, pouco mais de uma semana após a gravação com Genésio Arruda, Gonzaga se encontrava novamente na rua do Mercado, no estúdio da Victor. Mas agora já não ocupava a posição de anônimo acompanhante de algum artista. Não, desta vez o artista era ele, que ia pela primeira vez gravar solo. Anônimos eram os músicos do conjunto que o acompanhava. Ainda que o guitarrista fosse... Garoto. A agilidade de Gonzaga e, convenhamos, a simplicidade técnica das gravações na época fizeram com que, num só dia, fossem gravadas quatro músicas, ou seja, dois 78 rotações. O primeiro foi lançado em maio, com a mazurca "Véspera de São João" e a valsa "Numa Serenata"; o segundo, em junho, com "Vira e Mexe", um xamego, e "Saudades de São João del-Rei", uma valsa.

Uma simples audição dessas quatro músicas revela a impressionante determinação do sanfoneiro. Gonzaga, que, apesar dos dois anos já passados no Rio, continuava sendo um matuto encabulado — que de certa forma nunca deixaria de ser —, acabava de fazer seu primeiro disco solo para uma gravadora que lhe pedira rancheiras e valsas. Ora, ele conseguira impôr um repertório no qual entravam duas músicas de sabor nordestino e, como se não fosse suficiente, ainda inventava, sem dar a mínima satisfação à gravadora, um gênero musical. Pois a verdade é que o xamego nunca existiu enquanto gênero musical, e, ainda hoje, não está registrado em lugar nenhum, sequer na memória popular. "Vira e Mexe" era na realidade um chorinho. Segundo contou mais tarde Gonzaga, ao ouvir a música pela primeira vez, seu irmão José Januário falou: "Oxente, isso é xamego!". Gonzaga gostou do conceito, apropriou-se dele, e ficou utilizando-o para rotular músicas de sua composição, sem que o xamego tenha qualquer característica própria do ponto de vista rítmico. No mais, o comentário de José Januário salientava, com suma fineza, a dimensão sensual da interpretação de Gonzaga.

Os dois discos foram lançados no mesmo ano e valeram a Gonzaga a primeira reportagem de toda sua vida. A matéria, publicada na revista carioca *Vitrine*, tinha por título "Luiz Gonzaga, o virtuoso do acordeom". Dizia que "por se tratar de música popular dançante, e dada a felicidade

OFERTA DE MIGUEL LIMA

LUIZ GONZAGA

Artista exclusivo
R.C.A. Victor

Contratado: em março de 1941 torna-se artista exclusivo da Victor, futura RCA.

"Sanfonista nº 1 do Brasil": em 1943, na temporada em Curitiba e na rádio em São Paulo.

LUIZ GONZAGA
O sanfonista n. 1 do Brasil, despede-se hoje do publico curitibano, tocando para os seus "fans" os mais incriveis "chôros" no

LUIZ GONZAGA
GRILL-ROOM
DO
CASINO AHÚ
m um grandioso festival onde tomam parte todos os artistas do "show", destacando-se a sensacional estréia de
NEIDE FORQUIM
original sambista do rádio paulista.
Mesas á venda na Chapelaria Central

LUIZ GONZAGA – o artista que vale por um espetáculo!

Estreiará, hoje, ás 21,45, na PRG-2 um grande cartaz da G-3 do Rio de Janeiro

O número de
JULHO
de
SELEÇÕES
CHEGOU HOJE!
Em tôdas as bancas de jornais
Custa só Cr.$ 2,00

de seu executante, que é Luiz Gonzaga, antevemos o sucesso que as mesmas farão" e era assinada por Aldo Cabral, jornalista e compositor.

Ainda em 1941, Gonzaga lançou mais dois 78 rotações. No primeiro gravou "Nós Queremos uma Valsa" e um choro de sua autoria "Arrancando Caroá", título que faz referência à planta fibrosa que cresce no Sertão; no segundo, gravou, trinta anos antes de João Gilberto, "Farolito", do mexicano Agustin Lara e "Segura a Polca" de Xavier Pinheiro. Esta última aparece quase que como um "presente de ruptura". Sim, tornara-se impossível para Gonzaga continuar a dupla com o amigo que tanto o ajudara. Ele atingira um nível profissional que Xavier já não podia acompanhar. Além do mais, os interesses dos dois agora divergiam demasiadamente. Xavier sentiu-se magoado, traído com o abandono do parceiro, mas nem por isso deixou de ser seu amigo.

O tempo das calçadas do Mangue, do pires e das humilhações, quando lhe atiravam um "vai trabalhar seu vagabundo" no lugar de gorjeta, estava longe. Um tempo do qual ele só voltaria a falar publicamente muitos anos mais tarde. É muito provável que não conviesse à moral da época ter começado a carreira em tão mal-afamado ambiente. De forma que, nas décadas de 40 e 50, nem nas reportagens, nem nas entrevistas, era revelada essa fase da carreira do acordeonista.

Agora, cada vez mais solicitado, além do contrato na Victor, fora convidado por Genésio Arruda e Januário França a fazer a cortina deles no cinema Paris, tocava nos melhores *dancings* (Farolito, Avenida, Lorde, Copacabana Palace) e nos melhores clubes e cinemas (Olinda, Colonial, Ópera, Paris...).

A estas alturas dos acontecimentos, a Europa mergulhara na guerra, e o Brasil, transformado em terra de exílio, abrigou inúmeros intelectuais e artistas. Assim, chegaram ao Brasil escritores como Stefan Zweig, Georges Bernanos, Pierre Daninos, atores como Louis Jouvet e músicos como Ray Ventura, Henri Salvador, Jean Sablon — que Gonzaga teve a oportunidade de conhecer — entre tantos outros.

No mais, até que enfim, conseguira ser contratado por uma emissora. Aconselhado pelo pai, Renato Murce — que se tornaria um verdadeiro mentor do sanfoneiro — o chamara para substituir... Antenógenes Silva, no badaladíssimo programa *Alma do Sertão*, na Rádio Clube. Seu contrato previa que ele tocasse também em outros programas, recebendo para isso um bom salário, mais um. O cunho musical nordestino do sanfoneiro estava, pois, claramente definido. César de Alencar, o popularíssimo locutor de *Alma do Sertão*, não poupava elogios ao músico que ele apresentava aos ouvintes como "O maior sanfoneiro do Nordeste, e até do Brasil".

Gonzaga nunca esqueceria que tudo isso partira dos estudantes cearenses que, num barzinho do Mangue, lhe tinham indicado o caminho certo, quando ele estava subestimando o que tinha de melhor. Sob forma de brincadeira estudantil, os cearenses tinham apostado no talento de Gonzaga, e acertado no milhar.

Acabara a vida de "mendigo de alto bordo". Gonzaga tinha, enfim, condições de atender ao pedido de ajuda que Santana lhe fizera, por intermédio de José Januário, dois anos antes.

No Araripe, se chegava carta de Luiz, já sabiam que vinha com dinheiro, e era uma festa.

> Uma vez, nós fomos à feira com mãe. Quando nós chegamos no Exu, veio Antônio, um rapaz de lá, avisar mãe que tinha chegado carta do Rio de Janeiro. Nós fomos correndo pro correio. Era uma carta do Gonzaga, com um dinheiro dentro. Ainda hoje me lembro da feira que mãe fez. Trouxemos as compras carregadas no burro. Outra vez ele mandou tanto dinheiro que mãe pôde até comprar uma máquina de costurar Singer. (Chiquinha)

Mas o que Gonzaga queria mesmo era trazer a família para o Sul. Porém, enquanto não tomava uma decisão nesse sentido, ia mandando dinheiro de mês em mês para a família, que passara a contar com mais uma boca a partir de 1935, quando nascera Aloísio Januário. Descrente que o filho Luiz voltasse um dia, Santana havia apelidado o caçulinha temporão de Luizinho. (José Januário contava que "depois que Aloísio nasceu, pai e mãe não dormiram nunca mais juntos". Aloísio marcou assim o ponto final na descendência de Januário e Santana.)

No entanto, o problema imediato de Gonzaga, ao começar o ano de 1943, era a situação de José Januário. Com efeito, como a maioria das crianças do Sertão, nem ele, nem seus irmãos e irmãs tinham sido registrados. Lá, ninguém sabia dessas coisas, ou sabia, mas achava que não servia para nada. Certa vez, alguém tinha aconselhado a Januário casar no civil e registrar os meninos, mas ele só acreditava mesmo no padre. Então, na família, ninguém tinha documento, e o único registro de nascimento possível era a certidão de batismo, que ninguém reclamava. Ao chegar no Rio, José Januário — como Luiz Gonzaga, ao fugir de casa em

92   Dominique Dreyfus

1930 — civilmente não existia, portanto. Era necessário regularizar a sua situação. No seu próprio caso, Gonzaga tinha resolvido todos esses problemas através do Exército. Achou, pois, que essa era a solução para o irmão. A perspectiva de sentar praça nesse período agitado, com a guerra se expandindo — o Brasil rompera as relações diplomáticas com o Eixo — em nada entusiasmou José Januário. Este, ao contrário de tantos, não sentiu a menor atração pela Força Expedicionária Brasileira. Mas, como a perspectiva era voltar para o Araripe ou alistar-se, José se alistou. De qualquer forma, o irmão mais velho não dera outra opção. O certo é que, à sua maneira, Gonzaga nunca mais deixou de dar apoio à família. Nisso todos os familiares concordavam em dizer que ele puxara a Santana. E, como Santana, Gonzaga sempre foi generoso com a família, fazendo-a usufruir de sua própria ascensão financeira. Ele nunca deixaria de ajudar a todos os seus, dando casa, trabalho, escola, casamento, dinheiro, sanfona, conselhos a quem precisasse, sem jamais relutar, e resolvendo os problemas de cada um. Infelizmente, ele tinha uma certa tendência a decidir, autoritariamente e sozinho, qual era o problema dos outros e como haveria de resolvê-lo. O que provocou enormes desentendimentos, fazendo com que ele, afinal, se sentisse profundamente injustiçado e solitário.

Uma vez resolvido o problema de José Januário, Gonzaga começou a pensar na sua própria vida. Já chegara a hora de se mudar do morro de São Carlos, para a cidade. Apesar do carinho que dona Tereza e seu marido, seu Carlos, tinham pelo inquilino de primeira, que deixava o quarto sempre tão arrumadinho, limpinho que dava gosto, Gonzaga desejava se aproximar do Centro, e, também, ter um pouco mais de privacidade. Foi morar então num quarto que alugara na avenida Mem de Sá. A primeira vantagem do novo alojamento era a liberdade que tinha, enfim, de convidar quem bem queria a visitá-lo, a começar pelas inúmeras amantes que seu *status* de artista, seu sucesso crescente e sua incrível sedução lhe proporcionavam com grande facilidade. Gonzaga aprendera a desfrutar dos prazeres da vida de artista e a cultuar seu charme, sua elegância:

> Naquele tempo, quando vinham os marinheiros, iam logo para a Zona. A moda deles era incrível: chapelão quebrado atrás, a dianteira esticada, que o carioca passou a chamar de copa roca; paletó com a cintura bem colada, um botão só, e que se estendia até o joelho, a calça bombachada e a boca 17, sapato fino e gravata estreitinha. Era a moda do crioulo americano. Na gafieira onde eu tocava, tinha piano, bateria, contrabaixo e toca-

vam muito *boogie-woogie*. Os crioulos dançavam como nos filmes de Glen Miller, jogando a dama pra cima. Os cariocas iam aderindo àquela moda. Eu já tinha aprendido a dançar coladinho. Um dia apareceu na gafieira uma cabocla simpática, chamada Guiomar. A gente começou a namorar. Ela era a dama certa para dançar, quase que de minha altura, e me ensinou a dançar *boogie-woogie*. Aí, onde aparecia um concurso de dança, que havia muito isso na época, nós íamos. Assim, ganhamos muitos troféus. Tudo que era oportunidade para ganhar alguma coisa eu metia a cara!

Além dos troféus que sempre ficavam para ela, Guiomar ganhou um "xamego" — que já estava se institucionalizando como rótulo na obra de Gonzaga — intitulado "O Xamego da Guiomar", que possuía um forte aroma de samba, e gravado em abril de 1943, no lado b, com a valsa "Manolita" no mesmo disco.

Já então, Gonzaga tinha saído da Rádio Clube. Após uma temporada na Rádio Mayrink Veiga, como integrante da orquestra de sanfonas de Muraro, passou para a Tamoio, uma das numerosas emissoras do império Chateaubriand. Fora contratado por Fernando Lobo, o novo diretor, que o descobrira através de Almirante.

O Almirante um dia me falou de um sanfoneiro extraordinário, muito diferente de todos os sanfoneiros que tinha ouvido até então, era o Gonzaga. O contrato dele comigo foi muito engraçado. Quando ele chegou no meu escritório e se apresentou, eu falei para ele: "Olha Gonzaga, eu quero que você trabalhe comigo, e quero lhe dar um bom ordenado. Mas no momento, eu não tenho o dinheiro para pagá-lo ainda. Só daqui a dois meses é que eu vou ter. Mas eu não quero que você suma. Então, se você quiser, a gente assina uma carta, na qual você se compromete em vir daqui a dois meses para o nosso regional". Gonzaga retrucou: "Não, a minha palavra é uma só, não precisa assinar carta nenhuma". Realmente, dois meses mais tarde, ele apareceu na Tamoio e assumiu o cargo de sanfoneiro no regional, com o ordenado enorme de um conto de réis por mês. Ele tanto acompanhava Carmem Costa, como as outras sambistas. (Fernando Lobo)

Vida de artista: Gonzaga começa a desfrutar dos prazeres da fama.

Até então, o conjunto regional da Tamoio era formado por dois violões, um cavaquinho, uma flauta e um pandeiro. Ao contratar Luiz Gonzaga, Fernando Lobo modificou essa estrutura, substituindo a flauta pela sanfona, que passou a ser solista. Segundo Fernando Lobo, o resultado foi ótimo. Gonzaga estava garantido, mas, rapidamente, começou a querer ir mais adiante.

Eu gostava de tocar sanfona e, como tal, comecei tocando solo. Mas depois eu me saturei, achei que aquilo não tinha futuro. Eu não esperava ser cantor. Mas como eu andava nas gafieiras, nos cabarés, nos *taxi-girls*, comecei a observar aqueles cantores, como é que eles faziam, e fui repetindo. Decorei alguns sambas, alguns boleros... e tentei minha chance. Mas a voz não ajudava. No Brasil, os crioulos são os donos do samba. Eu não era do samba, aí, eu não podia entrar no samba.

O sotaque e o balanço de Gonzaga não se encaixavam no ritmo do samba e ninguém o aceitava como cantor. Porém o sanfoneiro era cabeçudo, possuía uma intuição do seu talento, mais forte que tudo. E parece que nada o desencorajava a seguir essa intuição. Não podia cantar samba e bolero? Pois cantaria outra coisa. Começou a pensar em fazer suas próprias músicas. Como não sentia nem talento nem vocação para letrista, precisava encontrar um parceiro que pudesse botar letra nas músicas que ele vinha compondo, desde que chegara ao Rio.

Uma noite, ele estava num *dancing*, esperando a hora de subir ao palco, quando chegou Miguel Lima, um músico que conhecia de vista.

Miguel era muito caititu. Ele tinha uma valsa, para a qual mandara fazer um arranjo e lá estava ele no *dancing* onde eu trabalhava. Eu dividia o tempo com uma orquestra que tocava *swing*, samba, choro. E eu ficava na boca de espera para tocar os tangos. Miguel me viu, eu estava marcando as músicas que a orquestra tocava, para a fiscalização dos direitos autorais. Ele se aproximou de mim, com o canudo debaixo do braço e me disse: "Vem cá, você pede pro maestro tocar essa música minha aí? Se você conseguir, depois a gente toma uma cerveja".

Gonzaga transmitiu a partitura ao maestro. A orquestra, que tocava à primeira vista, encadeou direto com a música, uma valsa que, segundo contou Gonzaga, era absolutamente horrível, o que lhe rendeu uma bronca do pianista furioso que avisou: "Olha aí, Pernambuco (era o apelido de Gonzaga), quando você tiver outra merda dessas aí, não precisa trazê-la praqui não, tá bom?".

Mas Miguel Lima havia prometido uma cerveja a Gonzaga. Apesar do revés, cumpriu a promessa. Foram para um bar, começaram a beber e a conversar. Ao se despedirem no final da noite, tinham decidido fazer parceria. Miguel voltou para casa com missão de pôr uma letra no "Vira e Mexe". Alguns dias mais tarde, graças a Miguel Lima, que revelara ter muito mais talento para letrista do que para compositor, "Vira e Mexe" chegou às mãos de Gonzaga, com letra e novo título: "Xamego". Em pouco tempo, Gonzaga já formara um repertório razoável.

> Quando eu comecei a cantar minhas músicas nos cabarés, nos *dancings*, o povo achou graça. E quem vende graça, ganha dinheiro.

E faz sucesso. Meados do ano de 1943, assinou o seu primeiro contrato para se apresentar fora do Rio. Tratava-se de uma temporada no Cassino Ahú, em Curitiba. A imprensa local entusiasta noticiou então que "Luiz Gonzaga, o maior acordeonista brasileiro, que bateu o recorde de temporada, tendo atuado com sucesso durante 45 dias no Cassino Ahú, nos proporcionou uma grande surpresa quando, nos dias em que cantou sambas, animando as danças, revelou-se um ótimo intérprete de músicas populares". Ainda ganhou, depois dessa mesma temporada, um longo e elogioso artigo intitulado "Luiz Gonzaga, o acordeonista que venceu" publicado por uma das grandes musicólogas brasileiras, Marisa Lira, na revista *Galeria Sonora*.

Segundo dizia Luiz Gonzaga, nessa ocasião ele achara seu caminho. Só que havia muito obstáculo para enfrentar no tal caminho, e muito diretor artístico para convencer. Na Tamoio, a resistência foi insuperável, como lamentaria Fernando Lobo, anos mais tarde:

> No que diz respeito a Luiz Gonzaga, há um crime imperdoável cometido por mim. Eu soube pelo contrarregra que, quando faltava um artista, Gonzaga cantava no lugar. Eu então chamei Gonzaga e falei que ele não fora contratado para ser cantor. Ele era sanfoneiro, e sanfoneiro continuaria a ser. Nada mais. Eu nem procurava saber como ele cantava. Eu era um menino

Vida do viajante: a saga de Luiz Gonzaga   97

de trinta e poucos anos e já era diretor de rádio. Então eu achava que tudo tinha que encaixar com a disciplina. E lá vinha aquele nordestino querendo quebrar a disciplina. Depois eu fui para os Estados Unidos e só voltei quatro anos mais tarde, quando Gonzaga já se tornara aquela figura.

E, no entanto, na Tamoio, muita gente acreditava no talento de cantor de Luiz Gonzaga, gostava da voz quente dele, do tempero sensual e cheio de graça que havia no seu *swing*. Tanto que, com o apoio dos colegas, entre outros de Átila Nunes, continuou cantando nos programas. Até o dia em que, ao chegar à rádio, percebeu que Fernando Lobo mandara colocar cartazes nas paredes, avisando ao pessoal da emissora que "Luiz Gonzaga está terminantemente proibido de cantar, por ter sido contratado como sanfoneiro". Gonzaga teve que adiar o projeto de ser cantor de rádio. Fernando Lobo ganhara uma batalha, mas a guerra continuou.

Gonzaga foi tentar sua chance na Victor. Falou com Vitório Lattari, o diretor artístico. E foi o mesmo fiasco, a mesma obstinação: Gonzaga fora contratado como sanfoneiro, e sanfoneiro seguiria sendo, gravando seus discos solos, e acompanhando os colegas da Victor: Carmem Costa, Bob Nelson, com quem faria várias temporadas pelo Brasil, tornando-se, os dois, inseparáveis amigos, Marilú, Ademilde Fonseca... pois ninguém melhor que o homem que colocou a sanfona no choro, gênero predominante no seu repertório então, podia acompanhar a mulher que inventou o "choro cantado". Também acompanhava Benedito Lacerda e seu regional, cujo guitarrista, um certo Dino (futuramente "Sete Cordas"), divertindo-se com aquela cara redonda de sertanejo, o apelidou de "Lua". Apelido que seria popularizado mais tarde por Paulo Gracindo e César de Alencar, na Nacional. Em suma, Gonzaga era sanfoneiro, e, pelo gosto de seus patrões, de sanfoneiro não passaria. Vale apontar que ele era considerado por todos como um grande instrumentista. A imprensa não poupava elogios ao virtuosismo, ao talento, à técnica do artista, afirmando que "entre os sanfonistas aparecidos recentemente no rádio carioca, Luiz Gonzaga é o de melhor classe sem dúvida. É digno substituto do notável Antenógenes Silva..." e previam-lhe longa carreira, dando aí razão ao instinto de Ernesto Matos. Mas quanto a cantar, isso não.

Quando eu falei em cantar na minha gravadora, ninguém aceitou. Aí eu comecei a dar minhas músicas para outras pessoas cantarem.

Sua primeira intérprete foi Carmem Costa, que gravou "Xamego" em fevereiro de 1944.

> O diretor artístico da Victor me chamou no escritório dele, me mostrou a música e mandou eu aprender. Eu achei ótimo, decorei e gravei. (Carmem Costa)

Mulher de poucas palavras, depois que passou a ser cantora de igreja, Carmem Costa revelou que conhecia bem Luiz Gonzaga quando gravou "Xamego", pois ambos pertenciam à mesma gravadora; o sanfoneiro tocava em muitos dos seus discos e os dois já tinham feito juntos várias excursões. No mais, negou ter sido "caso" de Luiz Gonzaga, como este sempre pretendeu, mas reconheceu que Gonzaga era um paquerador inveterado.

Ainda em 1944, Carmem Costa gravou a "Mulher do Lino", da dupla Luiz Gonzaga / Miguel Lima. No ano seguinte gravou "Bilu Bilu", um choro e "Sarapaté", um maxixe de Luiz Gonzaga com outro parceiro.

Mas Luiz Gonzaga queria chegar ao Nordeste de qualquer jeito. Intuitivamente, pedra por pedra, estava construindo os alicerces da sua grande obra. Carmem Costa era fluminense. Faltava-lhe a pimenta sertaneja na voz. Característica que o pernambucano Manezinho Araújo possuía. Luiz Gonzaga foi então procurá-lo. Manezinho, que debutara na carreira artística na década de 30, era então considerado como o grande intérprete da embolada, gênero musical originário da zona litoral do Nordeste. Ficou encantado quando a dupla Luiz Gonzaga / Miguel Lima lhe propôs que gravasse suas músicas. O primeiro 78 rotações que fizeram juntos foi gravado no dia 12 de fevereiro de 1945. No repertório havia "O Xamego da Guiomar", que já fora gravado por Gonzaga em versão instrumental. Agora, vinha com letra de Miguel Lima. A seguir, "Dezessete e Setecentos", um samba cheio de gracejo de Gonzaga e Miguel Lima, que seria o primeiro verdadeiro sucesso da dupla, e a última colaboração do rei da embolada com o futuro Rei do Baião. Com efeito, aconteceu que Manezinho queria botar ritmo de embolada em tudo que cantava. Gonzaga, que queria que o cantor respeitasse o ritmo de samba, começou a explicar a Manezinho como tinha que fazer. O cantor suportou mal, ou melhor, não suportou, de jeito nenhum, que um sanfoneiro com quatro anos de carreira, que nem cantar sabia, tivesse a ousadia de dar-lhe conselhos — logo a ele, com quinze anos de canto no currículo. Soltou uns desaforos, depreciou a competência do sanfoneiro. Mesmo assim, finalizou a gravação, e aí terminou a colaboração entre os dois pernambucanos.

Miguel Lima, que gostava do jeito de Gonzaga cantar, aproveitou o incidente para dar-lhe mais uma força, incentivando-o a interpretar suas músicas. Isso e mais a dificuldade em conseguir um intérprete adequado, convenceram Gonzaga que tinha chegado a hora de soltar a voz. Este imaginou então um estratagema, com a cumplicidade de Felisberto Martins, diretor artístico da Odeon. Foi pedir mais uma vez a Vitório Lattari que o deixasse cantar. Ao receber mais uma vez o veto de seu diretor-artístico, disse que, nessas condições, ia aceitar o convite de Felisberto para cantar na Odeon. Assinaria contrato na gravadora concorrente, com um pseudônimo, e lá faria carreira de cantor, enquanto na Victor, sob seu próprio nome, seguiria como sanfoneiro. Com esse argumento, ganhou a guerra. Vencido e furioso, Vitório xingou:

— Você não vai para a Odeon coisa nenhuma. Você vai cantar é na Victor.[6] E aí, já tem alguma coisa para gravar?

Era o que não faltava. Já constituíra vasto repertório com Miguel Lima. No dia 11 de abril, Luiz Gonzaga entrou no estúdio da Victor para gravar o vigésimo-quinto disco de sua carreira de sanfoneiro. E, sobretudo, o primeiro como cantor. Gravou "Dança Mariquinha", uma mazurca de sua autoria, com letra de Miguel Lima. Na face b do disco, por via das dúvidas e com Vitório Lattari à espreita, registrou um instrumental, "Impertinente", polca composta pelo sanfoneiro. O lançamento de "Dança, Mariquinha" não provocou nenhum terremoto. Tampouco arrombou as finanças da Victor. A verdade é que os primeiros passos de Luiz Gonzaga como cantor passaram despercebidos, sem vivas nem vaias. Em junho do mesmo ano, Luiz Gonzaga estava de volta ao estúdio, para fazer seu segundo disco cantando. Gravou então o xamego "Penerô Xerém", uma parceria com Miguel Lima, e "Sanfona Dourada", um instrumental. Ainda em 1945, no mês de setembro, gravou a deliciosa mazurca "Cortando o Pano". A letra, inspirada pelo gosto do cantor em vestir-se à última moda (dizem até que ele foi dos primeiros a usar o paletó com fenda atrás, e que ficava todo mundo malhando), era de Miguel Lima e de um novo parceiro, Jeová Portella. Gonzaga estava chamando muita atenção no meio, e começava a ser procurado para parcerias. Fora o caso de Jeová

---

[6] É provável que Luiz Gonzaga, apesar de artista exclusivo da Victor, tenha acompanhado artistas da Odeon, entre outros, Quatro Ases e Um Coringa, que, na segunda metade de década de 40, gravaram muitas músicas suas.

Dedicatória: "Ao meu amigo e velho companheiro Átila Nunes com a admiração de Luiz Gonzaga. Rio, 19-9-51".

Portella, mulato bonachão, que trabalhava na estrada de ferro, assim como Miguel Lima, e fazia letras nas horas vagas (ou seria o contrário?). Entre 1945 e 1946, Gonzaga e J. Portella fizeram lindas parcerias, e até sucessos importantes, como o "Calango da Lacraia".

"Cortando o Pano" foi lançado em novembro de 1945, com "Caxangá", um instrumental, na face a. O 78 rpm estourou, fazendo com que Luiz Gonzaga se firmasse como cantor e derrubasse as últimas muralhas de resistência à sua voz no rádio.

A Tamoio, cujo novo diretor, Gilberto Martins, não renovara o contrato de Luiz Gonzaga, não pôde aproveitar o seu talento de cantor. Quem se beneficiou do sucesso do sanfoneiro-cantor acabou sendo a Rádio Nacional, com a qual assinara contrato em setembro de 1945, realizando o sonho da vida de qualquer artista nas décadas de 40/50. Victor Costa, que dirigia o barco da grande emissora, o contratara conquanto... se limitasse a tocar sanfona e não cantasse! Carmélia Alves, que fazia parte do *casting* da Nacional, recordava que Victor avisara: "Luiz Gonzaga está proibido de usar microfone de lapela", pois ele era considerado como tendo uma voz feia. Verdade é que sua voz singela e alegre não correspondia em nada aos critérios estéticos da época. Não se podia comparar aos empostados *tremolos* de Chico Alves, Orlando Silva ou Nelson Gonçalves...

Porém, com o sucesso de "Cortando o Pano", Luiz Gonzaga modificou os critérios, e entrou no time dos artistas conceituados da Nacional. Tinha seu programa, seu prefixo — "Vira e Mexe", a música que lhe deu sorte — seus fãs (ou melhor, suas fãs)...

Foi aí que sua companheira de então, Odaleia Guedes, mais conhecida por Léa, deu à luz Luiz Gonzaga do Nascimento Júnior.

Eles tinham se conhecido em 44.

Léa era carioca, sambista, e fazia parte do coro de Erasmo Silva, que gravava comigo. Um coro muito bom, muito conhecido. Tudo quanto é gravadora chamava Erasmo Silva e seu coro. Odaleia era a mais novinha de todas as cantoras do coro. Erasmo já tinha estado em casa para ensaiar umas músicas comigo, e sabia que eu morava sozinho num apartamento arrumadinho. Ele então me sugeriu que hospedasse Odaleia, pois ela tinha sido expulsa de casa, e estava muito perdida. "Leva ela, assim ela faz a limpeza de seu apartamento, faz a cabeça pra ver se pega outro caminho." E daí, eu muito sozinho e tal... e como sempre fui muito fácil de ser enrolado, ela me enrolou, até ter um filho. (Luiz Gonzaga)

Não se sabe se Léa fez a limpeza da casa e tudo indica que a cabeça ficou para outro dia. Como tampouco se sabe se Gonzaguinha era ou não filho biológico do sanfoneiro.[7] O certo é que Gonzaga se apaixonou pela cantora, com quem iria escrever um capítulo ardente de sua vida amorosa. Os amigos e familiares recordam que o casal viveu uma história de amor forte e agitada, cheia de paixão e ódio, de separações e reconciliações, de brigas e beijos. Diziam deles que eram dois temperamentos fortes.

No início da relação, Gonzaga estava morando na rua Buarque de Macedo, no Catete. O espaço era pouco, precisavam mudar-se. Gonzaga arranjou um apartamento no porão de um prédio, no Estácio. Foi lá, no dia 22 de setembro de 1945, que nasceu o menino, que era a cara da mãe. Gonzaga não era casado com Léa, mas reconheceu a criança, dando-lhe seu nome completo. Xavier e Dina foram convidados para serem padrinhos do menino.

> Quando Gonzaguinha nasceu, Gonzaga escreveu pra Santana, dizendo que tinha tido um filho e ia botar o nome dele no menino. Aí Santana mandou dizer para ele — fui eu que escrevi a carta — que ele procurasse casar com a mãe. Foi uma sugestão que ela fez. Mas Gonzaga, sabendo da moça, do ambiente dela, não quis. Era uma artista, só não era artista de nome, era

---

[7] A paternidade de Gonzaga foi publicamente contestada após a sua morte, no livro de Assis Ângelo *Eu vou contar pra vocês*. Segundo testemunhos daqueles que conheceram Luiz Gonzaga e Léa, a dúvida sempre pairou na cabeça de todos. Aliás, para a maioria dos amigos que o conheceram na época, nem dúvida havia. Nas entrevistas realizadas para este trabalho, os testemunhos foram unânimes, afirmando que todo mundo sabia que Gonzaguinha não era filho de Luiz Gonzaga.

Por sua vez, Gonzaga nunca fez mistério de sua esterilidade (ver capítulo IV) e, nas conversas que tivemos em 1987, ele sempre foi muito ambíguo ao tratar desse assunto.

Na intimidade da relação, à sua segunda esposa, Edelzuita Rabelo, ele revelou que tinha hospedado Odaleia em sua casa porque, justamente, ela estava grávida, abandonada, sem ninguém para cuidar dela e precisando de ajuda. Segundo Lúcia e Neusa, irmã e sobrinha de Dina, o próprio Gonzaguinha estava a par desta dúvida, e morreu sem saber exatamente se Luiz Gonzaga era ou não seu pai.

A verdade é que, na medida em que Luiz Gonzaga, pai e filho, nunca fizeram teste de DNA, o mistério permanece inteiro e inviolável.

de boate, de *dancing*, era uma moça que sabia fazer alguma coisa na vida. (Priscila)

O nascimento da criança não amansara o casal, cuja paixão seguiu seu caminho todo em ziguezagues tempestuosos. Até o dia de uma briga mais violenta do que as outras, ou algo assim (as versões são tão numerosas quanto os testemunhos), que despertou um ânimo de "vendeta" nos irmãos de Odaleia. Segundo Gonzaga, às sete e meia da manhã, os irmãos de Léa, um bando de desordeiros, o pegaram na cama e foi porrada pra tudo que é canto, e com a ajuda de Léa, além do mais.

No dia seguinte, José Januário, que dera baixa do exército, encontrou com o irmão, ainda todo machucado:

> Quando eu vi ele assim, levei ele pra casa. Eu estava morando com Clara, uma gringa estoniana, cheia de dinheiro. Ela era cafetina, tinha uma casa de mulheres. Aí Gonzaga ficou morando com a gente. Na época, tava aquela conversa pra saber se o Gonzaga Júnior era filho do Gonzaga ou não era... Uns diziam que ele era filho de seu Armando, um violonista da Nacional, outros achavam que o pai era Nelsinho do Trombone.

O certo é que ninguém achava que o pai fosse Luiz Gonzaga. Pouco tempo depois da famosa briga, Léa adoeceu. Gonzaga esqueceu seus rancores, e levou Léa para o médico.

> Ele a examinou, ela estava tuberculosa e eu não sabia. Aí providenciei uma casa de saúde em Petrópolis para ela. Depois, peguei o garoto e levei para casa de Xavier e Dina. Contei o caso e pedi para eles ficarem com ele uns tempos. Dali a uns quinze dias, Léa fugiu do sanatório e veio bater lá onde eu estava morando. Eu falei que ela estava cometendo um erro, levei-a para outra casa de saúde lá em Minas Gerais, para ver se ela ficava. Eu ia vê-la, levava flores, levava frutas, pagava a mesada dela. Ela ficou lá até 1946. Quando o médico mandou dizer que eu podia ir buscá-la, eu fui pra pagar a derradeira, dei um dinheiro a ela e avisei que ela podia pegar o rumo dela, que eu já estava no meu. Não tive mais notícias dela, até que soube que ela estava cantando num *dancing* e vivendo com um pistonista.

Léa nunca mais se encontrou com Gonzaga, apesar de continuar amiga da família, frequentando a casa de José Januário e Clara.

Quanto à criança, ficou com os padrinhos, que o criaram, com o apoio financeiro constante de Luiz Gonzaga.

Mas nem os dissabores semiconjugais, nem as responsabilidades de pai, nem as aventuras amorosas, afastavam ou distraíam Gonzaga do seu projeto artístico.

> Eu me lembrava do Nordeste, eu queria cantar o Nordeste. E pensava que o dia em que encontrasse alguém capaz de escrever o que eu tinha na cabeça, aí é que eu me tornaria um verdadeiro cantor. O Miguel Lima fora o primeiro parceiro que me apareceu. Mas o seu raio cultural não era nordestino. O "Dezessete e Setecentos" foi fácil de fazer, porque não tinha compromisso regional.

Essa inquietação em trazer a música do Nordeste para o Sul, Gonzaga não era o único a senti-la. Na verdade, ele participava de uma tendência geral que vinha se desenvolvendo. A presença de artistas nordestinos na capital brasileira e o interesse do público pela música que eles faziam, se bem que de modo restrito, não era novidade.

O país já havia tomado conhecimento da expressão musical nordestina, no início do século, através das belíssimas parcerias de João Pernambuco e Catulo da Paixão Cearense, como "Caboca de Caxangá" ou "Luar do Sertão", que hoje são grandes clássicos da música brasileira. Na década de 20, surgiram grupos como Os Turunas Pernambucanos, Os Turunas da Mauricéa, que fizeram imenso sucesso no Rio e em São Paulo. Vestidos à moda dos sertanejos (chapéu de abas largas, que seriam popularizados pelos cangaceiros, calça e camisa de brim branco, sandália de couro), apresentavam, ao público urbano do Sul, emboladas, desafios e outras cantigas do Sertão. O público sulista, maravilhado, foi descobrindo tesouros melódicos do patrimônio musical brasileiro. O impacto desses conjuntos marcou o pessoal do samba, que estava entrando na sua fase áurea. Por exemplo, foi imitando esses grupos nordestinos que surgiu, em março de 1929, o Bando dos Tangarás, dos carioquíssimos Almirante, Braguinha, Noel Rosa... Estes pensavam, inclusive, em tomar apelidos de aves nordestinas, como faziam os Turunas. Um dos grandes sucessos do carnaval de 1930 foi a embolada "Pinião", dos Turunas da Mauricéa.

Vida do viajante: a saga de Luiz Gonzaga

Depois, com a explosão do samba, a música do Nordeste foi perdendo sua força e também se deturpando. Aos poucos, uma certa tendência em apresentar o Nordeste como coisa matuta, e em assimilar matuto com grotesco, atingiu a interpretação da música nordestina, que passou a ser feita de modo caricato, embora existissem artistas de grande fama, como Augusto Calheiros, Manezinho Araújo, digno herdeiro do criador da embolada, Minona Carneiro, a dupla Jararaca e Ratinho e outros mais... Porém, observando bem, se havia os nordestinos, não havia realmente a música. Salvo a embolada, que encontrara aceitação do público urbano do Sul, as outras expressões musicais do Nordeste rural — desafio, repente, banda de pífanos — dificilmente podiam ser difundidas.

Por sua vez, o fole dos sanfoneiros do Sertão, muito rudimentar, não tinha recursos harmônicos suficientes para permitir interpretações vocais. Faltava, portanto, ao povo nordestino uma expressão musical acessível a todos, algo que se pudesse difundir por todo o país. Resumindo, havia um vazio musical no coração dos nordestinos que, em meados dos anos 40, vários artistas procuravam preencher, inventando, criando, lançando novos gêneros musicais.

Foi o caso do cearense Lauro Maia, que trocou o Direito pela música e que criou, com relativo sucesso, o "balanceio" a "ligeira", o "remelexo". Foi o caso de Luiz Gonzaga ao inventar o "xamego". Esses ritmos novos tinham graça, agradavam, mas não tinham força, carisma, potencial para ficar. Luiz Gonzaga sabia disso, ele "tinha aquela música no coração, procurava encontrar expressão para ela, mostrar o quanto valia, o que tinha de autêntico. Queria mostrar, sobretudo, que não eram só aquelas emboladas mal arranjadas por certos artistas que tinham vindo do Norte, mas não a conheciam realmente...".[8]

Luiz Gonzaga sabia que para realizar o que ele tinha na cabeça, precisava de um parceiro que o entendesse, e que entendesse o Nordeste. Ou seja, um parceiro nordestino. Ele conhecia Lauro Maia de nome. Além de terem um parceiro comum (Jeová Portella), o cearense, que chegara pouco anos antes ao Rio, tinha muitas músicas gravadas por Quatro Ases e Um Coringa, que se apresentavam frequentemente no rádio. Pensou que o cearense Lauro seria o parceiro ideal. Procurou-o então. Conversaram, falaram de música, de Nordeste, de criação, Gonzaga explicou sua ansie-

---

[8] Sinval Sá, *O sanfoneiro do riacho da Brígida*, Recife, Coleção Pernambucana, 1986, 6ª ed. revista e ampliada.

dade em relação à música, seus projetos... mas não o convenceu a trabalhar com ele. Por um lado, Lauro Maia era mais compositor, arranjador e pianista do que propriamente letrista, apesar de ter feito algumas letras. Além do mais, ele era muito boêmio e não gostava dessa coisa de compromisso a longo prazo com ninguém. Gonzaga tinha planos, ideias de campanha. Isso não era com Lauro, não podia ser. Porém o cearense, desejoso de ajudar Gonzaga, falou-lhe de seu cunhado, com quem fazia parceria desde que chegara no Rio, no ano anterior. Esse sim, era um excelente letrista, e era cearense da gema. Recomendou a Gonzaga que o procurasse. Chamava-se Humberto Teixeira, e era advogado. Seu escritório ficava na avenida Calógeras.

CAPÍTULO IV

> Eu queria cantar o Nordeste. Eu tinha a música, tinha o tema. O que eu não sabia era continuar. Eu precisava de um poeta que saberia escrever aquilo que eu tinha na cabeça, de um homem culto pra me ensinar as coisas que eu não sabia. Eu sempre fui um bom ouvidor. Cheguei até a enganar que era culto!
> (Luiz Gonzaga)

Ao procurar Humberto Teixeira, esperava encontrar tudo isso que lhe faltava.

Cearense de Iguatu, nascido em 1915, Humberto Teixeira vivia no Rio de Janeiro desde 1930. Começara a estudar Medicina, mas, finalmente, se formara em Direito em 1943. Paralelamente à advocacia, tinha uma intensa atividade musical, iniciada com o estudo da flauta e do bandolim na infância. Depois, em 1934, participara do concurso de músicas carnavalescas promovido pela revista *O Malho*, tirando o primeiro lugar com a música "Meu Pedacinho". Quando conheceu Luiz Gonzaga, em agosto de 1945, Humberto Teixeira já era um músico conceituado. Tinha muitas músicas gravadas, cuja maioria, no entanto — valsas, cantigas, sambas, modinhas, toadas —, nada tinha de especificamente nordestino. Com seu cunhado-parceiro Lauro Maia, fizera a "Marcha do Balanceio", numa tentativa fracassada de promover um novo ritmo nordestino. Também, foi a única. Os dois voltaram a compor o que mais os interessava então: samba. Tudo indica porém que o caboclo risonho que, numa tarde de agosto de 1945, chegou no seu escritório para discutir música, parceria e Nordeste, o seduziu.

No primeiro encontro com Humberto, em dez minutos, já havíamos escrito a letra de "No Meu Pé de Serra": "Lá no meu pé de serra / Deixei ficar meu coração / Ai que saudades eu tenho / Quero voltar pro meu Sertão...". Essa letra dizia a saudade que eu sentia do Nordeste. E tanto eu quanto Humberto ficamos emocionados quando terminamos a peça. Sentimos que

Vida do viajante: a saga de Luiz Gonzaga

tinha começado um caminho. E eu senti que estava nas mãos do autor que eu sempre sonhara. (Luiz Gonzaga)

"No Meu Pé de Serra" era um xote[1] muito autobiográfico, com melodia inspirada numa música do repertório de seu pai. Nascido do primeiro encontro em agosto de 45, só seria gravado em novembro do ano seguinte... É provável que, naquele dia, a dupla tenha feito apenas o "monstro"[2] da música, ficando a finalização por conta de Humberto Teixeira, que demorou meses para terminá-la.

Entretanto, Luiz Gonzaga continuou fazendo outras parcerias, outros sucessos, gravando e lançando novos discos com um repertório extremamente eclético, no qual se pode encontrar "Queixumes" de Noel Rosa, "Devolve" e "Não Quero Saber", duas valsas de Mário Lago, "Caí no Frevo", uma marcha de sua autoria, "Pão-duro", outra marcha, em parceria com Assis Valente, "Calango da Lacraia", um calango mineiro, "Tenho Onde Morar", o único dos sambas de sua autoria que ele gravou cantando em toda sua carreira, "Dúvida", uma valsa composta para Augusto Calheiros — seu herói de sempre. Mas foi com a segunda parceria que fez com Humberto Teixeira, intitulada "Baião", que Luiz Gonzaga fez sua entrada triunfal na história da música popular brasileira.

Eu vou mostrar pra vocês / Como se dança o baião...
("Baião", Luiz Gonzaga / Humberto Teixeira)

Segundo uma estratégia que seria retomada anos mais tarde pela turma da bossa nova, com "Desafinado", "Baião" era o verdadeiro manifesto de uma nova música, ou, mais precisamente, de um novo ritmo inventado pela dupla.

O termo "baião", sinônimo de rojão, já existia, designando na linguagem dos repentistas nordestinos, o pequeno trecho musical tocado pela viola, que permite ao violeiro testar a afinação do instrumento e esperar a inspiração, assim como introduz o verso do cantador ou pontua o final

---

[1] Xote (ou xotis): versão brasileira da *schottisch*, dança de salão muito difundida em meados do século XIX na Europa. Ao chegar ao Brasil teve grande aceitação, sendo adaptada pelos conjuntos de choro. Logo se popularizou pelo Brasil rural como "xote", tanto no Rio Grande do Sul, onde se adaptou à gaita, quanto no Nordeste onde era executado no fole.

[2] Monstro: no jargão dos músicos, o rascunho de uma música.

NO MEU PÉ DE SERRA

CHÓTE

LUIZ GONZAGA e
HUMBERTO TEIXEIRA

Lá no meu pé de serra,
Deixei ficar meu coração.
Ai que saudades tenho,
Eu vou voltar pro meu sertão.
No meu roçado, trabalhava todo dia,
Mas no meu rancho eu tinha tudo que queria
Lá se dansava quase toda quinta-feira
Sanfona num faltava
E tome chóte a noite inteira.

O chóte é bom
De se dançar
A gente gruda na cabôcla sem soltar.
Um passo lá
Um outro cá
Enquanto o fóle
Tá tocando
Tá gemendo
Tá chorando
Ta fungando
Reclamando sem parar...

Copyright 1947 by RIO MUSICAL LTDA-Rio-Brasil.
Todos os direitos internacionais reservados - All rights reserved.
Todos os direitos de execução, tradução e arranjos reservados para todos os Paises.

R. M.

Agosto de 1945: no primeiro encontro com Humberto Teixeira,
em dez minutos fizeram "No Meu Pé de Serra".

de cada estrofe. No repente ou no desafio, cuja forma de cantar é recitativa e monocórdia, o "baião" é a única sequência rítmica e melódica.

O grande estalo de Luiz Gonzaga foi de perceber a riqueza desse trechinho musical, de sentir que ele carregava em si a alma nordestina, e todas as influências que marcaram a música do Nordeste. E o seu gênio foi saber, através da sanfona cromática, engrandecer, enriquecer, dar volume a esse rojão, melodicamente tão rudimentar. Curiosamente, apesar de Luiz Gonzaga sempre ter contado que a primeira música que ele fez com Humberto foi "No Meu Pé de Serra", o lançamento da dupla coube a "Baião".

Segundo contava Humberto Teixeira,[3] a ideia de Luiz Gonzaga era fazer uma grande campanha para lançar a música do Nordeste nos grandes centros urbanos. Tanto que, ao contrário de outros gêneros musicais no Brasil (maxixe, choro, samba, música caipira...), que surgiram de repente, sem nenhuma programação, no caso do baião houve um real planejamento, uma intenção de lançar no Sul, e, portanto, para todo o Brasil, de forma estilizada, ou melhor, amaciada, adaptada ao paladar urbano, a música nordestina, da qual o ritmo essencial escolhido para essa estilização foi o do baião: e isso tudo partiu da cabeça de Luiz Gonzaga, e só da cabeça dele.

O que pode explicar, então, o porquê da ordem em que foram lançadas as duas músicas, ordem essa bem lógica, tratando-se de uma campanha de cunho didático.

A grande sorte de Luiz Gonzaga foi que ele chegou na hora certa.

Finda a sua fase áurea, o samba estava decaindo, se transformando em samba-canção, última etapa de uma mutação que ia desembocar na bossa nova. Ao lado da *crooner-mania*, com as inesquecíveis "cantoras de rádio" que promoviam o samba-canção, o sambolero, e toda sorte de dor de cotovelo musicada, surgia um interesse pela música de sabor folclórico. Pedro Raimundo e suas rancheiras gaúchas, Raul Torres e suas modas paulistas, o próprio Lauro Maia e seu balanceio cearense, Manezinho Araújo e suas emboladas pernambucanas, Dorival Caymmi e suas canções praieiras da Bahia e as duplas sertanejas como Alvarenga e Ranchinho, Jararaca e Ratinho, já haviam habituado o público à linguagem musical regional. O ambiente portanto era propício, o espaço estava pronto, para que surgisse uma estrela nesse céu sertanejo.

---

[3] Todas as intervenções de Humberto Teixeira são tiradas do depoimento que este deu no dia 11/12/1977 a Miguel Ângelo de Azevedo (Nirez).

O 78 rotações com "Baião" foi lançado em outubro de 1946. No entanto, quem ensinou o Brasil a dançar o baião não foi Luiz Gonzaga. Receando talvez algum revés — o ritmo era tão novo, o lançamento tão audacioso — ou preferindo lançar sua campanha pela voz de um artista de maior impacto que ele na época, Gonzaga deu a música ao conjunto Quatro Ases e Um Coringa, da Odeon, apenas acompanhando os cantores com a sanfona. O sucesso da música por todo o país foi tal, que Gonzaga teve que esperar três anos, antes de poder gravar sua própria versão de "Baião".

O que não impedia que, já então, Gonzaga estivesse se tornando cada dia mais famoso. E a fama na época dependia basicamente da rádio, principal vetor de divulgação da música e promoção dos artistas.

No Araripe, quando corria a notícia que Gonzaga ia se apresentar em tal programa, o pessoal se reunia em torno aos dois únicos receptores do lugar para escutá-lo. Era frequente não se conseguir sintonizar, e aí era um desespero danado: mudava a faixa, virava o rádio, tirava a bateria, botava a bateria, dava uma pancadinha, desligava, ligava, sacudia... Dali a pouco, dona Santana recebia carta do filho, e lá ia ela avisando: "Olha, o Gonzaga mandou dizer que mudou de rádio, agora é outra emissora". E todo mundo se aglutinava em torno da nova sintonia.

Quem fosse para o Crato ou para Juazeiro do Norte também podia ver nas lojas os discos de Luiz Gonzaga e, nas feiras, os folhetos com as letras das músicas que acabavam de ser lançadas. Às vezes até chegava alguém na casa de Santana com uma revista: "Olha aí Santana, seu filho está na revista". Ela olhava a foto do filho, sentia saudade, curiosidade, vontade de revê-lo. O prazer de sabê-lo famoso lá no Sul, de receber dinheiro regularmente, não bastava. Frequentemente, em suas cartas, Gonzaga prometia vir em breve, mas o tempo passava, e ele não cumpria a promessa. Santana resolveu que, já que o filho não vinha visitá-la, então, ela iria ao Rio. Meados do ano de 1946, desembarcou do vapor que, em 17 dias, a trouxera, acompanhada de Geni, a filha mais velha. Havia 16 anos e meio que não via o filho fujão. Lembrava de um adolescente, e lá estava na frente dela um homem feito. Santana ficou alguns meses na capital e, em outubro do mesmo ano, Gonzaga resolveu dar satisfação à mãe. Tirou uns dias de férias da Nacional e rumou para seu Sertão natal.

Antes de embarcar, gravara já seu repertório para o próximo carnaval. Pois o Rei do Baião também alimentava a grande festa brasileira, com suas marchas e seus frevos sanfonados. Para o carnaval de 47, Gonzaga

Vida do viajante: a saga de Luiz Gonzaga

GALERIA DOS ARTISTAS DE RÁDIO

AQUI está o célebre Luiz Gonzaga, o homem que passará à história como o primeiro cantor que chorou as mágoas da saudade da velha mula — e logo de uma mula preta...

E' um dos elementos mais queridos do rádio, fazendo parte do luminoso "cast" da Nacional, onde, com seu "acordeon", tem apresentado números musicais de grande sucesso.

Atualmente, quando o estudo do "acordeon" vem tendo grande aceitação, sendo um dos instrumentos prediletos da "elite", o nome de Luiz toma ainda maior vulto, como incentivador dessa mocidade que começa a apreciar, enfim, tão agradável e sonoro instrumento musical.

Na revista: as primeiras reportagens sobre o sanfoneiro.

compôs e gravou "Toca uma Polquinha" e "Caí no Frevo". Na face b da primeira, havia uma toada intitulada "Feijão cum Côve", parceria com Jeová Portella, cujo título original era "Olá Seu Generá". Gonzaga já a cantara na Rádio Nacional e ela agradara ao público, que não se fartava de pedi-la em cada uma de suas apresentações.

> *Ai seu generá, / Feijão cum côve que talento pode dar? / Cadê a banha pra panela refogá? / Cadê açúcar pro café açucará? / Cadê o lombo, cadê carne de jabá? / Que quarqué dia as coisa têm que melhorá / Que sem comida ninguém pode trabaiá. / Seu generá / Feijão cum côve que talento pode dar?* ("Feijão cum Côve", Luiz Gonzaga / Jeová Portella)

Parece que o Departamento de Polícia, encarregado da censura aos programas de rádio, achou as perguntas feitas ao tal general demasiadamente subversivas e irreverentes. A música foi censurada, o que causou verdadeira indignação. O jornal carioca *Diretrizes* publicou longa entrevista do artista, na qual ele se queixava amargamente de ver proibida uma "toada inspirada no sentimento do povo que é a dura realidade". Finalmente, Luiz Gonzaga e o parceiro mudaram o título da música, assim como seu refrão, que passou a ser "Aí o que será?" e só assim pôde gravá-la.

Finda a gravação, embarcou enfim para o Exu.

Santana e Geni, que só queriam viajar pelo vapor, tinham saído antes. Quanto a Gonzaga, fez nessa ocasião sua primeira viagem de avião.

> Foi um vomitar dos infernos! A viagem foi pela NAB. Eu comprei uma passagem com destino a Petrolina, onde tinha combinado encontrar com minha mãe e Geni. Em Petrolina, não tinha carro para me deixar no Araripe. Tive que alugar um caminhão.

> *Meu Araripe / Meu relicário / Eu vim aqui rever meu pé de serra / Beijar a minha terra...* ("Meu Araripe", João Silva / Luiz Gonzaga)

Santana havia telegrafado antes de sair do Rio, anunciando sua chegada com Gonzaga para dentro de 15 dias. No Araripe, a família estava numa ânsia louca. Para Socorro, que tinha apenas dois anos quando o irmão maior se mandou, foi uma festa inesquecível:

Era a maior alegria do mundo, pois nós ia conhecer o irmão mais velho que eu e Aloísio não conhecíamos. Aí foi uma festa medonha: pintamos a casa, limpamos tudo. Com as vizinhas, matamos galinhas, perus, porco, pra preparar a festa pra Gonzaga. Aí, daqui a pouco chegou a notícia que Gonzaga já estava no Exu com mãe e Geni. Aí foi uma loucura danada. Tinha um caminhão que estava carregando a fibra da fábrica de caroá, e eu corri pra ver o dono, seu Clóvis, e pedi pra ele mandar o moço desmanchar a carga pra ir apanhar o Gonzaga no Exu, que estava sem transporte pra chegar até o Araripe. Seu Clóvis, então, mandou Expedito, o contramestre, desmanchar tudo, todo mundo ajudando a descarregar, e eu doida pra conhecer meu irmão. Aí depois, com Chiquinha, nós enchemos a carroceria do caminhão de gente, e saímos em direção do Exu. No meio do caminho, à altura de Areia Branca, avistamos um caminhão chegando do Exu. Todo mundo começou a gritar, "lá vem Gonzaga naquele caminhão!" Aí nós paramos e, quando Gonzaga nos avistou, inventou de fazer uma façanha: mandou parar a condução dele, desceu e correu pro mato. Mas nós vimos ele e saímos correndo atrás dele, no mato, com os galhos batendo na cara da gente. Pegamos nele, e foi um rolo de gente lá no mato. Gonzaga me olhou rindo, e falou: "Que negona é essa que eu não conheço?". Foi uma graça! E ele se abraçou comigo, nós se parecia tanto!

Os dez ou doze dias que Gonzaga passou no Araripe foram para a família um grande momento de felicidade, e marcaram, também, uma mudança de *status*. Com suas vantagens e desvantagens:

Mãe vivia aguardando a vinda de Gonzaga, sempre pronta caso ele chegasse. Na época, só havia rádio a bateria, que se escutava muito mal. Pai escutava o noticiário da Nacional, que passava mais ou menos bem. Mas nem sempre dava para se escutar Gonzaga tocando no rádio. Ele escrevia, mandava dizer que tinha gravado. Aí minha mãe falava: "Meu filho é artista, faz disco daqueles que toca naquelas vitrolas", mas ninguém acreditava. Quando ele veio, ele trouxe uns discos, aí o pessoal acreditou. Mas quando souberam da fama dele, nós passamos a ser criticados. Começou a censura. (Socorro)

O inevitável ciúme que iria, a partir daí, marcar as relações da família com a vizinhança não impediu que a presença de Gonzaga fosse amplamente celebrada. Foram uns dias de festança sem parar. Gonzaga tocou sanfona — de 120 baixos — até saturar. Januário, no entanto, mostrou que, no Sertão, o dono do baile era ele, com seu oito baixos. Veio gente de Pernambuco, do Ceará, para ver o novo herói da região.

> *Êita com 600 mil diabo / Mas já se viu? / Despoi que esse fio de Januário vortou / Tem sido um arvoroço danado / Lá pras banda de Novo Exu! Todo mundo tem ido pra ver o diabo do nego / Eu também fui mas não gostei / O nego agora tá muito modificado...* (prosa de "Respeita Januário", Luiz Gonzaga / Humberto Teixeira)

Numa autogozação cheia de ternura para com o pai, Gonzaga contaria, mais tarde, sua volta ao Araripe em "Respeita Januário". Mas, se ele parecia "muito modificado", para os conhecidos dos tempos de infância, como Marfisa, da família Alencar, ele continuava o mesmo:

> Ele não tinha esquecido nada daqui. Continuava usando o vocabulário daqui, valorizando as coisas daqui, que antigamente ninguém dava valor. Porque quem saía daqui para adquirir condição melhor tinha até vergonha de dizer que era nordestino. Gonzaga não, ele fala das coisas daqui, da rede onde se dorme, da comida que se come, e com o linguajar daqui.

Nos 16 anos que passara longe do Nordeste, Gonzaga perdera, praticamente, o sotaque pernambucano. Mas, ao voltar à música nordestina, ele foi recuperando o linguajar sertanejo. Uma particularidade do sotaque nordestino que, no entanto, ele nunca mais assimilou foi a pronúncia dental do D e do T, letras que ele conservou "acariocadas", ou seja, explosivas, a vida toda.

Mas, no Araripe, ninguém se importou com a *coquetterie* fonética do filho pródigo. Comeu-se, dançou-se e divertiu-se muito.

Nessa viagem, Luiz Gonzaga deu seu primeiro show de artista consagrado na sua terra. Não foi qualquer show...

> O primeiro show que eu dei na minha terra, foi para o hospital. A sociedade toda estava lutando para recuperar o hospi-

tal que estava em ruínas. Veio então uma comissão me convidar oficialmente. E a festa que eu dei, pô!

Era no Crato, e a prefeitura estava organizando uma campanha para arrecadar dinheiro para os pobres do Hospital São Francisco. Gonzaga não vacilou, e prontificou-se a participar da campanha, assumindo então uma postura que o caracterizaria até a morte: a partir do momento em que começou a ganhar dinheiro, Luiz Gonzaga considerou que este pertencia tanto a ele como ao povo nordestino, e com ele compartilhou parte de sua fortuna. O *Jornal do Crato* não poupou elogios, apontando "com satisfação a estadia nessa cidade do popular compositor e grande sanfonista da Rádio Nacional, Luiz Gonzaga" e alegrando-se da chegada do "grande artista no Crato, no exato momento em que empreendemos animadas festas em benefícios dos pobres do Hospital São Francisco e, solicitado a (participar da) campanha de caridade que se está fazendo, prontificou-se imediatamente a promover um festival, cuja renda foi destinada para a pobreza".

Entre show beneficente, forró, comilanças, visitas, risos e abraços, chegou a hora de ir embora, via Recife. Sá Ifigênia, mãe de Santana, que estava bem velhinha, rezou para que o neto voltasse o quanto antes.

Gonzaga estava fazendo sua primeira viagem à capital pernambucana. Apesar de ainda não ser bem conhecido por essas bandas do Nordeste, Gonzaga tinha nome entre os radialistas locais. Tanto que foi convidado para participar de vários programas de rádio e se apresentar em clubes da cidade. As Casas Pernambucanas, seu primeiro patrocinador, aproveitaram sua presença para que gravasse uns comerciais em troca de um cachê e de uns cortes de tecidos. O tecido ele enviou para Santana fazer vestidos para as irmãs e com o cachê, comprou seu primeiro carro zero quilômetro, um Nash, que despachou para o Rio de navio...

Durante sua estadia encontrou com o pessoal da área musical da cidade, conheceu Sivuca, Nelson Ferreira, Capiba, foi convidado a toda sorte de festas. Foi numa delas, na praia do Pina, que conheceu Zé Dantas. Oriundo de Carnaúba, distrito de Pajeú das Flores, interior de Pernambuco, onde nascera em fevereiro de 1921, José de Souza Dantas Filho estudava Medicina, para atender ao desejo de seu pai, severo fazendeiro. Sua vocação profunda, no entanto, estava na música e o grande xodó da sua vida era o folclore nordestino. Apaixonado pelo Nordeste, desde criança observava e assimilava as coisas de lá, toda aquela cultura oral tão rica. Estudava na cidade, mas aproveitava as férias para voltar à fazenda paterna, a Fazenda Brejeirinho, que ficava às portas do Sertão. Zé Dantas gostava de escutar aquele linguajar do interior, aquelas músicas fanhosas, e ia aprendendo os ditados, as cantorias, a sabedoria da gente de lá. Descobrira com prazer, através do rádio e dos discos, o cantor-sanfoneiro que estava fazendo sucesso no Sul com a música nordestina. Foi pois, como fã, que Zé Dantas se aproximou de Luiz Gonzaga. Por sua vez, Gonzaga descobriu em Zé Dantas um autêntico sertanejo. Conversaram sobre o assunto que mais interessava a ambos: música. Luiz Gonzaga ainda ia ficar uns dias no Recife. Zé Dantas não deixou passar a oportunidade.

> Eu estava hospedado no Grande Hotel e Zé ludibriou a vigilância, bateu na porta do meu quarto, eu abri e ele entrou como quem estava tangendo gado... "Tchan, tchan! Oi, hê boi, cuch, cuch!" Eu ri, falei:
> — Que é isso rapaz?
> — Ué! Num é assim que tu fazia lá no Sertão? Olha, eu tenho umas musiquinhas pra mostrar pra você.
> Aí ele me mostrou "Vem Morena". E eu gostei demais. Eu falei que ia gravar essa música. (Luiz Gonzaga)

Desse encontro nasceu uma amizade que se afirmaria a partir de 1950, quando, já formado em Medicina, Zé Dantas se radicou no Rio de Janeiro para estagiar no Hospital dos Servidores e, também, formar com Luiz Gonzaga uma daquelas inesquecíveis parcerias que, como as de Noel Rosa e Vadico, Tom Jobim e Vinícius de Morais, Aldir Blanc e João Bosco, Roberto Menescal e Ronaldo Bôscoli, Milton Nascimento e Fernando Brant, iriam marcar a música brasileira.

Retomando o fio da meada: começava o ano de 1947 e, na agenda de Gonzaga, estavam marcadas várias gravações. Mal regressou ao Rio, ele já gravou "A Moda da Mula Preta", de Raul Torres, que só seria lançado em abril de 48, fazendo notável sucesso, e "Firim Firim Firim", uma polca de sua autoria.

Em março, estava de volta ao estúdio para novo 78 rpm, com uma marchinha, "Vou pra Roça", que figuraria na face a do disco, enquanto na face b haveria sua terceira parceria com Humberto Teixeira, uma toada intitulada "Asa Branca", com a qual ele não estava muito empolgado.

> Quando apresentei a música a Humberto falei para ele: "Agora estou com vontade de fazer 'Asa Branca'. Mas não boto

muita fé, porque é muito lenta, cantiga de eito, de apanha de algodão". Humberto pediu pra eu cantar a música, eu cantei e ele me convenceu a fazê-la. Quando eu a gravei, houve até uma brincadeira de mau gosto. Canhoto, violonista do conjunto de Benedito Lacerda que me acompanhava, me conhecia desde a época do Mangue. Então ele pegou um chapéu e foi passar entre os colegas, para eles botarem dinheiro. Me imitando. Humberto, que estava na gravação, falou pra ele:

— Por que é que você está fazendo isso?

— É porque isso é música de cego!

Humberto então falou:

— Tome nota, isso aí vai ser um clássico.

E Humberto acertou!

Como grande parte das melodias que Gonzaga trouxera para suas parcerias, "Asa Branca" fazia parte do repertório tradicional do Sertão. Ele sempre ouvira seu pai tocar essa música no fole, inclusive às vezes até cantarolar:

Asa branca foi-se embora / Bateu asa do Sertão / Larará não chore não...

O povo escutava e ia improvisando, completando a letra a partir do mote dado por Januário... Na vez seguinte, ninguém se lembrava exatamente da letra, então fazia outra, em cima do que recordava da antiga. E assim por diante. A música crescia, evoluía, sem eira nem beira e sem dono. Naquelas bandas, não havia história de autoria, música era propriedade coletiva:

Quando eu quis me lembrar das coisas que tocava quando era menino, para Humberto Teixeira botar letra, eu tive certa dificuldade, não me lembrava muito. Até que toquei "Pé de Serra", "Juazeiro", "Asa Branca". Humberto me perguntava: "Mas isso é seu mesmo?". Eu só vim a tomar conhecimento desta coisa, que quando você inventa uma música no fole ela é sua, aqui no Rio de Janeiro.[4]

[4] Em depoimento dado por Luiz Gonzaga ao Museu da Imagem e do Som.

No Sertão também "música era como passarinho".[5] A música que Gonzaga queria divulgar pelo Brasil todo era aquela que ele ouvira durante toda sua infância, eram as melodias que aprendera de Januário, nos forrós do Sertão, nas noitadas do Araripe, nas festas de São João... Músicas que pertenciam a todos e a ninguém. Ele nunca escondeu o fato de ter utilizado amplamente esse material:

> Aproveitei muito do folclore nordestino. Mas aí não se deve tropeçar, deve ter cuidado de dar uma nova vestimenta, aproveitando só aquilo que a gente sente que foi feito com a imagem do povo. Se você der uma vestimenta digna e lançar um produto seu, não acontece nada com você. É muito comum o pessoal falar:"Ah, mas esse sucesso de fulano eu conheço desde menino". Isso existia mesmo, mas, e o resto? A nova letra? Ao mesmo tempo, é necessário que se faça um trabalho sério em cima disto. A pessoa não deve matar o tema, deve melhorá-lo. "Asa Branca" era folclore. Eu toquei isso quando era menino com meu pai. Mas aí chega Humberto Teixeira e coloca: "Quando olhei a terra ardente / Qual fogueira de São João..." e se conclui um trabalho sobre "Asa Branca". Agora, depois disso eu vou botar "tema popular"? Ou "recolhido", "pesquisado" por Humberto Teixeira e Luiz Gonzaga? Aí tudo quanto é vagabundo vai ser dono também? Não cantando nossa letra, mas cantando com uma letra fajuta, pra pegar sucesso. E faz mal pra música. Aí nós pegamos o tema Humberto e eu.

O baião nordestino estava vivendo os mesmos problemas de propriedade, com os quais se confrontara o samba em 1916, como se fosse inevitável, para um gênero existir, que ele passasse por essa etapa de apropriação do coletivo pelo indivíduo.

O lançamento do disco foi em maio. "Vou pra Roça", na face a do disco, passou totalmente despercebido, e "Asa Branca" estourou literalmente, transformando Luiz Gonzaga num nos maiores astros da música brasileira.

Foi então convidado a participar do filme *Esse mundo é um pandei-*

---

[5] Referência à célebre frase "Samba é como passarinho, é de quem pegar", de Sinhô, que justificava dessa maneira o fato de que ele registrava em seu nome músicas compostas por outros.

ro de Watson Macedo — o rei da chanchada — no qual cantaria, evidentemente, "Asa Branca".

Era uma participaçãozinha, eu fazia o meu próprio papel cantando. Eles montavam o cenário, marcavam os passinhos que eu tinha que dar, e eu passava ali por dentro. A televisão não tem essas maluquices de pisa aqui, pisa ali. Na televisão a gente pisa onde quer, contanto que se use o espaço que é determinado.

O sucesso, a fama, o dinheiro eram muito, porém nada disso esquentava a cabeça do sanfoneiro, que continuava sendo o mesmo matuto alegre e simples de sempre, querido de seus colegas de trabalho. Para todos era "Luiz Gonzaga, sua sanfona e sua simpatia"[6] e para o cantor Gilberto Milfont, mais ainda:

> Eu conheci Luiz Gonzaga na Nacional. Ele sempre teve uma reputação boa no meio. Na época havia um café famoso, o Café Nice,[7] que ficava na avenida Rio Branco. Ali a gente encontrava todo mundo, era apresentado a fulano, a sicrano. Luiz Gonzaga era benquisto, ninguém falava mal dele, nem o censurava. Eu me lembro que um dia eu cheguei no Nice e o pessoal me falou "Milfont, faz dois dias que o Gonzaga está doido atrás de você". Aí eu o procurei, e ele me disse que fora incumbido de me convidar para trabalhar na Rádio Nacional. O diretor artístico lhe pedira isso, porque sabia que nós nos conhecíamos. Se bem que o ambiente dele era completamente diferente do meu, porque o gênero que ele cantava não nos permitia nos encontrar. A gente só trabalhava junto na Nacional. O Gonzaga era cercado pelo pessoal da música regional. O time dele era Humberto Teixeira, Lauro Maia, Zé Menezes...

Mas isso era o time em termos de trabalho, de criação, porque independentemente da música, Gonzaga fizera muitas amizades no meio

[6] A expressão "Luiz Gonzaga, sua sanfona e sua simpatia" foi criada por Paulo Gracindo. A imprensa em geral a adotou e o próprio Gonzaga a retomou quatro décadas mais tarde, como título de um LP.

[7] O Café Nice já era, nos anos 30, o quartel-general do pessoal do samba. Noel Rosa escreveu muitos de seus maravilhosos sucessos nas toalhas de mesa do Nice.

artístico. Uma delas era Ataulfo Alves, encontrado nos corredores da gravadora comum. Certo dia, conversando, o sambista referiu-se a um terreno que tinha em Santa Cruz da Serra, na Baixada Fluminense, e que estava querendo vender. À sua maneira, ou seja, sem discutir, sem ver, sem conhecer, às pressas, Luiz Gonzaga comprou!

No ano seguinte, resolveu ir visitá-lo, pois estava cada vez mais convencido de que devia trazer a família para o Rio, e que em Santa Cruz ela ficaria mais à vontade. Ao descobrir suas terras, ficou meio decepcionado, segundo contou à sua irmã Muniz.

> Quando ele chegou lá, teve que calçar umas botas, era um mangue. Foi quando ele se lembrou que nossa prima Sofia e seu marido Zé Gregório estavam querendo ir para São Paulo. Aí ele mandou dizer para nossa irmã mais velha, Geni, trazer esse casal pra aqui.

Zé Gregório era pedreiro. Gonzaga então enviou o dinheiro da viagem para o casal, pedindo que, em vez de ir para São Paulo, viesse para o Rio, pois havia trabalho para ele. Zé Gregório, Sofia e os nove filhos — o último nascido durante a viagem — vieram, pois, se instalar em Santa Cruz, e o terreno foi saneado, desbravado, plantado; Zé Gregório construiu uma casa, botou gado e aves, e o lugar se tornou viável.

Gonzaga continuava morando com o irmão José Januário na casa de Clara, porém, com 35 anos, sentia a necessidade de estabilizar sua vida afetiva... Da mesma forma que Ataulfo Alves dera ao samba carioca Amélia, sua mulher-fetiche, "Asa Branca", criara no baião Rosinha, personagem recorrente do florilégio nordestino a partir daí, e arquétipo da cabrocha sertaneja. Gonzaga estava precisando encontrar uma Rosinha de luxo, que pudesse organizar a vida dele. O certo é que não a encontraria nos numerosos namoros que entretinha — às vezes simultaneamente — na Rádio Nacional ou na Record em São Paulo, na RCA, nos *dancings*, nos clubes... Namoros nascidos no ambiente artístico, com mulheres de seu meio, cantoras, artistas, que não tinham a mínima intenção de desistir da carreira e do estilo de vida para cuidar da casa, da roupa e da agenda de Luiz Gonzaga. Tanto que as numerosas aventuras amorosas nunca passavam de aventuras, justamente. Foi quando apareceu, no vigésimo-segundo andar da Rádio Nacional, num domingo de julho de 1947, Helena das Neves Cavalcanti, contadora e tiete do sanfoneiro. Mas fã, nem sempre o fora, como gostava de contar.

Vida do viajante: a saga de Luiz Gonzaga

Nascida em 1926 no Recife, Helena perdera o pai, farmacêutico em Gravatá, quando tinha apenas cinco anos. Chegara no Rio em 1944, com a mãe, que, dos oito rebentos que tivera, só conseguira criar um casal, Hélio — o filho mais velho — e Helena. Esta se formara em contabilidade e trabalhava então num laboratório farmacêutico. Fora lá que ouvira falar de Luiz Gonzaga pela primeira vez:

Na sessão de embalagem do laboratório havia uma moça, Margarida, que era pirada por rádio. Assistia a todos os programas: Manuel Barcelos, Paulo Gracindo, César de Alencar, novela, tudo! Ela sabia de cor todas as músicas. E eu nunca fora de escutar rádio. No Recife, eu gostava de baile, mas dos bailes acadêmicos, dos médicos, dos advogados... Um dia, eu chego no laboratório e Margarida estava cantando uma música que dizia: "Calango-tango / Do calango da lacraia / A mulher de Zé Maria / Foi dançar / Caiu a saia". Eu disse:
— Que música imoral é essa, menina?
— Imoral qual quê! É Luiz Gonzaga!
Eu não sabia quem era Luiz Gonzaga. Alguns dias mais tarde ela então chegou no laboratório com uma revista e me mostrou: "Olha aqui o Luiz Gonzaga, veja como ele é bonitinho". Mas eu não prestei a mínima atenção. Alguns dias mais tarde, eu chego em casa, e lá estão minha mãe, uma amiga dela e um primo meu discutindo para saber se Luiz Gonzaga, que acabava de tocar no rádio, era cearense ou pernambucano. Minha mãe passava o dia escutando o rádio, e conhecia tudo. E a discussão rolava, cada um teimando que era de lá ou de acolá, até que eu propus resolver o problema escrevendo para o tal Luiz Gonzaga, perguntando tudo que a gente queria saber. Escrevi a carta e pus no correio. Por coincidência, o laboratório onde eu trabalhava era patrocinador de uma novela religiosa da Nacional, escrita por Anselmo Domingos, que frequentava muito o laboratório, assim como Átila Nunes e Lamartine Babo. Os dois primeiros eram muito ligados a Luiz Gonzaga. Anselmo Domingos, um dia, ofereceu dois ingressos para o programa de César de Alencar a meu chefe, que me deu.

Oferta de valor pois, para assistir aos grandes programas de auditório, era preciso fazer horas e horas de fila para conseguir ingresso. Helena aceitou o presente do chefe e compartilhou-o com dona Marieta, sua mãe. No sábado à tarde, lá estavam as duas na Praça Mauá, no célebre auditório do vigésimo-primeiro andar da Nacional, quando César de Alencar anunciou: "E agora, com vocês, montado na sua mula preta, Luiz Lua Gonzaga!". Gonzaga chegou, vestido com uma calça marrom, um blusão café com leite e um lenço no pescoço: "Eu tenho uma mula preta! / Com sete palmos de altura...".

Helena ficou maravilhada, conquistada pela voz quente, pela sanfona habilidosa, pelo carisma e o humor de Gonzaga.

O artista terminou sua apresentação, saiu do palco e Helena achou que estava com sede. Saiu do auditório e foi até o bebedouro, onde topou com ele que estava indo acompanhar Bob Nelson até o palco. Desajeitada, apesar de audaciosa, perguntou:

— O senhor é que é Luiz Gonzaga?

Gonzaga, surpreso, pois acabava de se apresentar no palco, respondeu:

— Não tá vendo?

— É que eu queria dizer ao senhor que, na minha terra, toda carta tem resposta.

— Você escreveu pra mim? Olha, entre aqui na minha sala, que eu já venho e a gente conversa da sua carta.

Gonzaga voltou dali a pouco.

— Quer dizer que você me escreveu? Deixe eu ver aí...

Na época, Luiz Gonzaga, Emilinha Borba e Bob Nelson eram os campeões das cartas na Nacional. Gonzaga nunca respondia à abundante correspondência que lhe chegava. Aliás, nem tempo para lê-la ele tinha. O sanfoneiro abriu, então, o armário entulhado de cartas nem sequer abertas, que se despejaram qual uma Iguaçu epistolar, aos montes, no chão.

> Helena então se acocorou para procurar a carta dela. E isso me chamou a atenção. Quando ela se abaixou, uniu um joelho ao outro. E eu pensei comigo mesmo: essa moça é educada, tem modos...

Conversaram muito, Helena disse que era contadora — logo isso, para um homem que não sabia como administrar a fortuna que estava ganhando então — e, no final da conversa, Gonzaga a contratou para ser sua secretária, pois Juracy Cavalcanti, que ocupava esta função, tivera criança e não ia voltar tão cedo a trabalhar.[8] Quando, enfim, voltou ao auditório, encontrou a mãe, dona Marieta, quase que em estado de coma, apavorada com a longa ausência da filha. Além do contrato de 400 mil réis para fazer a correspondência de Luiz Gonzaga, Helena ganhou nesse dia um ingresso para assistir às *Piadas do Manduca*, no qual Gonzaga ia tocar. No dia marcado, lá estava ela — acompanhada da inevitável mãe — assistindo ao programa de Renato Murce.

No final do programa, Helena foi encontrar com Luiz Gonzaga, apresentou-lhe dona Marieta e aceitou a carona que o cantor lhe propôs, provocando aliás uma situação incômoda.

> Eu tinha um caso na época com uma tal de Maria Dutra e, quando eu encostei o carro para apanhar Helena e dona Marieta, a moça, que já era freguesa, estava lá. Mas Helena, numa agilidade muito grande, sentou na frente comigo, tomando assim o lugar que Maria Dutra ia ocupar. Nós fomos até a praça Tiradentes, onde Maria ficou e, depois, seguimos até a casa de Helena e dona Marieta. Eu estava era querendo saber o endereço delas. Elas moravam no Rio Comprido.
> Fomos levando assim o namoro. A mãe dela era muito habilidosa. E lá se foi falando em casamento.

Gonzaga apresentou a namorada a Clara e José Januário, que aprovaram o namoro. Precisava, no entanto, apesar de toda fama, de todo poder, do aval de Santana para casar.

No final de 1947, exatamente, Gonzaga ia fazer uma temporada na Rádio Clube de Pernambuco. Com a projeção que adquirira no decorrer do ano, sua vinda à capital pernambucana foi, desta feita, bem mais festejada do que quando viera pela primeira vez. Anunciou-se amplamente a vinda do prestigioso artista, que desembarcou no dia 15 de dezembro de 1947 no aeroporto de Guararapes de Recife, acompanhado por Helena... e a mãe dela, claro. Lá, mandou chamar Santana, que veio com Socorro e Chiquinha, para que conhecesse a namorada.

> Minha mãe conheceu a moça e ficou apaixonada por ela,

---

[8] Com o primeiro salário, Helena comprou uma máquina de escrever, que ainda em 1987 servia à administração do Parque Aza Branca.

e aprovou meu casamento. Se não aprovasse, eu não casava. Eu era muito obediente.

Segundo contaram as irmãs de Gonzaga e a velha amiga Priscila, a coisa não foi bem assim.

Santana dizia que Gonzaga era matuto, vinha de uma família humilde, pobre, da roça e que ele estava procurando esposa muito pra frente. O casamento já estava marcado pra junho de 1948. Aí Gonzaga disse então pra mãe dele que ia adiar o casamento até o mês de setembro, e quem sabe, até lá, se o namoro não estaria terminado... (Priscila)

Irmãs, primas, amigas... todas recordavam que Gonzaga não parecia nada empolgado com o casamento. Verdade é que em fevereiro de 1948, já tendo apresentado oficialmente Helena a Santana e noivado com ela, Gonzaga mantinha um caso com Elza Laranjeira, cantora na Record em São Paulo, que não parecia saber nada do noivado do amante. Mas Helena e dona Marieta não deixaram adiar coisa nenhuma, e o casamento foi em junho mesmo.

Eu fiz um juramento / Ou sai o casamento / Ou morre toda família / Já convidei o promotor e o juiz / O vigário da matriz (...) / Tenente Juca, chefe do destacamento / Pra fazer o casamento ou assistir ao enterro... ("Ou Casa ou Morre", Elias Soares)

Santana veio com seus três caçulas, Socorro, Aloísio e Chiquinha, que ainda não conheciam o Rio, para assistir ao matrimônio.

Nós tínhamos conhecido Helena no Recife em outubro de 47. Com seis meses recebemos um telegrama chamando minha mãe pra ir pro Rio com a gente. Era pra levar roupa, rede, que nós íamos ficar um tempo. Quando chegamos no Rio, Helena estava esperando a gente. Minha mãe falava: "Será que esse casamento vai dar certo? Eu conheci essa moça no Recife há seis meses e agora de repente já vão casar". Mas a sogra é que queria que eles casassem. Parecia que se esse casamento não saísse, ela ia morrer. (Chiquinha)

Vida do viajante: a saga de Luiz Gonzaga   127

Helena: o namoro começou em 1946.

São Paulo, 24 de Fevereiro de 1.948

Querido Luiz

Saúde, Felicidade e muita alegria, é o que lhe desejo, juntamente com a Clara e o José; eu e vovó estamos bem de saúde porem, com muita dôr no coração pois, eu sinto uma saudade louca de você, e a vovó sente saudades do pessoál lá em casa (Matto Grosso).

A vovó vai matar a saudade muito breve, se Deus quizer; dia 1 de Março talvez ela embarque para Bauru e de lá, para Matto Grosso.

Se for possível, quando a Lucy, esposa do Victorio for embora, eu irei com ela e passarei uns 2 ou três dias ahi; caso eu não possa ir agora, só irei na 1ª quinze de Abril.

Aqui vai o prezentinho que eu prometi à Cla

Caso: mesmo noivo, mantinha um namoro com a cantora Elza Laranjeira.

Ou casa ou morre:
Luiz Gonzaga casou-se com Helena em junho de 1948.

Casaram, pois, no dia 16 de junho de 1948, na Igreja de Nossa Senhora da Aparecida, no bairro de Cachamby (com i hoje em dia). Os padrinhos de Gonzaga foram Miguel Lima e esposa; os de Helena, Mário Reis (nada a ver com o cantor, esse era contador) e esposa. O noivo ia completar 36 anos, a noiva estava com 22 anos e dona Marieta conseguira, enfim, realizar o seu sonho. O casal — e a sogra — foram morar numa casa, na rua Vereador Jansen Muller, nº 425, no Cachambi.

Santana, as meninas e Aloísio ficaram três meses no Rio, hospedados na casa de Miguel Lima. Estava combinado com Gonzaga que Socorro e Aloísio, ainda pequenos, ficariam morando com ele, para serem escolarizados. Matricularam os dois numa escola do Méier, perto da residência dos recém-casados. Afinal de contas, uma das razões que o levaram a casar era o desejo de ter uma companheira que o ajudasse a cuidar da família. Gonzaga queria que todos os seus se beneficiassem de sua ascensão social. Helena aceitara a coisa numa boa. Ele ia, assim, poder dar todo o apoio que sonhava à família. Só que...

> Quando eles casaram, parece que dona Marieta não combinou com o fato dos dois pequenos ficarem. Aí eles voltaram para o Exu. (Muniz)

No carnaval de 48, Gonzaga fizera um grande sucesso com "Quer Ir Mais Eu?", uma marcha-frevo que animou durante muito tempo os carnavais do Brasil (curiosamente, Gonzaga, que não costumava brincar carnaval, compôs e gravou algo como oito músicas de carnaval). Em abril do mesmo ano, até que enfim, saía nas lojas o 78 rpm com "A Moda da Mula Preta", que ele tinha gravado um ano antes. A música foi extremamente bem acolhida pelo público, mas foi seu último lançamento naquele ano. Não que a fonte tivesse secado, ou que o artista tivesse algum atrito com os parceiros, mas por problemas técnicos da Victor, que desde 47 se chamava de fato RCA Victor. Efetivamente, em 1948, a gravadora ainda não tinha fábrica para prensar os discos. Estava construindo uma em Jaguaré, no estado de São Paulo, que só ficaria pronta no ano seguinte. A Byington, empresa inglesa que prensava os discos da RCA, preferiu, então, trabalhar com outras gravadoras que lhe asseguravam contratos a longo prazo, e não aceitou mais encomenda nenhuma da RCA. Vitório Lattari, diretor da companhia, viu-se obrigado a avisar os artistas que não ia poder assegurar nenhum lançamento nos próximos doze meses. Nessas condições, era difícil prendê-los. Dentre outros grandes artistas da RCA na época, havia, além de Gonzaga, Nelson Gonçalves, que entrou praticamente no mesmo dia que ele na gravadora, Augusto Calheiros e Vicente Celestino. Todos adotaram a mesma postura: esperariam, sem gravar, que a fábrica estivesse pronta, mas não queriam sair da RCA. Gonzaga disse que, até lá, continuaria a compor e dar suas músicas a artistas de outras gravadoras. E assim foi.

Tanto que, encantados com o êxito do lançamento do baião (o gênero) através de "Baião" (a música), por Quatro Ases e Um Coringa, da Odeon, Humberto Teixeira e Luiz Gonzaga resolveram repetir a dose, criando um novo gênero, o siridó, através de uma música "Siridó", que seria gravada por... Quatro Ases e Um Coringa, da Odeon. Tudo igualzinho, salvo o resultado. Um "pluf" tristonho marcou o lançamento da nova dança, que ninguém até hoje sabe dançar, apesar da música ser engraçadinha. A imprensa deu o recado; falou do novo gênero que não aconteceu. O público não foi na marotice. Assim mesmo, no ano seguinte, em 1949, Luiz Gonzaga gravou por sua vez a música, que não conseguiu maior sucesso. Em compensação, "Légua Tirana", na face b do disco, tornou-se um clássico. Era uma toada melancólica, na qual Luiz Gonzaga — que não era letrista mas dava ideias e dicas aos parceiros — introduziu uma marca bonita em sua obra, que consistia em povoar suas criações de personagens reais, amigos de infância, parentes, figuras típicas do Sertão. Assim, Ana (Santana), Das Dores (uma prima de Gonzaga) e Raimundo (um tio) protagonizam "Légua Tirana".

Havia seis meses que Gonzaga casara e Januário ainda não conhecia a nora. E Helena não conhecia nem o sogro nem o Araripe natal do marido. Luiz Gonzaga só tinha gravação em junho, até lá poderia dar uma voltinha no Araripe. Esperou que o fogo do verão amenizasse, que o Cantarino soprasse e assoviasse nos telhados do Sertão, que é prova de bom inverno, sinal de boa safra, de fartura. Meados de abril, seguiu com a esposa e com a eterna sogra para o Araripe, via Exu. A viagem parou no lado cearense da chapada do Araripe, no Crato.

A "guerra civil" entre os dois clãs da região, os Alencar e os Sampaio, acabava de se acender novamente. Velha tragédia começada em 1920, quando chegara à região de Exu — até então de absoluto domínio dos Alencar, fundadores da cidade — uma fração da família Sampaio, vinda do Ceará. Apesar de "forasteiros", os Sampaios adquiriram importância tal que, em 1925, foi um Sampaio que se elegeu para prefeito da cidade. Uma cobra que os Alencar engoliram, mas que ficou pesando no estômago. Passaram os anos num *modus vivendi* mais ou menos

Vida do viajante: a saga de Luiz Gonzaga

estável, criando-se inclusive laços familiares entre os dois clãs. Até que um dia — 10 de abril de 1949, domingo de Ramos — um Sampaio, precisando lavar a honra por um vexame sofrido, cuja origem ninguém nunca conseguiu esclarecer, insultou publicamente um Alencar. Não foi preciso mais do que isso: em algumas horas, Raimundo Peixoto de Alencar, o chefão do clã, feriu Aristides Sampaio, filho do chefe dos Sampaio; Zito Alencar, primo-sobrinho de Raimundo, matou Romão Sampaio, chefe dos Sampaio; Aristides Sampaio matou Cincinato Sete de Alencar e seu filho Francisquinho (pai e irmão de Zito); Otacílio Pereira de Carvalho, genro de Romão Sampaio e prefeito de Exu, matou Juarez Alencar, outro filho de Cincinato... a história é meio complicada, mas no Sertão é assim mesmo. Zito foi preso, mas fugiu caatinga adentro, até chegar na Paraíba. Ao pôr do sol, se encerrava o primeiro capítulo de uma história que iria ensanguentar o Exu durante mais de trinta anos.

À vista de tanta violência, os amigos de Gonzaga o desaconselharam de continuar a viagem. O artista era gente dos Alencar, motivo pelo qual, aliás, seu pai, o velho Januário, fora preso, acusado de estar envolvido no caso que opunha as duas famílias rivais. Em depoimento ao jornal pernambucano *O Diário da Noite*,[9] José Januário falou da simpatia que ligava sua família à dos Alencar e explicou que Januário fora preso simplesmente por ter falado a verdade quando havia sido intimado a depor no inquérito sobre a depredação sofrida pela fazenda Araripe, quando das violências do dia 10 de abril. A detenção de Januário não passou de algumas horas, mas foi o suficiente para que Luiz Gonzaga e seu irmão José tomassem a decisão de tirar os pais do Araripe.

Luiz Gonzaga alugou uma casa e instalou a família, enquanto acertava os pormenores de uma mudança muito mais importante. Até o fim do ano, Januário, Santana e os meninos iriam morar no Rio. Os meses que a família passou no Crato proporcionaram, entre outras coisas, aos mais jovens da prole serem, enfim, escolarizados.

A década de 40 estava chegando ao fim e Priscila fez as contas: os filhos maiores de Januário e Santana tinham ido embora, deixando aquele Araripe, tão alegre outrora, todo desanimado. Agora, o resto da família indo morar no Crato, a violência ameaçando... não dava mais gosto ficar por essas bandas. Ela, então, aceitou a oferta de Gonzaga e Helena de ir com eles para o Rio. O casal estava precisando de uma pessoa eficiente e de confiança para tomar conta da casa.

---

[9] Na edição de 28/9/1949 do *Diário da Noite*, jornal recifense.

Gonzaga voltou de avião. Helena, dona Marieta e Priscila seguiram para o Rio por via marítima.

Entretanto, a prensa da RCA, novinha em folha, abrira suas portas, permitindo à dupla Gonzaga / Teixeira dar toda a medida de seu imenso talento.

Em junho de 1949, Gonzaga gravara "Mangaratiba", um baião que já cantara na comédia musical *Estou aí*, da Cinédia e que se referia à cidadezinha fora do Rio onde Humberto tinha uma casa. Na face a do disco havia "Lorota Boa", um xote cheio de gracejo que ele havia interpretado em *E o mundo se diverte*, chanchada musical da Atlântida.

No mesmo dia, ainda, gravou duas músicas: "Baião" (três anos depois de Quatro Ases e um Coringa, ele estava gravando sua própria versão) e "Juazeiro", um baião cheio de nostalgia. Como "Asa Branca", "Juazeiro" era tema tradicional do repertório nordestino. Em casa, Januário gostava de tocar essa música no fole, cantando para si próprio:

> *Caatingueira do Sertão / Chora quando vai chover / Eu também vivo chorando / Com vontade de te ver / Ai caatingueira que vontade de te ver / Ai caatingueira tô morrendo de doer...*

Menino, Gonzaga escutava o canto do pai, ia aprendendo. E agora, com Humberto, estava dando nova vestimenta ao tema. Trocando "caatingueira" por "juazeiro", porque a palavra era mais bonita, e o povo ia entender melhor... e acelerando o ritmo da música.

> *Juazeiro, juazeiro / Ma arresponda por favor, / Juazeiro, velho amigo / Onde anda o meu amor, / Ai juazeiro, / Ele nunca mais voltou / Diz juazeiro, / Onde anda o meu amor?* ("Juazeiro", Luiz Gonzaga / Humberto Teixeira)

No mesmo ano, "Juazeiro" foi gravado três vezes. A primeira, em maio, por Sólon Sales, a segunda, em junho, por Gonzaga, a terceira, em setembro, por Os Cariocas. Dois anos mais tarde, conheceria mais uma interpretação, por Edu da Gaita. A música era linda mesmo. Tão linda que chegou aos ouvidos maravilhados de Harold Steves e Irving Taylor, compositores norte-americanos que botaram letra em inglês na melodia, intitularam-na "Wandering Swallow" e deram-na a Peggy Lee — a inesquecível criadora de "Fever" — que a gravou.[10] O problema é que os adaptadores se proclamaram autores da música, omitindo totalmente Luiz Gonzaga e Humberto Teixeira no registro de edição... Advogado especializado agora nas questões de direitos autorais, Humberto reagiu imediatamente, processando os plagiadores. Os acusados tentaram se defender alegando que apenas tinham bebido na mesma fonte que Humberto Teixeira e Luiz Gonzaga, ou seja, no folclore. Assim mesmo, a gravadora americana, a Capitol, foi obrigada a retirar os discos do mercado.

Com "No Meu Pé de Serra", "Asa Branca", "Légua Tirana", "Juazeiro", "17 Légua e Meia", Gonzaga estava chegando exatamente aonde queria: no Nordeste, nas suas raízes. As letras fugiam, às vezes, à temática expressamente nordestina; porém, do ponto de vista rítmico, o repertório era praticamente todo de sabor sertanejo, com baiões, toadas, xotes, xamegos... Aos poucos, Gonzaga estava despojando seu repertório dos ritmos urbanos, assim como da música regional do Sul, e introduzindo no panorama musical brasileiro ritmos até então desconhecidos do grande público. Deixara definitivamente para trás calangos, valsas, modas, marchas, sambas e rancheiras.

Nesse reencontro com suas origens, Gonzaga queria assumir, mais forte ainda, a imagem do nordestino. Inclusive, desde 1947, costumava usar um chapéu de couro à moda dos cangaceiros quando fazia fotos. Havia na época um outro acordeonista famoso, Pedro Raimundo, que era para o Rio Grande do Sul o que Luiz Gonzaga estava se tornando para o Nordeste. Gonzaga o admirava muito e vira nele um modelo:

> Ele já tinha me influenciado porque sendo gaúcho ele fazia tudo de lá, então eu tinha que fazer tudo ao contrário dele. Mais uma vez ele me serviu, porque usava bombacha, botas, chapéu gaúcho, guaiaca e chicote. Então, eu achei que Pedro Raimundo era minha base, comecei a pensar que tipo eu podia fazer, porque o carioca tinha sua camisa listada, o baiano tinha o chapéu de palha, o sulista era aquela roupa do Pedro. Mas, e o nordestino? Eu tinha a oportunidade de criar sua característica e a única coisa que me vinha à cabeça era Lampião... Telegrafei para minha mãe, pedindo que me enviasse um chapéu de couro bonito, lembrando Lampião.

[10] José de Jesus Ferreira, *Luiz Gonzaga, o Rei do Baião, sua vida, seus amores, suas canções*, São Paulo, Ática, 1986.

Norte-Sul: Pedro Raimundo, um gaúcho que serviu de modelo a Luiz Gonzaga.

No Sertão pernambucano, Santana, apesar de detestar Lampião, atendeu resignada ao pedido do filho. Foi até a fazenda do Baixio, onde morava José Clara, habilidoso chapeleiro, conhecido de todos os vaqueiros da região, e encomendou um chapéu para o filho artista.

> Quando o chapéu chegou, eu botei ele na cabeça... me senti um lorde. Ah! Ah! (Luiz Gonzaga)

No entanto, na rádio, ele não se atrevia a vestir o chapéu, receando talvez a reação de seu diretor.

O tal chapéu de couro é, ainda hoje, apenas uma peça tradicional do vestuário dos vaqueiros no Sertão. A forma "napoleônica" não tem nada a ver com a megalomania do imperador francês, é simplesmente destinada a proteger das agressões do emaranhado da caatinga. Mas, do Nordeste, e mais ainda do Sertão, os "sulistas" não sabiam grande coisa. No Sul, o chapéu fora popularizado por Lampião, cujas fotos haviam sido estampadas na imprensa nacional, onze anos antes, quando fora morto no Sergipe, pela polícia. E Gonzaga suspeitava que ninguém aceitaria que ele chegasse vestido de Lampião na Nacional. Até o dia que achou que tinha suficiente bossa para impôr sua ideia. Mas achou errado.

> Eu pensei que ia fazer uma surpresa lá na Nacional: Pedro Raimundo tocava vestido de gaúcho, e eu ia me confrontar com ele vestido de nordestino. Quando cheguei no domingo, na hora de entrar no auditório, botei o chapéu, peguei a sanfona... Floriano Faissal, o diretor artístico me olhou, perguntou: "Para onde você vai?", nem esperou resposta, abanou a cabeça e falou: "Han, han! aqui não. Cangaceiro na Nacional, não! Pode guardar o seu chapéu", e me proibiu de cantar de chapéu de couro. Tive que aceitar, disciplinado que era, fui soldado muitos anos...

Gonzaga era disciplinado, isso sim. Mas também era teimoso, cabeçudo e, quando tinha uma ideia, não havia cristão que a tirasse de sua cabeça. Cantaria vestido de Lampião, e não havia Floriano Faissal no mundo que o impedisse. O negócio era encontrar a estratégia certa para atingir seu objetivo. E, em matéria de estratégia, já estava ficando perito. Na Nacional, fez como a Nacional exigia, voltou à sua elegância clássica: terno de linho S-120, caprichado por seu Maciel, seu alfaiate, gravata-borboleta, sapato de verniz. E fora da Nacional, começou a se apre-

Sem chapéu: na Rádio Nacional tinha que cantar de terno e gravata.

sentar, sistematicamente, com o danado do chapéu. Não deu uma entrevista, não fez uma reportagem, não pisou no palco de um *dancing*, de um clube, de um cinema sem o maldito chapéu de couro enfiado na cabeça.

E, de tanto se apresentar publicamente com o chapéu, Gonzaga acabou atingindo o seu alvo. Em 1949, conseguiu impôr, enfim, sua imagem de nordestino, com traje típico e tudo.

Mais uma vez, a obstinação de Gonzaga venceu. A Nacional teve que ceder e o sanfoneiro passou, daí em diante, a usar seu querido chapéu. Porém, com o clássico *summer*, quando se apresentava nos programas de auditório.

O baião estava definitivamente implantado, era moda incontornável, manchete diária da emprensa. Enquanto *Radar* anunciava: "A ordem agora é baião — Coqueluche nacional de 1949", o *Diário Carioca* publicava reportagem na qual afirmava que "o baião vem fazendo estremecer todo o vasto império do samba e já agora não se poderá mais negar a influência decisiva desse gênero musical na predileção do povo". E a revista *O Cruzeiro* publicava uma reportagem com fotos para ensinar ao público a dançar o baião.[11] No Brasil inteiro, a mídia focalizava a nova moda.

Cada vez mais numerosos, os cantores do Sul, *crooners*, começaram a fazer umas infidelidadezinhas à fossa, trocando os soluços do samba-canção pelo molejo brejeiro do baião.

> *No Rio está tudo mudado / Nas noites de São João / Em*
> *vez de polca e rancheira / O povo só pede, só dança o baião.*
> ("A Dança da Moda", Luiz Gonzaga / Zédantas)

A música de Luiz Gonzaga, lançada em junho de 1950, retratava a pura realidade. De 1949 a 1953, Marlene, Emilinha Borba, Carmélia Alves, Ivon Curi, Carolina Cardoso de Menezes, Carmem Miranda, Isaura Garcia, Ademilde Fonseca, Dircinha Batista, Jamelão, Adelaide Chiozzo, Stelinha Egg foram, entre tantos outros, intérpretes das músicas de Luiz Gonzaga e seus parceiros. A dupla Gonzaga / Teixeira adquirira imenso renome no meio artístico. Mandava e desmandava na música nordestina, renovando as campanhas de lançamento de novos ritmos.

---

[11] *Revista Paulista*, 25 a 31/10/1949; *Diário Carioca*, 13/9/1949; *O Cruzeiro*, 29/10/1949.

Dança da moda: em 1949, o baião conquista o Brasil.

> *Xaxado meu bem, xaxado, / Xaxado vem do Sertão / É
> dança dos cangaceiros / Dos cabras de Lampião / Quando eu
> entro no xaxado / Ai meu Deus num paro não / Xaxado é dan-
> ça (de) macho / Primo do baião* ("Xaxado", Luiz Gonzaga /
> Hervê Cordovil)[12]

Em 1950, foi a vez do xaxado, cuja apresentação motivou grande festa, com a presença de vedetes e ampla cobertura de O *Cruzeiro*.

Gonzaga botou as dondocas cariocas para dançar a dança rude dos cangaceiros, dança de homem macho. Nas moitas da caatinga do Sertão, eternos fugitivos a se esconder, os homens esqueciam os rigores da vida perigosa que levavam cantando e dançando. As mulheres no bando eram poucas e homem não ia dançar com homem. Então dançavam abraçados ao fuzil, ou a sós, os braços inúteis, cruzados nas costas. E batiam o pé calçado de sandália de couro no pó do chão... Nos salões do Rio, as mo-ças batiam o pé calçado de sandálias finas de salto alto e rebolavam o bumbum, numa alegria cheia de exotismo.

Os pais do baião também apadrinhavam carreiras. Foi o caso de Francisco Carlos, que virou verdadeiro fenômeno. Não tinha vinte anos, possuía uma linda voz cheia de romantismo e tinha jeito para astro. Gon-zaga e Humberto Teixeira fizeram duas músicas para ele: "Me Deixa em Paz", que forneceu argumento aos casais nas horas de briga e "Meu Bro-tinho". Com esses dois êxitos no repertório, Francisco Carlos viveu um estrondoso e efêmero sucesso, apresentando-se no programa de César de Alencar, diante de mocinhas histéricas, que gritavam, arrancavam os ca-belos e desmaiavam. A fama foi de curta duração. Ainda nos início dos anos 50, Francisco Carlos se refugiou nas artes plásticas. Ninguém se lem-bra mais dele, mas a expressão "brotinho" para falar de uma garota jo-vem pegou pra valer...

A dupla imortal também causava escândalos, como o que seguiu a primeira apresentação da música "Paraíba", num comício em Campina Grande.

Humberto Teixeira e Luiz Gonzaga tinham sido contatados através da Nacional, pelo chefe da Casa Civil de Dutra, para fazer um jingle para

---

[12] Em 1952, em parceria com Hervê Cordovil, Luiz Gonzaga compôs a música intitulada "Xaxado", verdadeiro manifesto do gênero que criara com Humberto Teixei-ra dois anos antes.

Novo ritmo: *O Cruzeiro* se entusiasmou
com o lançamento do xaxado.

a campanha eleitoral de José Américo. Compuseram então a música "Paraíba", com o célebre refrão "Paraíba masculina / Mulher macho sim senhor", homenagem do cantor ao pequeno estado que se mostrara tão corajoso na época da Revolução de 30. Mas a homenagem não foi bem entendida pela oposição, que proclamou que o baião era um insulto à mulher paraibana. Tanto que, segundo contam, a apresentação de "Paraíba" no comício, do qual participava grande parte do *casting* da Nacional, provocou um verdadeiro pugilato, com mortal desfecho... sem contar os feridos.[13] Mas a música tirou o maior proveito do drama, sendo gravada, em 1950, por Emilinha Borba, Quatro Ases e Um Coringa e o sanfoneiro Orlando Silveira.

Enquanto "Paraíba" inflamava o estado homônimo, no Exu, a situação seguia tensa. Os Alencar e os Sampaios continuavam se matando abundantemente e Gonzaga convenceu seus pais de que se mudassem para o Rio de Janeiro. A vovó Ifigênia, que tanto rezara para que o neto voltasse rápido para o Araripe, morrera poucos meses depois. No final de 49, Januário, Santana, Geni, Muniz, Chiquinha, Socorro e Aloísio partiram para a capital. Antes, Santana avisou que de barco ela não ia pois queria levar a mudança. Januário, por sua vez, disse que de avião não viajava porque não era urubu para andar pelos céus. Gonzaga liquidou a pendenga: comprou um caminhão e mandou apanhar a família.

Saímos daqui no dia 1º de novembro de 1949. Demoramos não sei quantos dias viajando. No caminhão tinha de tudo, até fogão. Foi muito divertido. Quando nós chegamos no Rio, havia uma casa esperando a gente em Cachambi. (Socorro)

Embolsando a essas alturas algo como vinte mil cruzeiros por mês, Gonzaga, que agora, além da Rádio Nacional, trabalhava regularmente na Rádio Record em São Paulo, acabava de comprar uma residência maior na rua Clapp Filho, a duas quadras da casa onde fora morar ao casar, esta última ficando então para os pais.

Pouco tempo depois da sua família, outra chegada ao Rio alegrou o coração de Luiz Gonzaga, a de Zé Dantas, em janeiro de 1950.

---

[13] Segundo informação da *Nova história da música popular brasileira: Luiz Gonzaga e Humberto Teixeira*, São Paulo, Abril Cultural, 1977.

Até que enfim, "Vem Morena" fora gravada em outubro do ano anterior, chamando imediatamente atenção da crítica, encantada com o novo parceiro do astro. O sanfoneiro adorava relembrar que Zé Dantas, quando lhe dera essa e outras músicas, na ocasião do primeiro encontro em Recife, lhe pedira que, caso as gravasse, "pelo amor de Deus" não pusesse seu nome no disco. Se o fizesse, o coronel Zeca, seu pai, não ia gostar e podia até cortar a mesada, indispensável para poder continuar seus estudos universitários. Gonzaga não levou o pedido em conta, colocou a música como parceria dele com Zé Dantas.

Eu pensei, vou botar o meu nome primeiro, o dele depois, assim esconde do velho. Eu podia ter trocado o nome dele, mas eu gostava desse nome. (Luiz Gonzaga)

De qualquer forma, quase três anos tinham passado, Zé já estava se formando e não precisava mais de mesada. Além do mais, quando ele recebeu, um ano mais tarde, seus direitos autorais, constatou que eram "mil vezes" a mesada paterna e esqueceu os escrúpulos. Mas nesse início de ano, Gonzaga estava na plataforma da estação, aguardando o trem que chegava de Recife, trazendo Zé Dantas, que descreveria a Iolanda, a noiva que ficara no Recife, a recepção maravilhosa que lhe foi feita.

No dia que Zé chegou no Rio, estavam esperando ele na estação: Luiz Gonzaga, Humberto Teixeira, Péricles[14] e mais outros amigos. A turma toda saiu da estação e foi direto para Mangaratiba, para a casa de Humberto Teixeira. Iam passar o dia lá, acabaram ficando dez, numa farra medonha. Depois, eles voltaram para o Rio de Janeiro, e Zé foi se apresentar no Hospital dos Servidores onde ia fazer residência. Normalmente, ele deveria ficar morando no hospital, mas ele conseguiu autorização de morar fora. Ele alugou um apartamento na rua Maria Quitéria, em Ipanema, perto de onde Péricles morava. (Iolanda Dantas)

A partir de então, num apogeu de criatividade, Luiz Gonzaga, por sua voz ou pela de outros intérpretes, lançou, nesse ano de 50, mais de

---

[14] Péricles: o autor do famosíssimo Amigo da Onça, personagem cujas aventuras eram publicadas semanalmente em O Cruzeiro.

Vida do viajante: a saga de Luiz Gonzaga

vinte músicas inéditas, das quais muitas se tornariam inesquecíveis clássicos da música brasileira. Parecia que Humberto Teixeira e Zé Dantas estavam rivalizando em talento e genialidade, e, entre os dois, Luiz Gonzaga orquestrava o festival de obras primas. O baião já era mais do que moda, tornara-se febre, "coqueluche" realmente. Todo mundo estava aderindo ao baião. Tanto que, além dos grandes intérpretes que cantavam as músicas de Gonzaga, os melhores autores e compositores queriam dar-lhe suas composições. Klécius Caldas foi um desses compositores urbanos que se deixou encantar pelo mundo rural de Gonzaga:

> Na época em que Gonzaga começou a fazer sucesso com "A Moda da Mula Preta", eu e meu parceiro Armando Cavalcanti, nós adoramos essa música tão agreste e sentimos vontade de conhecer a pessoa que tinha feito uma gravação tão interessante para dar-lhe os parabéns. Procuramos então o Gonzaga na Nacional. Na época a Nacional era um ambiente alegre. Tinha o bar que ficava no andar de cima da rádio e todo mundo se encontrava lá, ficava conversando, rindo. Era ótimo. A qualquer hora, sempre estava cheio. Era uma concentração e tudo de importante na música acontecia lá. Eu mesmo me apaixonei pela música nordestina lá. Quando encontramos o Gonzaga, descobrimos que ele e Armando se conheciam. Armando, que era militar como eu, tinha sido capitão da unidade em que Gonzaga era cabo-corneteiro. Aí foi aquela surpresa, aquela festa. Nós nos propusemos, então, a fazer uma música para ele. "Podem fazer que se for bom eu gravo"; ele era de uma simplicidade muito grande, uma figura espetacular.

A dupla, muito mais conhecida por suas composições carnavalescas, fez no entanto o lindíssimo "Sertão de Jequié", que Gonzaga nunca gravou. Aconteceu que, quando a música ficou pronta, Dalva de Oliveira, que acabava de sair do Trio de Ouro após doze anos de amor e brigas com Herivelto Martins, estava constituindo novo repertório e foi ver Klécius Caldas e Armando Cavalcanti, cujas composições faziam muito sucesso, para pedir-lhes algumas músicas. Quando ouviu "Sertão de Jequié", não quis saber de nada e implicou que queria a música do Gonzaga. Foi vê-lo e o convenceu a deixar a música para ela, que estava precisando mais do que ele... Gonzaga, que sempre foi galã, cedeu. Klécius e Armando fizeram-lhe, então, outra música magnífica: "Boiadeiro".

Nós não tínhamos a mínima experiência de vida rural. Mas a inspiração veio... a partir da trilogia do campo: o boi, os filhos e a mulher. (Klécius Caldas)

No ano seguinte, Luiz Gonzaga gravou nova música de Klécius e Armando. Já que a trilogia dera certo, fazendo imenso sucesso, a dupla propôs nova trilogia, mais lúdica desta vez: cigarro (de 'paia'), rede (de malha) e animal (cachorro trigueiro e o cavalo ligeiro)... faltando ao protagonista o principal, "uma bonita morena". Gonzaga adorou e gravou "Cigarro de Paia", que seria lançado em 52. Gravou também músicas de Guio Moraes, com quem fez depois lindas composições. Fernando Lobo, que recusara anos atrás a parceria (fictícia) em "Xamego", estava de volta dos Estados Unidos, e agora lhe dava uma música para gravar. O jornalista-poeta, apesar de pernambucano, era mais chegado ao samba. No entanto, cedeu à atração da música na moda e assinou "Chofer de Praça", uma mazurca cheia de graça, para Gonzaga. Aliás, outro jornalista entrou na fila de parceiros do artista: David Nasser, um dos astros do semanário *O Cruzeiro*, que assinou vários êxitos com Gonzaga.

Não há dúvida de que estava se tornando um excelente negócio gravar com o Gonzaga, haja vista suas vendagens.

Vendagens de tal modo importantes que a RCA já não estava conseguindo assegurar a prensagem de seus outros artistas, consagrando praticamente todo o tempo da produção aos discos de Luiz Gonzaga. A ponto de o diretor da matriz, nos Estados Unidos, na ocasião de uma viagem ao Brasil, ter pedido para ser apresentado a esse tal de Luiz Gonzaga, que absorvia toda a energia do pessoal da filial brasileira.

A essas alturas, Luiz Gonzaga já fora consagrado Rei do Baião — a coroa era o chapéu de couro, o cetro, a sanfona — pelo público paulista e, daí por diante, pelo povo brasileiro. Com anel de doutor no dedo, Humberto Teixeira ganhara obviamente o título de Doutor do Baião. Foi quando Humberto Teixeira candidatou-se a deputado federal:

Em um concurso organizado pela *Revista do Rádio*, com Anselmo Domingos, eu tinha sido eleito o melhor compositor nacional por três anos consecutivos. E, nesse ano de tricampeonato, eu fui escalado como orador, que agradeceria lá no teatro Municipal e o padrinho, porventura, era Ademar de Barros, que já era candidato potencial a presidente da República. Depois do meu discurso, ele veio me cumprimentar; disse que eu era bom orador e que eu deveria me candidatar. E que ia me dar uma legenda... eu acabei com uma suplência e depois me diplomando como deputado federal. Luiz Gonzaga estava na época no Rio Grande do Norte quando soube que eu estava me candidatando, e saiu de lá e veio me prestar uma ajuda maravilhosa, inclusive de transporte, gasolina. Eu não tinha dinheiro nenhum e posso dizer que foi Luiz Gonzaga que me colocou na deputação.

A grande votação que Humberto teve no Ceará, sua terra natal, valeu-lhe evidentemente alguns inimigos. Caio Cides, amigo de cachaça de Lauro Maia, publicou uma crônica na imprensa cearense, acusando os autores de "Asa Branca" de terem roubado todos aqueles sucessos do baú de Lauro Maia, morto no início do ano. A imprensa comentou, fofocou e as coisas ficaram por aí mesmo. Era difícil levar a sério tal acusação: por que diabos Lauro Maia, que recusou trabalhar com Gonzaga, que trabalhou o quanto quis com e sem Humberto Teixeira, que teve dezenas e dezenas de músicas gravadas, teria guardado no fundo do baú o melhor de sua produção em vez de divulgá-la? Inclusive, o próprio Lauro foi dos primeiros a se alegrar com o sucesso de Humberto Teixeira e Luiz Gonzaga. Do Ceará, aonde viajara em 1947, enviara ao cunhado recortes de jornais com artigos elogiando as músicas da dupla. Mas o preço do sucesso é sempre um pouco doloroso... como diria muitos anos mais tarde Tom Jobim: "No Brasil, basta um cara fazer sucesso para ser apedrejado". E sucesso foi o que não faltou para a dupla Luiz Gonzaga / Humberto Teixeira.

Com a candidatura do parceiro, Gonzaga deu os primeiros passos num terreno cheio de ambiguidades, quiproquós e incompreensões que caracterizariam todo o seu itinerário, até a morte: o da política. Além da ajuda a Humberto, o Rei do Baião também fez campanha para as eleições presidenciais de 1950. Getulista convicto, como afirmava publicamente na época, apoiou Getúlio Vargas. Este sucederia na presidência da república ao marechal Eurico Gaspar Dutra, que comandara o país de dezembro de 1946 a janeiro de 1951, e de quem Gonzaga dizia sentir-se muito próximo. Por isso, era frequentemente convidado para cantar nas cerimônias oficiais do governo. O general Ângelo Mendes Moraes, prefeito nomeado por Dutra e a quem devemos o Maracanã, sempre que vinha uma visita ilustre chamava Gonzaga para cantar.

O sanfoneiro pôde, por exemplo, orgulhar-se de ter cantado no banquete oferecido a Eva Perón quando veio ao Brasil:

Política: tocando num jantar oferecido por Eurico Gaspar Dutra ao presidente dos EUA, Harry Truman.

Ela tinha um comportamento de estadista muito bonito. Até toquei um tango para ela, mas não conversei com ela: não tinha possibilidade, nem necessidade...

As novas funções assumidas a partir daí por Humberto Teixeira não impediam de forma alguma que prosseguisse suas atividades musicais. Porém, em outubro de 1952, Gonzaga lançou o último disco em parceria com o deputado debutante.

Luiz Gonzaga recebeu, na época, uma proposta dos irmãos Vitale,[15] que eram os diretores da recém-criada sociedade de autores, a SBACEM. Ele então saiu da UBC e me chamou, insistiu muito para que eu também fosse para a SBACEM, mas eu sou fiel, não quis sair da UBC. Ora, existia uma lei que proibia um autor de uma sociedade fazer parceria com um compositor de outra. Por isso, parou a parceria. Mas nada disso afetou a nossa amizade. Nossa separação proporcionou a Luiz a oportunidade de lançar um grande letrista que foi Zé Dantas. (Humberto Teixeira)

Lançado, Zé Dantas já estava; e com êxito equivalente ao de Humberto Teixeira. Mas o dinamismo da parceria de Humberto Teixeira e Luiz Gonzaga estava se esgotando. A história agora era com Zé Dantas.

[15] Os Irmãos Vitale também são os editores de Luiz Gonzaga.

CAPÍTULO V

Tímido e pouco chegado ao ambiente agitado do *show biz*, Zé Dantas era, segundo testemunho de Fernando Lobo, "um amor de pessoa, que ficava todo corado quando a gente falava que uma música dele era maravilhosa". Sua atividade musical alcançou grande êxito, e rendas proporcionais durante toda sua vida (e muito depois também). Contudo, Zé Dantas nunca abandonou a prática da medicina, no serviço de obstetrícia do Hospital dos Servidores. Aproveitava as noites de plantão, entre dois partos, para compor. Regressava para casa, os bolsos cheios de rascunhos, anotações e monstros das músicas que se tornariam enormes sucessos, na maioria dos casos pela voz de Luiz Gonzaga.

De fato, desfeita a parceria com Humberto Teixeira, Luiz Gonzaga ia, graças a Zé Dantas, atingir plenamente seu objetivo.

> Humberto era um poeta versátil, que versejava sobre qualquer tema, Zé Dantas aprofundava mais o Sertão. Ele era mais brabo, mais cabra macho. (Luiz Gonzaga)[1]

Afastado do Nordeste desde menino, Humberto Teixeira era mais asfalto que Sertão; ele mentalizava o mundo nordestino, mas não possuía o conhecimento de Zé Dantas, que o vivera por dentro, que levava o Nordeste em si, que era o próprio Nordeste. E que encontrara em Gonzaga "a voz que completa as coisas que eu quero dizer do Sertão". Com Humberto, Gonzaga realizara o seu projeto de lançar a música do Nordeste no Sul. Com Zé Dantas, ele iria mais longe, transformar-se-ia num militante da alma do Nordeste. O compromisso era mais forte, mais visível, mais sensível nas letras de Zé Dantas do que nas do autor de "Asa Branca". É notável que as músicas da dupla Luiz Gonzaga / Zé Dantas (que assinava Zédantas) raramente utilizavam a primeira pessoa do singular (eu). Como dois geniais repórteres, relatavam, com agudo senso de ob-

---

[1] Depoimento de Luiz Gonzaga na Rádio Tupi.

Vida do viajante: a saga de Luiz Gonzaga

servação e com imenso amor, todos os aspectos da vida no Nordeste, do litoral ao Sertão, da Bahia ao Maranhão. Os temas, variadíssimos, tanto podiam ser graves, quando tratavam dos problemas da seca ou da condição do sertanejo, por exemplo, como podiam ser leves, humorísticos ou pragmáticos, quando tratavam dos detalhes do dia a dia. Esses relatos impessoais na aparência eram, no entanto, profundamente autobiográficos, o que revelava o quanto ambos compositores simbolizavam o Nordeste verdadeiro. Juntos, os dois pernambucanos escreveriam uma verdadeira "antologia do Nordeste". Zé Dantas "pegara o bonde andando", como gostava de brincar Luiz Gonzaga quando comparava os dois parceiros, mas como o dirigiu bem!

Mesmo assim, Luiz Gonzaga não se sentia totalmente satisfeito. Tinha criado o baião, o siridó, lançado o xaxado, acumulava sucessos, enfim, realizara com êxito seu sonho de campanha pela música do Nordeste, mas sentia que ainda faltava alguma coisa. Faltava a orquestração própria, um conjunto tipicamente nordestino. Até então, nas turnês, se apresentava sozinho com a sanfona. Nas gravações e nas apresentações em rádio — beneficiando-se na Nacional dos lindos e sofisticados arranjos do maestro Radamés Gnatalli — se fazia acompanhar por conjuntos regionais. Ou seja, pandeiro, bandolim, cavaquinho, violão, que imprimiam ao baião de Luiz Gonzaga um jeitinho de choro estilizado.[2] A partir da década de 50, sentiu necessidade de aprofundar o compromisso com a música da sua terra, e criar um conjunto cujas raízes estariam no Nordeste. Além do mais, com banda própria, teria o domínio completo do seu trabalho. Para isso, ele começou a imaginar nova instrumentação, capaz de interpretar plenamente o baião, realçando-lhe as características, salientando-lhe o sabor. E foi lembrando os instrumentos tradicionais da música do Nordeste que constituiu o conjunto que melhor traduziu a alma de sua música:

> Eu, no início da minha carreira, tocava sozinho... porque não sabia tocar, só sabia imitar os tocadores de valsas, de tangos. Só depois é que eu precisei de uma banda. Foi quando me lembrei das bandas de pife que tocavam nas igrejas, na novena lá

---

[2] Os músicos que vinham do Nordeste tocavam instrumentos similares aos utilizados pelo samba, o choro: bandolim, violão, pandeiro, flauta... Afinal, não havia diferença entre a instrumentação dos cariocas "Oito Batutas" e dos pernambucanos "Turunas da Mauricéa".

Parceiros: Luiz Gonzaga e Zé Dantas (à direita),
uma dupla histórica da MPB.

do Araripe e que tinham zabumba e às vezes também um triângulo. Quando não havia triângulo pra fazer o agudo, o pessoal tanto podia bater num ferrinho qualquer. Primeiro, eu botei zabumba me acompanhando. Mais tarde, numa feira no Recife, eu vi um menino que vendia biscoitinho, e o pregão dele era tocando triângulo. Eu gostei, achei que daria um constraste bom com o zabumba, que era grave. Havia os pífanos, que têm o som agudo, mas eu não quis utilizá-los porque a sanfona, com aquele sonzão dela, ia cobrir os pífanos todinhos. Depois eu verifiquei que esse conjunto era de origem portuguesa, porque a chula do velho Portugal tem essas coisas, o ferrinho (o triângulo), o bombo (o zabumba) e a rabeca (a sanfona)... é folclore que chegou de lá no Brasil e deu certo. Agora, o que eu criei, foi a divisão do triângulo, como ele é tocado no baião. Isso aí não era conhecido.

Quanto à viola, aquela viola sertaneja de cinco cordas, apesar de o baião ter nascido entre suas cordas, ela não é instrumento de baile. Só entra na cantoria e, já que o baião foi concebido como música de baile, ela não tinha seu lugar no conjunto imaginado por Luiz Gonzaga. A sanfona é que tomou o seu lugar para a parte melódica. Podia acontecer, segundo os arranjos ou o humor do Rei, que se acrescentasse um violão na hora de gravar.

Assim se fixou, com incentivo de Luiz Gonzaga, o conjunto típico do Nordeste. Nenhum dos conjuntos, dos músicos, dos cantores oriundos do Nordeste que fizeram carreira nacional antes dele tiveram a ideia de utilizar, como ele o fez, os instrumentos do folclore nordestino. Além da influência portuguesa evidenciada na instrumentação, pelo sanfoneiro, soam nas harmonias do baião, e de toda a música nordestina, as longínquas influências dos cantos gregorianos e medievais, chegados ao Sertão com a catequese, e do canto árabe, adotado dos portugueses[3] ou dos "turcos"[4] — mascates, tropeiros — que percorreram o Sertão desde a época da colônia. No início da década de 50, os discos já indicavam mudança importante na música de Luiz Gonzaga. No palco das rádios, dos cinemas, dos *dancings* onde dava show, Luiz Gonzaga se apresentava agora

[3] Quando os portugueses chegaram ao Brasil, trouxeram consigo muitos elementos da cultura árabe, assimilada durante vários séculos de ocupação moura.

[4] Turco: na fala dos nordestinos, termo que designa os povos vindos do Oriente Médio, sejam eles sírios, libaneses, sauditas ou... turcos.

com sua banda: Zequinha, no triângulo, à sua esquerda, e João André Gomes, vulgo Catamilho,[5] no zabumba, à sua direita. Chapéu de couro e *summer* para o sanfoneiro, traje a rigor para os dois outros. Com nova instrumentação, o som de Luiz Gonzaga se tornou mais despojado, saltitante e vigoroso.

A mudança não diminuiu em nada o sucesso do Rei do Baião, bem pelo contrário. Infelizmente, em casa, as coisas não iam tão bem. Helena e Gonzaga já estavam com dois anos de casados, e nada de criança à vista.

> E eu era estéril e não sabia. No exército, eu peguei todas as doenças venéreas, todas elas! E dessa consequência aconteceu uma coisa surpreendente para mim. Quando eu estava com intenção de casar com Helena, ficamos noivos, eu fui fazer exame de sangue e deu negativo. Aí limpei o sangue e me casei. Pensei que isso era suficiente. Já casado, Helena começou a engordar, ficou alegre, e quando foi fazer exame para conferir que estava grávida, ela não estava! Aí foi paixão, sofrendo mesmo. Comecei a evocar o nosso namoro, que fora tão lindo. E perguntei para ela: "Bem, façamos de conta que estamos noivos e descobri que sou estéril.[6] Você acaba o casamento comigo?". Ela disse: "Não, eu caso". Então continuamos juntos.

Aconselhada por dona Marieta, que aconselhava muito a filha, Helena amenizou a dor de não poder ter filhos com o marido adotando uma menina que recebeu o nome de Rosa Maria, mais conhecida como Rosinha, que Helena sempre tentou apresentar como sendo filha legítima do casal. Segundo Priscila e as irmãs de Gonzaga, ela chegou até a fingir que estava grávida, sumindo uns tempos, para reaparecer com um bebezinho nos braços.

Já que a família crescera, e a conta bancária mais ainda, Gonzaga comprou uma casa maior na rua Ferreira de Andrade, em Cachambi. Era um casarão bonito, Gonzaga dizia um "palacete", com colunas na fachada da frente, piso de madeira, terraço grande, onde o casal deu memoráveis

---

[5] O apelido de Catamilho lhe vinha da época em que era pandeirista, tocando do instrumento com os dedos juntinhos e verticais, como quem está catando milho.

[6] Apesar de meio complicada, a frase de Luiz Gonzaga aparece como um indício para resolver o mistério da sua paternidade.

Vida do viajante: a saga de Luiz Gonzaga

O primeiro conjunto tipicamente nordestino: Luiz Gonzaga, no zabumba Catamilho e no triângulo Zequinha.

jantares, festas e bailes, muitos deles noticiados pela imprensa. Misturando o que nascera com o que se tornara, o matuto com o Rei, que jamais negou suas origens humildes, tinha amigos de todas as estirpes.

"Nós recebíamos muito. Tínhamos amizades misturadas, gente da alta e os outros. Os aniversários de Gonzaga eram festas que mobilizavam todos os táxis do Méier e eram notícias no jornal. Essas panelas todas aí eram para fazer os banquetes que nós organizávamos" — recordava tristemente Helena, anos mais tarde, contemplando a despensa do Parque Aza Branca, em Exu, com a louça e a bateria de cozinha gigantesca que usara na época.

Festas grandiosas, das quais participavam todo o *show biz* de então: César de Alencar, Emilinha Borba, Manuel Barcelos, Marlene, Araci Costa, Nelson Gonçalves, Blecaute, Ataulfo Alves, Ivon Curi — eram todos amigos de Gonzaga. Nessas ocasiões, Priscila, que governava a casa, trabalhava feito louca, mas não perdia uma:

> A gente preparava comida, coisas do Norte, coisas do Rio. O pessoal dançava, samba, forró. Gonzaga dançava muito bem. Chiquinha também. José Januário não, ele dançava acanalhando demais. Mas Gonzaga era uma coisa!

Ao lado da casa principal, havia uma casinha anexa, na qual vieram morar Januário, Santana e os cinco filhos que ainda tinham consigo.

> *Nem que eu fique aqui dez anos / Eu não me acostumo não / Tudo aqui é diferente / Dos costumes do Sertão.* ("No Ceará Não Tem Disso Não", Guio de Morais)

Mas os pais de Gonzaga estavam no Sul forçados pelas circunstâncias. O coração ficara no Araripe. Januário, mais ainda, estava totalmente desenraizado, morria de saudades da vida simples no pé de serra, do ar seco que queima a pele, do cheiro do calor de lá, do mato, da lenha. Queria ouvir os aboios dos vaqueiros tangendo o gado, o chocalho das cabras, o canto do assum preto, queria montar seu cavalo, labutar na roça, curtir os forrós com seu fole.

> Meu pai estranhou o Rio. Lá em casa, o piso era de madeira, e ele não aguentava o cheiro de cera, do fogão a gás... (Luiz Gonzaga)

Festa: aniversário de Luiz Gonzaga era notícia de jornal.

"Palacete": em Cachambi, a nova casa da família Gonzaga.

Melancolia: em 1987, Helena e as panelas
compradas na época de glória do marido.

Tanto que Januário resolveu voltar para o Norte e ninguém pôde segurá-lo. Pegou o matolão e se mandou de volta para o Araripe. Dividida entre o papel de esposa e o de mãe, Santana ficou no Rio, vigiando as filhas que, como dizia Socorro, a mais nova, "tinham entrado na vida artística":

> Quando nós chegamos no Rio em 50, Gonzaga e José combinaram com nossos pais para as quatro irmãs fazer um corinho pra Gonzaga. Geni nunca quis cantar, ela dizia que não dava em nada; aí ficou só Muniz, Chiquinha e eu. Na época, ele trabalhava com Zé Dantas, que até incentivou a gente a cantar. Mãe queria e não queria, ela tinha medo da vida artística. Mas não era o caso. Todos sabiam que Gonzaga estava por perto, vigiando. Todo mundo respeitava a gente. Chamavam a gente "Os Gonzaga". Na época, Gonzaga tinha um programa na Nacional, e outro na Record. E ele sempre levava a gente pra cantar nos dois. Nós ia pra São Paulo com ele.

As secas no Nordeste levavam, a cada ano, para a capital paulista, levas e mais levas de nordestinos. Instalados nos subúrbios da metrópole, principalmente em Santo André, e também no Brás, redutos nordestinos, forneciam à indústria brasileira mão de obra abundante e barata e, ao Rei do Baião, um público maciço. O centro nevrálgico do baião, a essas alturas, era São Paulo. Gonzaga dividia, portanto, sua vida entre o Rio, onde, desde abril, estava tocando na Mayrink Veiga, uma vez que a Nacional não renovara seu contrato, e a capital paulista, onde, praticamente, tinha "quarto cativo" no hotel Vogue e programas regulares na Rádio Record e na Rádio Cultura.

> Quando Gonzaga tinha show na Rádio Cultura, a polícia tinha que fechar o trânsito na avenida São João e ele cantava na marquise do prédio da rádio. Mesmo assim, o quarteirão ficava entupido de gente. Era uma verdadeira loucura. (Helena Gonzaga)

Luiz Gonzaga, primeiro produto industrial da cultura nordestina, tinha se tornado um fenômeno de massa, comparável, num nível nacional, aos futuros Elvis Presley e Beatles. Como ele no Brasil, talvez só Chico Alves, outro rei, cuja estrela continuava brilhando forte na época, Orlando Silva, "o cantor das multidões", e Nelson Gonçalves. Além de uma geração inteira de pobres adolescentes forçada a aprender, de qualquer jeito, a tocar sanfona, a presença de Luiz Gonzaga numa cidade atraía multidões. Mulato bonito, elegante, sedutor, Luiz Gonzaga era festejado por fileiras de fãs histéricas. Ele adorava. Helena detestava. O ciúme começava a roer-lhe o coração. A imprensa não poupava o cantor que tinha que aturar as vicissitudes do sucesso, vitimado por inevitáveis boatos maldosos.

> Uma vez correu um boato que Gonzaga tinha me matado porque tinha me encontrado atrás do piano, agarrada com Chateaubriand! Eu nunca conheci o Assis Chateaubriand! Depois disseram que ele não tinha me matado, só havia cortado minha orelha. Quando eu mostrei a orelha, disseram que a orelha era de plástico... (Helena Gonzaga)

> *Minha velha tão querida / Proteção da minha vida / Vale muito mais que ouro / Porque ela, porque ela é / Meu gibão de couro / O gibão é a companheira / Boa e amiga / Minha honesta conselheira...* ("Gibão de Couro", Luiz Gonzaga)

Helena, com o apelido carinhoso de "Madame Baião", que lhe dera Vitório Lattari da RCA,[7] no papel de esposa, protetora, conselheira, dona de casa, secretária, contadora, procuradora do artista junto à gravadora, aos bancos, à sociedade arrecadadora dos direitos autorais, administrava integralmente a vida e a carreira do esposo, o que não era nada fácil!

> Eles se desentendiam muitas vezes. Helena era muito sentimental, e Gonzaga tinha suas partes de grosseria. Mas Helena sempre perdoava e ele perdoava muitas coisas a Helena. (Priscila)

Gonzaga, que tinha uma imagem pública de homem sumamente educado, elegante, distinto — o que ele era realmente —, na vida privada era uma pessoa mais difícil. Muito impulsivo, podia ser imensamente generoso e terrivelmente violento e injusto quando ficava com raiva. Por conta desse

---

[7] Em 1951, David Nasser e Luiz Gonzaga fizeram uma música para Helena, intitulada "Madame Baião".

aspecto de sua personalidade e também por ser terrivelmente influenciável, Gonzaga teve brigas homéricas com a família, principalmente com José Januário, a quem, ao mesmo tempo, ajudou mais do que a qualquer um.

Desde 1950, José Januário, à sombra do irmão mais velho, estava fazendo carreira na música. Excelente sanfoneiro, foi o primeiro "seguidor" do criador do baião, adotando os mesmos gêneros musicais, os apetrechos típicos, o falar. Gonzaga, satisfeito de estar criando escola, nunca poupou apoio e conselhos ao irmão menor.

> Gonzaga abriu caminho para todo mundo. Claro que ele era muito sistemático, brigão, estourado, mas abriu caminho para todos nós. No fim da década de 40, eu tocava no Brasil Dancing, avenida Rio Branco, doido pra fazer rádio. Um dia chegam Gonzaga, Paulo Gracindo e Manuel Barcelos. E eu tocando lá. Paulo Gracindo veio falar comigo e perguntou por que eu não cantava em rádio. Eu falei: porque ninguém tinha me chamado, mas que era meu sonho. Gonzaga, então, me disse que era melhor eu me apresentar como "Zé Gonzaga", que era pra todo mundo saber que eu era irmão dele e isso ia me ajudar. E, realmente, depois disso, eu comecei mesmo a tocar em rádio, a gravar. (José Januário)

Sem idolatria, sem fãs, discretamente, Zé Gonzaga foi levando a arte dele pra frente. Foi contratado pela Tupi, assinou com a Odeon, fazia suas composições, tinha seus parceiros, seus patrocinadores. Tudo bem organizado. Mas, como ele próprio dizia, "nunca me considerei um artista, eu sou um imitador". Imitador o era, com efeito, do irmão. E se havia alguma confusão possível entre os dois, era sempre a favor de Luiz Gonzaga. Filosófico, Zé Gonzaga se conformava:

> Tudo isso é questão de estrela. Se você tem uma estrela que brilha, aconteça o que acontecer, você levanta. A minha estrela é tão apagada, que às vezes eu ia dar show e o pessoal pedia: "cante tal sucesso de Luiz Gonzaga" que, na realidade, era música minha!

Faltava-lhe a tal estrela, que brilhava enorme em cima da cabeça de Gonzaga, que costumava dizer que "nascera com o cu pra lua". Assim mesmo, a bem-sucedida carreira do jovem cunhado começou a incomodar Helena. Ela receava que a família do marido se aproveitasse da fortuna e do nome de Gonzaga. E, talvez, mais ainda do que ela, Marieta. Mãe e filha convenceram então Luiz Gonzaga de que Zé Gonzaga estava atrapalhando a carreira dele, por usar seu sobrenome e gravar suas músicas. Em maio de 1950, os dois irmãos tiveram um briga violenta. A imprensa comentou amplamente que Gonzaga estava proibindo José de usar o sobrenome Gonzaga, e exigindo que trocasse, além do nome, o repertório. Contudo, nem a Odeon nem a Tupi permitiram que se fizesse qualquer alteração no nome de seu artista.

No mais, a vida cada dia mais agitada do Rei do Baião prosseguia. Os dias e os meses iam passando, ocupados pelas audições, gravações, apresentações, tardes de autógrafos, e viagens a torto e a direito...

> *Luiz Gonzaga não morreu / Nem a sanfona dele desapareceu / Seu automóvel na virada se quebrou / O zabumba se amassou / Mas o Gonzaga não morreu.* ("Viva o Rei", Zé Amâncio / Zé Gonzaga)

Nesse corre-corre enlouquecedor, e por conta de seu caráter violento, acabou sofrendo, em maio de 51, um grave desastre de carro.

> Eu estava indo para São Paulo, com Catamilho e Zequinha, que estava dirigindo. Mas aí ele errou o caminho. Em vez de seguir pela Dutra, entrou na avenida Brasil. Quando eu disse que ele tinha errado o caminho, ele começou a reclamar que era porque estava com sono, porque tinha dormido muito pouco. Eu então falei: "Olha, você está muito nervoso, antes que aconteça uma briga feia entre nós, encoste o carro, que eu vou dirigir". E eu peguei o volante. Dei a volta no viaduto, que passa por cima da ferrovia, me toquei para São Paulo. Não deu quinze minutos, aconteceu o acidente. Eu ia em grande velocidade, estava com raiva, e bati na grade, o carro passou por cima, caiu da ponte, pertinho dos trilhos. Eram cinco horas da manhã. Logo perto, tinha um olho d'água e uma velha chegou para pegar água. Quando ela viu a bagaceira aí foi procurar socorro. Quando a ambulância me apanhou, me deu uma alegria danada. Zequinha quebrou o queixo, Catamilho arrebentou as costas e eu quebrei seis costelas e a clavícula, e recebi vários ferimentos na cabeça. (Luiz Gonzaga)

AINDA O DESASTRE COM LUIZ GONZAGA

ESTÁ PASSANDO BEM MELHOR O POPULAR SANFONEIRO

Luiz Gonzaga já se encontra em casa! Esta notícia por certo não deixa de ser auspiciosa para quantos conhecem e admiram o conhecido sanfoneiro nortista. "Lua", como é conhecido na intimidade, nasceu outra vez ao escapar do sério acidente de que foi vítima, juntamente com Catamilho e Zéquinha, seus dois companheiros.

Desde segunda-feira, dia 14, que Luiz Gonzaga teve alta no Hospital Getúlio Vargas. Catamilho e Zequinha, seus amigos, porém, terão que ficar mais algum tempo guardando o leito pois os ferimentos por êles recebidos foram mais sérios. Isto não quer dizer, entretanto, que também não estejam em vias de cura. Dentro em pouco os dois poderão ficar em casa esperando a data de um próximo programa.

Durante os dias em que estêve no hospital, Luiz Gonzaga não deixou um só instante de receber visitas de amigos e pessoas da família. Sua espôsa, dona Helena, assim como sua sogra não o deixaram um só instante sózinho. Recebendo tantas provas de carinho e estima, Luiz Gonzaga pode de fato declarar que é um dos artistas mais queridos do Brasil.

Positivada a fratura da clavícula, bem como de cinco costelas, Luiz Gonzaga terá que ficar algum tempo inativo mas sua inatividade não demorará mais do que dois meses, segundo a opinião de seus médicos assistentes drs. Waldemar Caruso e Milton Ferreira da Silva Dias.

Assim, dentro em breve, Luiz

Ao alto: Dona Helena preparando sua refeição de frutas. Em baixo: A enfermeira faz todos os dias o curativo das feridas da cabeça e a sogra de Luiz Gonzaga despedindo-se de Zéquinha

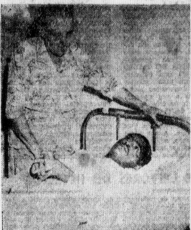
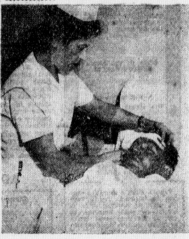

Revista do Rádio

Gonzaga já poderá aparecer ao microfone cantando suas modas e seus baiões sendo porém acompanhado de outro músico pois sómente dentro de três ou quatro meses é que poderá sustentar os doze quilos de sua sanfona.

A resistência física do conhecido elemento de rádio é notável e a isto se deve seu pronto restabelecimento pois, se tal não fôra os ouvintes teriam que ficar privados de ouvir o sanfoneiro famoso, pelo período de oito a doze meses.

Seus recitais em São Paulo, na Rádio Cultura, também ficarão suspensos, pelo mesmo período de tempo pois tão cedo o intérprete e compositor de baiões não poderá enfrentar as viagens nem deixar de ir repetidamente ao médico para ver como se processa a calcificação dos ossos fraturados.

Ao alto: Um aspeto do carro logo depois de cair de 15 metros de altura, cercado de curiosos. Em baixo: Recebendo a visita de sua mãe, irmã e sogra e com a sanfona que ficou perfeita depois da queda.

Falando ao repórter, Luiz Gonzaga declarou que vai aproveitar o tempo para compor uma nova série de melodias capazes de manter seu cartaz de compositor muito tempo e compensar assim o período de inatividade que lhe foi imposto pelo médico.

Quem não deixa de ir visitá-lo, até mais de uma vez por dia é o Zé Gonzaga, seu irmão, que depois de uma briga, por causa de nomes, quando começou a atuar no rádio carioca, fez as pazes com o mano e hoje continuam inseparáveis como nos velhos e primitivos tempos do Norte.

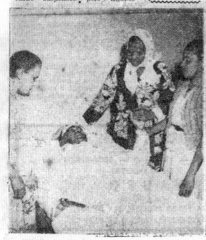
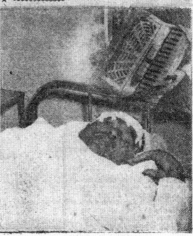

Desastre: em maio de 1951, Gonzaga, Catamilho e Zequinha sofrem grave acidente de carro.

Gonzaga também recebeu duas composições de sucesso, cujo tema fora inspirado aos autores pelo acidente: "Viva o Rei", de Zé Amâncio e Zé Gonzaga, que, a essas alturas, já fizera as pazes com o irmão mais velho (até a próxima briga), e "Baião da Penha", de Guio de Morais e David Nasser. Gonzaga ficou algum tempo no hospital Getúlio Vargas e voltou para casa, com recomendação do médico de ficar tranquilo, sem pegar na sanfona — peso ruim para as costelas quebradas — durante dois meses. Uma linguagem absolutamente estranha para o sanfoneiro. Não passaram quinze dias, e ele já estava de volta nos palcos da vida, sozinho, pois a hospitalização de seus dois músicos foi mais longa.

> Santana pedia para ele não fazer isso, dizia que era para ele descansar. Mas ele era tão violento, não escutava. O povo chamava ele, e ele gostava demais. (Priscila)

Ainda em 1951, sofreu outro acidente de carro, porém, menos grave.

> Desta vez, eu estava indo pro Norte, Zequinha é que estava dirigindo e saltou uma roda do carro. Mas só minha mãe, que vinha no carro, ficou ferida. Ela perdeu um dedo, porque estava com a mão pra fora. (Luiz Gonzaga)

Nem isso chegou a influir no ritmo de seu trabalho. Multiplicando as atividades, estava fazendo uma temporada na Mayrink Veiga e ao mesmo tempo participava, na Nacional, do excelente programa *No Mundo do Baião*, com Humberto Teixeira e Zé Dantas. No início de 51, fora criado, na emissora da praça Mauá, o Departamento de Música Brasileira, cuja direção estava entregue a Humberto Teixeira. Entre outras atrações do récem-nascido departamento, havia o programa *Cancioneiro Royal*, produzido por Zé Dantas. Os dois parceiros de Gonzaga criaram, nesse programa, uma série que foi ao ar durante todo o ano, nas terças-feiras às 21h, intitulada *No Mundo do Baião*. Apresentado por Paulo Roberto, tinha em Luiz Gonzaga um convidado permanente. Zé Dantas, que já atuara com programa próprio na Rádio Jornal do Comércio, no Recife, adquirindo experiência na profissão, participava ativamente. Era brilhante contador, capaz de reproduzir no microfone todos os animais, todos os ruídos e barulhos do Sertão, pontuando-os de exclamações e expressões típicas do falar nordestino, e consolando-se da frustração de não ser cantor (tocava violão, cantava com voz charmosa à

164   Dominique Dreyfus

Noel Rosa e projetava fazer um dia um disco solo. Morreu antes de realizar seu sonho). A série parou no final do ano, não se sabe se por razões contratuais ou por desentendimento dos três protagonistas, Gonzaga, Dantas e Teixeira.

> Eu aproximei Zé Dantas e Humberto, mas eles não se deram muito bem. Consegui que fizessem um programa na rádio juntos, mas mesmo assim não deu. Cada um queria fazer o programa sozinho. Um, médico, outro bacharel em direito e eu, semianalfabeto, tentando harmonizar os dois homens, já imaginou? Houve discussão feia entre eles, por causa da ciumeira.[8] Eles se intrigaram, e eu entendi que não era fácil ficar com os dois. Eles não dependiam um do outro, mas aquilo me incomodava. Que diabos! Acabei brigando com Humberto. (Luiz Gonzaga)

Segundo o testemunho daqueles que conviviam com Luiz Gonzaga nesse período, não houve uma briga efetiva e sim afastamento dos dois, por questões conjunturais: Humberto achava que sua participação nas parcerias era muito mais importante do que a de Gonzaga e que, portanto, ele deveria ganhar mais; Helena se metia na história e acabava complicando tudo; a família de Gonzaga achava que músicas como "Asa Branca", "Juazeiro", "Pé de Serra" eram de Januário, e ele é quem deveria receber os direitos autorais; o sucesso enorme também mexera com a cabeça de todos. Mas, sobretudo, parceria é uma forma de paixão, não dá pra dividir. Agora, Luiz Gonzaga estava apaixonado por Zé Dantas.

> Zé precisava conquistar o lugar dele; conseguiu entrar no hospital mais importante do Rio como obstetra e eu me apaixonei por ele. Humberto era muito bem ambientado no meio da cultura, na política, e eu achei que precisava menos de nossa parceria. Só que ele era o homem dos direitos autorais... e eu quebrei a cara![9] Mas Zé Dantas era mais novo, mais pobre, precisava de ajuda e de liberdade. E eu dei. (Luiz Gonzaga)

[8] Segundo Iolanda Dantas, viúva de Zé, os dois parceiros de Luiz Gonzaga nunca brigaram, e até se davam bem, chegando a fazer uma parceria intitulada "Piririm".

[9] Segundo Luiz Gonzaga, por conta disso, ele passou anos sem receber os direitos autorais das músicas que estavam na UBC.

A liberdade, entretanto, só chegaria mais tarde, com os LPs e, infelizmente também, com o início do declínio da carreira do Rei do Baião. Na época, Zé Dantas trabalhava exclusivamente com Luiz Gonzaga, em condições que, aliás, criaram tensões fortes entre os dois, das quais testemunhou Iolanda Dantas, a esposa de Zé:

> Zé fazia as músicas de ouvido, no piano. Como eu conheço música, eu marcava as notas e fazia a partitura. Depois, Zé botava elas no gravador, um gravadorzão pesado, que ele sempre levava consigo nas viagens, e, quando Luiz Gonzaga passava pelo Rio, o Zé então mostrava as músicas para ele. Em algumas músicas, Gonzaga teve participação efetiva, porque era ele quem dava o tema e indicava o ritmo com a sanfona, como ele fez por exemplo para "Algodão". Mas muitas músicas eram só de Zé, e ele dava a parceria a Luiz Gonzaga por questão de amizade.

Ou porque era obrigado, como dão a entender numerosos testemunhos.

> Zé Dantas foi muito importante. Ele tinha uma enxurrada de músicas, e sempre nos chamava, eu e Armando, para mostrá-las. Ele tanto fazia letra como música, mas era obrigado a dar parceria a Gonzaga. Ele, às vezes, se queixava disso. (Klécius Caldas)

É realmente difícil, hoje em dia, avaliar a participação exata de Luiz Gonzaga nas parcerias. Talento para compor não lhe faltava, seu repertório conta com muitas músicas de sua única autoria, principalmente nos primeiros anos de sua carreira artística. Ele compôs enquanto teve tempo. Mas com o ritmo infernal das turnês que começaram a partir da década de 50, o papel dele na criação limitou-se às ideias, aos conselhos, às orientações, aos retoques. Ninguém nega que Gonzaga entrava com o mote, a base, o ritmo, os primeiros versos, ou seja, o esqueleto das músicas; o parceiro dava corpo. E depois, no palco ou no estúdio de gravação, Gonzaga fornecia a riqueza da roupagem. Era nessa etapa da criação da música que residia a grande força, o gênio incontestável do sanfoneiro: nos arranjos, na harmonização, nos improvisos, nas prosas. Uma arte que as sociedades que regem os direitos autorais não pautaram. Vale notar que nada disso é novidade: em suas entrevistas, Gonzaga sempre deu a entender que não era realmente compositor, se autodefinindo apenas como um sanfoneiro.

> Eu nunca fui nem compositor, nem letrista. E sempre fui dependente de um bom poeta. Eu não gosto de fazer uma música do início ao fim, e as poucas que eu fiz não se deram muito bem. Eu faço o monstro e entrego ao poeta. Eu sempre fui um sanfoneiro. Com Zé Dantas, às vezes era parceria mesmo, outras vezes ele fazia letra e música e eu fazia os arranjos. Eu sou mais um "sanfonizador".

Entendamos por sanfonizador que a música chegava às mãos dele com letra e melodia. Mas chegava nua, tímida, calada! Era Gonzaga, então, quem iria vesti-la, enfeitá-la, dar-lhe brilho, sensualidade, personalidade. E, quando estava prontinha, ele então ficava namorando a música, brincando com a melodia, jogando com a letra, fazendo-a crescer, amadurecer... Gonzaga dava vida às músicas. E isso, nenhum dos outros cantores que interpretaram criações de Humberto Teixeira, Zé Dantas e outros parceiros do sanfoneiro, fossem eles Carmélia Alves, Ivon Curi, Claudete Soares, Emilinha Borba, jamais soube fazê-lo como Gonzaga. Realmente, o canto de Gonzaga valia a parceria. De qualquer forma, ele argumentava muito bem, e defendia claramente sua posição diante do problema das parcerias e da divisão dos direitos autorais.

> Dificilmente você vê um bom autor-compositor, se ele é culto, ser popular. Ele precisa de seu intérprete para levar a obra à rua e trazer os direitos autorais. O próprio Ary Barroso tinha o poeta dele... (Luiz Gonzaga)

Mas Zé Dantas, que tinha talento para vender, sentia-se prejudicado, roubado. Seu nome, que ele tanto pedira a Gonzaga para ocultar quando da primeira gravação, agora ele queria vê-lo brilhar, sozinho, no rótulo do disco, no registro de direitos autorais. Helena, que sabia proteger o dinheiro e a fama da família, olhava Zé Dantas com olhos cheios de meiguice, e com sua voz fanhosa e arrastada insistia:

— Ô doutor Zé Dantas, o senhor não acha que fica mais bonitinho quando bota assim no disco: "Luiz Gonzaga e Zédantas"?

Não, Zé Dantas não achava. Mas engolia o sapo, recordando que, na época, cantor era majestade, e Luiz Gonzaga era ultramajestade.

Vida do viajante: a saga de Luiz Gonzaga

Quem era o compositor, que não podia cantar suas próprias músicas, para negar o pedido do cantor? O mesmo acontecia com Francisco Alves. Ele era o rei! Mas Luiz Gonzaga era um excelente arranjador, criava harmonizações na sanfona, fazia improvisos maravilhosos. Ele era um grande harmonizador. (Klécius Caldas)

O problema da parceria era geral na época. O pessoal do samba viveu os mesmos tormentos, e às vezes até piores.[10] Além do mais, Gonzaga, que "era malandro mas sabia pedir desculpas", gravou algumas músicas das quais Zé Dantas se recusara a dar parceria. Foi o caso de "Acauã". No entanto, parece que o embalo da dupla esfriou levemente por conta desses problemas de parceria. Tanto que das dezesseis músicas que Gonzaga lançou em 52, só duas eram "parcerias" dos dois ("Imbalança" e "São João na Roça"). Em duas outras, aparecia um novo parceiro de Gonzaga: Hervê Cordovil.

Um grande cidadão. Quando houve aquela briguinha, eu fiquei isolado de Humberto e Zé Dantas. A primeira figura que eu procurei pra trabalhar comigo foi o Hervê. Ele morava em São Paulo, era maestro da Record. (Luiz Gonzaga)

Hervê Cordovil lhe fora apresentado por Carmélia Alves.
Gonzaga e Carmélia se conheciam da Rádio Nacional. Além de fazer parte do elenco da rádio, ela tinha um programa diário de grande audiência, *Ritmos da Panair*. Uma hora e meia ao vivo, que ela apresentava na boate do Copacabana Palace. Entre as músicas que ela recebia do pessoal da Nacional para divulgar, muitas eram do sanfoneiro e amigo. Aliás, em 1949, tinha gravado em duo com Ivon Curi, "Gauchita" da dupla Gonzaga-Teixeira. Mas, em princípio, o repertório dela era mais urbano e romântico: boleros, samba-canção... aquelas coisas de *crooner*. Até o encontro com Hervê Cordovil.

Em 50, eu conheci um compositor mineiro, o Hervê Cor-

[10] No caso do samba, era corrente que cantores comprassem uma música da qual o verdadeiro autor-compositor desaparecia completamente, e o samba era declarado como sendo de autoria do intérprete. O mais conhecido de todos os que usavam desta prática foi Francisco Alves.

dovil, que ia muito ao Copacabana e se tornou muito amigo meu. Eu até o apresentei ao Luiz. Hervê chegou um dia e me disse que tinha feito uma música pra mim. Era o "Sabiá na Gaiola", que se tornou o carro-chefe de meu repertório. Essa música não tem nada a ver com o Nordeste, mas é de cunho sertanejo. Com isso, eu entrei no esquema de sucessos sertanejos. (Carmélia Alves)

O trabalho de Luiz Gonzaga e parceiros estava dando frutos, e começavam a surgir novos compositores nordestinos: Luiz Bandeira, Jackson do Pandeiro, Sivuca... Durante uma turnê em Pernambuco, Carmélia Alves contratou este último para acompanhá-la.

No final do show em Recife, eu e Sivuca começamos a brincar no palco, a improvisar, e o público começou a pedir as músicas de sucesso do momento, as que eu cantava, como "Sabiá", "Trepa no Coqueiro" e as outras também. Ora, quem fazia sucesso na época era Luiz Gonzaga. Então, com Sivuca, começamos a improvisar um *pot-pourri* das músicas de Luiz. E foi uma loucura. Assim entrei no esquema da música propriamente nordestina. (Carmélia Alves)

Quando Carmélia Alves voltou para o Rio, trazendo Sivuca consigo, foi convidada de *No Mundo do Baião*:

Depois que voltei do Recife, Luiz me levou para o programa que ele tinha com Humberto e Zé, e lá me apresentou como a Rainha do Baião. No dia seguinte, a imprensa já estampou: "Carmélia Alves foi eleita Rainha do Baião". Luiz Gonzaga resolveu, então, concretizar o título, e me convidou novamente para o programa, onde me coroou oficialmente, colocando na minha cabeça um chapéu de couro, "que", como ele disse então, "é símbolo do Nordeste". Claro que eu não ia usar essa indumentária, porque trabalhando na boate do Copacabana, eu cantava baião de *soirée*. O meu baião era com orquestra. Luiz, ele, sempre nas origens, me dizia: "Você vai com a elite, no *society*, e eu vou com o povão, pé no chão".

Luiz Gonzaga havia mudado o curso da história da música do Brasil. Os fatos mostraram que é frequente a música popular se expandir em

No Mundo do Baião: Zé Dantas e Humberto Teixeira, juntos no programa de rádio.

Santíssima trindade do baião: Luiz Gonzaga, Carmélia Alves e Humberto Teixeira.

duas etapas bem distintas. Primeiro, nasce nos casebres do povão, lá cresce, amadurece, se estrutura. Quando está prontinha, entra na segunda fase, que é quando a classe média a descobre, e se apodera dela, dando-lhe estilo e roupa nova. Só restam, então, ao povão, órfão de sua criação, os olhos para chorar... ou criar outra coisa. Em geral, ele escolhe a segunda opção. Assim foi com o lundu, a modinha, o maxixe, o choro, o samba, o *funk*... Com o baião, a história tropeçou: ele invadiu os lares do Brasil inteiro, sem dar tempo ao tempo, sem etapas, sem distinção social. Amarrou todas as classes sociais ao mesmo tempo. Já na época, a mídia reclamava da "invasão da música norte-americana", e o público começava a se cansar dos exagerados lamentos do samba-canção. E se, para alguns, o baião não passava de uma moda, outros se emocionaram com a beleza singela da música "nordestina", palavra usada por José Lins do Rêgo, em lindíssima crônica "Homens, coisas e letras", na qual descrevia com perfeição e grande talento a música de Luiz Gonzaga:

> Gonzaga trouxe uma novidade à música brasileira. Trouxe o sentimento melódico das extensões sertanejas, das léguas tiranas, das asas brancas, do gemer dos aboios. As tristezas dos violeiros se passaram para sua sanfona (...) Pode-se dizer que Gonzaga renovou com as suas interpretações, com a sua forte personalidade de cantor, um meio que andava convencional, sem originalidade, banalizado por meia dúzia de bocós que vive a roer as heranças do genial Noel Rosa. O que nos prende ao cantar de Gonzaga, é o que nos arrebata em Noel, é a simplicidade da melodia, é a doce música que ele introduz nas palavras, a magia dos instrumentos, a candura de alma tranquila que se derrama nas canções.

E todos os públicos vibravam com essa candura. Fernando Lobo, que outrora contrariara a vocação de cantor do sanfoneiro, agora dedicava-lhe inúmeros artigos nas inúmeras revistas onde assinava. E quatro décadas mais tarde, continuava saudando o talento do artista:

> O baião atingiu todos os públicos: povinho, povão, classe média, classe alta. Os cassinos, que na época estavam abertos, tocavam Nat King Cole, Cole Porter e, de repente, um baião, com violino e tudo, e o público dançava: a grã-fina nas boates e o pé de chinelo nas gafieiras.

Vida do viajante: a saga de Luiz Gonzaga

Porém, Luiz Gonzaga detestava tocar em clubes e boates, se sentia mal nesse ambiente classe A, por isso encontrou em Carmélia o seu prolongamento junto a um público que não frequentava os auditórios da rádio, demasiadamente populares, nem os *dancings*. Graças à sua Rainha, o baião ia trocar o zabumba pela bateria, a sanfona pelo piano, o triângulo por um exército de violinos e, assim, vestido de *smoking*, cheio de paetês, ia poder entrar nos salões da alta. Enquanto isso, Gonzaga, que fazia questão de continuar sendo um matuto simples, seguia no terreno que era seu, junto ao povo. O baião se beneficiava, assim, de um contrato implícito de divisão do espaço entre Gonzaga e Carmélia Alves, atingindo todos os públicos.

E, para que não se perdesse a mínima migalha do fruto do sucesso — e dos *royalties* que ele gerava —, Carmélia Alves, com Sivuca no acordeom, lançou em setembro de 51 um 78 rotações inteiramente consagrado a um vasto *pot-pourri* das músicas de Luiz Gonzaga, intitulado... *No Mundo do Baião*. O disco beneficiou todo um elenco de intérpretes, autores, radialistas, e a gravadora.

Ainda não existia a palavra *marketing*. Mas por aí se podia ver que uma operação comercial muito bem bolada, muito bem programada, havia sido montada em torno do baião. Nessa jogada, o conceito de "realeza" — que começara quase que como uma brincadeira — foi se desdobrando. Surgiu o príncipe do baião, na pessoa de Luiz Vieira; a princesinha do baião seria, mais tarde, encarnada por Claudete Soares e o barão do baião, por Jair Alves. E mais o que: duques ou viscondes? Gonzaga reclamava: "Que é isso, agora tem dinastia do baião?". O que o irritava não era tanto a dinastia, mas o fato de os coroamentos não ficarem sob controle dele. Afinal, o Rei era ele.

No entanto, com ou sem dinastia, o certo é que havia muito dinheiro para se ganhar com o baião. Depois do interesse dos cantores, dos autores, dos compositores, em trabalhar com Gonzaga, estava surgindo o dos patrocinadores. Patrocínio na época não era novidade. Desde a década de 30, as emissoras viviam praticamente graças ao dinheiro dos anunciantes, com seus "reclames" para produtos diversos, e dos patrocinadores, que investiam num programa ou num artista, encarregado de citá-los. Com aquele cartaz monumental, Gonzaga virou fonte de renda para os patrocinadores, prontos a pagar fortunas ao sanfoneiro para que ele fizesse promoção de seus produtos. Foi assim que, no final de 1951, os Laboratórios Moura Brasil o contrataram para uma turnê por todo o país, com duração de um ano.

Acompanhado por Catamilho e Zequinha, Luiz Gonzaga fez então uma excursão pelas capitais e cidades do Sul: São Paulo, Florianópolis, Curitiba, Porto Alegre... seguindo depois para o Norte, de Salvador até Belém. Tudo isto de caminhonete! Gonzaga, apesar da fama que tinha no centro-sul e no sul do país, ainda não conquistara plenamente sua própria terra. Dessa vez, ia enfim impor seu reinado no coração de seu povo. Estreando na Rádio Tamandaré, no Recife, "alcançou um índice recorde de bilheteria, obrigando-se a mais duas audições que, reunidas à primeira, produziram renda monstro de oitenta-mil cruzeiros,[11] maior que as da própria Mayrink Veiga".[12]

O sucesso foi proporcional à renda, e a fama de Luiz Gonzaga correu mais rápido que boato, através do território nordestino. A popularidade se transformou em idolatria. Nas cidades do interior, as rádios locais, as casas de discos e os serviços de alto-falante, o dia inteiro, difundiam a música, à medida que iam sendo lançados os 78 rotações. A voz, a sanfona, o ritmo, o gênio de Gonzaga soavam através das ruas, enchiam o espaço, ritmavam o dia a dia dos nordestinos. As empregadas, as donas de casa, os meninos na escola, os camelôs na rua, os operários, os artesãos, os comerciantes, os advogados, os médicos, as professoras, os mendigos, toda a população vivia nesse banho de música: entre os maravilhosos sambas-soluçados de Dalva de Oliveira, Nora Ney, Chico Alves, as marchinhas impertinentes de Lamartine Babo e os reclames convictos de Detefon, Chapéu Prada, guaraná Fratelli Vita... dominavam os sucessos de Luiz Gonzaga. E no sábado, dia de feira, a passagem pela banca dos folhetos era obrigatória. As aventuras rimadas em oito, dezesseis e até vinte e quatro páginas dos cordéis, ilustração de xilogravura na capa, dividiam nas bancas o espaço com os folhetos trazendo as letras dos lançamentos do mês, foto dos artistas na capa. À noite, depois do jantar, depois do serviço, depois dos deveres, reunidos no terraço, ao ritmo do balanço de rede, todos iam aprendendo as canções do ídolo: "Olha pro céu meu amor / Olha como ele está lindo..." ou "Tudo em volta é só beleza / Céu de abril a mata em flor / Mas assum preto...".

E Gonzaga prosseguia suas andanças pelo Brasil.

Quando terminou a excursão, além do cachê, Gonzaga recebeu da

---

[11] O cruzeiro substituiu o mil-réis em 1943.

[12] José de Jesus Ferreira, *Luiz Gonzaga, o Rei do Baião: sua vida, seus amigos, suas canções*, São Paulo, Ática, 1986.

Moura Brasil um jipe. Os laboratórios tinham prometido um carro Cadillac para Gonzaga e um jipe para Januário — era seu maior sonho! — que também participou da turnê no norte do país. O Cadillac todavia não saiu, o que muito desagradou o cantor, que já achara que a Moura Brasil estava se aproveitando muito dele:

> Esse colírio me arrasou! Eram duas e às vezes até três cidades por dia! Claro, eu pude conhecer o Brasil todinho, do Rio Grande do Sul até Manaus com essa excursão. Mas tinham prometido me dar um bocado de coisas e no final das contas não recebi nada.

Seja como for, Gonzaga conseguiu realizar um sonho graças a essa turnê: convencer o pai a voltar a viver no Rio. Para isso, usou um argumento infalível. Ofereceu-lhe um sítio em Santa Cruz da Serra.

Gonzaga tinha comprado outro terreno, próximo daquele que adquirira em 45. Mandou então Zé Gregório fazer uma casa, plantar uma roça, um pomar, botou um gadozinho, uns cavalos, umas galinhas. Com o decorrer do tempo, a cidade crescera, a prefeitura tinha aberto uma rua, havia agora uns armazéns. Nessas condições, Januário concordou em voltar para o Sul. A família foi morar em Santa Cruz. Helena, entre outras missões, tinha a de "casar as cunhadas". Casou-as portanto. Muniz foi a primeira, em 52:

> Foi Gonzaga e Helena que arrumaram casamento pra mim, pra Chiquinha e pra Geni. Helena é quem ajeitava tudo: fazia cada bolo bonito, trabalhava a noite toda, fumando, tomando remédio,[13] contando histórias e fazendo o bolo de nosso casamento. Helena tinha as qualidades dela. Ela só não arrumou marido pra Socorro, que era pra José Januário arrumar.

Quando Januário e Santana se mudaram para Santa Cruz, Muniz recebeu do irmão um lote de terreno vizinho ao sítio, e lá se instalou. Aos poucos, Gonzaga estava criando um novo Araripe na Baixada Fluminense. Já então o lugar estava com um jeito aconchegante, bem nordestino, cheirando a carne de charque, mandioca cozida e rapadura. Zé Dantas, re-

---

[13] Helena começava a sofrer de doenças nervosas, tornando-se, aos poucos, grande consumidora de remédios.

conciliado com Luiz Gonzaga, encontrava lá o ambiente ideal para prosseguir suas pesquisas musicais e compor.

> Zé Dantas vinha aqui pro sítio, ficava dias, deitado na rede, comendo aquelas comidas da gente e pesquisando pras músicas dele. Botava a gente pra cantar, escutava, anotava. Eu me lembro de um fato engraçado que houve. Uma vez estava ele mais Gonzaga no sítio, escrevendo uma música. A toda hora eles chamavam todo mundo pra escutar. Meu irmão cantava: "A fogueira está queimando / Em homenagem a São João / O forró já começou / Vamos gente, rapapé neste salão...". A música estava escrita todinha. Mas a introdução não saía. Os dois amarrado na introdução, todo mundo reunido, mas a nota não saía! Daqui a pouco meu pai falou: "Mas não é possível!". Foi pro quarto, pegou a sanfona de oito baixos, correu os dedos e completou a introdução num instante. Com o folezinho de oito baixos, sem recursos, sem nada, e ele deu a introdução. Eles colheram muito do meu pai. (Chiquinha)

A música, marcha junina intitulada "São João na Roça" foi lançada em junho, claro. Assim como a cada ano os sambistas lançavam em fevereiro as criações para o carnaval, em junho Luiz Gonzaga lançava as marchas juninas para a grande festa do Nordeste. Quer no fundo do Sertão, quer nos salões cariocas, não havia festa de São João sem o calor da voz, a alegria da sanfona e a folia das inesquecíveis marchas, quadrilhas, xotes e baiões de Luiz Gonzaga.

Em 1952, a grande atração dos festejos juninos foi a série intitulada *Os Sete Gonzaga*, que reuniu, em um conjunto excepcional, o velho Januário e seus filhos Luiz Gonzaga, Severino, Zé Januário, Chiquinha, Socorro e Aloísio, para uma temporada na Rádio Tupi-Tamoio Associadas.

> Não era nada de profissional. Eu queria difundir a família de Januário. Foi só uma demonstraçãozinha. Minhas irmãs também fizeram uns coros em algumas músicas. (Luiz Gonzaga)

Contudo, a temporada na Tupi-Tamoio deu impulso à carreira de sanfoneiro de oito baixos de Severino. E para as irmãs, a coisa pareceu muito mais séria. Chiquinha queria fazer carreira na música, desde pequena vivia mexendo nos foles do pai, e Santana se zangava: "Sai daí, cabrita, larga esse fole, que isso não é coisa pra menina, não!". Ela ficou maravilhada com a oportunidade:

> Gonzaga nos chamou pra ensaiar. Foi quando nossa carreira começou. Aí veio a revista *O Cruzeiro*, fizeram reportagem, nós posamos pra foto. Tinha anúncio no rádio, no jornal, nas revistas, nossa foto em tudo que era banca de jornal.

A temporada desabrochou numa verdadeira festa. O auditório da Rádio Tupi, conhecido como o "Maracanã dos auditórios", lotou em todas as apresentações. A avenida Venezuela e as ruas em torno ficavam abarrotadas de gente, carros, carrocinhas de camelôs vendendo pipocas, cachorro-quente, refrescos, picolé, algodão-doce, balas, amendoim torradinho... No palco do auditório, Januário tocava seu fole de oito baixos, os filhos homens tocavam zabumba, triângulo, sanfona, fole, as moças cantavam, xaxavam, "Pronde tu vai, Luiz? / Eu vou pra casa dela", "Balaio, balaio, balaio / Me segura senão eu caio / O coroné Veramundo...", "Ai, ai a sanfona de oito baixo / No tempo que eu tocava / Lá na beira do riacho...", encantando o público. Entre os tantos convidados especiais do programa, destacou-se Emilinha Borba, que juntou seu canto às vozes sertanejas deliciosamente fanhosas e agudas de Socorro e Chiquinha. Os ouvintes também tinham vez no programa, podendo participar de jogos e concursos que davam a medida da fama de Luiz Gonzaga: "Atenção ouvintes, muita atenção, mande uma carta dizendo simplesmente 'Ouço Luiz Gonzaga pela Tamoio' e ganhe dez mil cruzeiros! Junte uma bula de Cilion. Mas você poderá ganhar mais. Sim! poderá ganhar quarenta mil cruzeiros se juntar uma bula de Urudonal, outra de Colírio Moura Brasil e outra de Fandorim. Para cada bula, dez mil cruzeiros. Escreva hoje mesmo para a caixa postal 31, Rio de Janeiro. E se você ganhar, além dos prêmios, terá a visita de Luiz Gon-za-ga! cantando e tocando na SUA casa!".

A história não disse se o sanfoneiro teve que aturar tais visitas ou se o patrocinador fez de sorte que ninguém ganhasse. O certo é que os *Os Sete Gonzaga* arrasaram. Tanto que a emissora e o patrocinador tiveram que prolongar a temporada, com mais duas apresentações. No dia 28 de julho, os ouvintes da Tupi-Tamoio tiveram a alegria de ouvir os locutores Oswaldo Luiz e Collid Filho que apresentavam o programa, anunciarem:

Em família: quando não estavam brigados, Luiz Gonzaga ajudava muito a carreira do irmão José Januário, vulgo Zé Gonzaga (à esquerda do pai Januário).

Os Sete Gonzaga: Aloísio, Socorro, Luiz Gonzaga, Januário, Severino, Zé Gonzaga e Chiquinha.

Amigos, estamos de parabéns porque temos uma grande notícia, uma notícia agradável: a família Gonzaga estará no Rio para mais duas audições, mais dois programas serão feitos com a família do baião. Estava decidido que hoje seu Januário, as meninas Chica e Socorro e os demais irmãos de Gonzaga apresentariam suas despedidas ao público, mas, atendendo a milhares de pedidos, através de cartas, telefonemas e telegramas vindos de todas as partes do Brasil, seu Januário resolveu ficar mais duas semanas no Rio, embora cada vez mais saudoso da sua rocinha no Sertão. Portanto, os Laboratórios Moura Brasil, indo ao encontro do desejo do público, apresentarão mais duas audições com a família Gonzaga, que se despedirá do Rio e de seus ouvintes somente no próximo dia 11 de agosto, com o grande show do ano.

Grande show, com efeito, apesar de os "Sete Gonzaga" só serem seis naquela ocasião. Zé Januário tinha viajado para Paris. Fazia parte, com Ademilde Fonseca, Jamelão, Elizeth Cardoso e a orquestra Tabajara, do *cast* que Chateaubriand levara para animar a famosa festa do castelo Coberville, em agosto de 1952, uma entre tantas mil loucuras megalomaníacas que o paraibano imaginara.[14]

A viagem à França motivou nova briga entre os dois irmãos. Evidentemente muito mais conhecido do que Zé, Luiz Gonzaga é que fora escalado por Chateaubriand para participar da viagem e apresentar o seu rojão à fina flor da *high society* francesa. Empolgadíssimo, Gonzaga começara a preparar a viagem prevendo, inclusive, aproveitar a ocasião para se promover por aquelas terras. Pensou num meio de divulgar sua imagem, e achou que podia ser através de brindes. No Recife, foi ver uma artesã que fabricava chapéus de couro em miniatura, iguaizinhos aos que ele usava, e encomendou uns tantos à moça. Já havia uns trinta prontos, quando Gonzaga e o dono dos *Diários Associados* brigaram: apesar dos duzentos e cinco mil dólares investidos na festa por Chateaubriand, não estava previsto o cachê para os músicos, que apenas receberiam ajuda de custo e se beneficiaram das mordomias da ocasião, que eram muitas. Os

---

[14] Festa organizada pelo costureiro Jacques Fath com os *Diários Associados*, no castelo de Coberville, perto de Paris, cujo objetivo era promover o algodão brasileiro na França. O dinheiro, o luxo, o deboche que marcou o evento acabaram promovendo um verdadeiro escândalo.

artistas que participaram da viagem eram todos da Tupi, e só tinham mesmo que aderir às ordens do patrão. Mas Luiz Gonzaga não se conformou, e exigiu cachê. Acabou que para ele não houve nem cachê, nem viagem, e quem viajou para a França foi Zé Gonzaga. O Rei do Baião ficou terrivelmente ressentido. Os dois irmãos brigaram novamente (até a próxima reconciliação) e Zé demorou-se pela pátria dos queijos e dos vinhos algum tempo. Deu show no elegante cassino de Deauville, visitou Paris, regressando ao Brasil no fim do ano.

Quanto a Gonzaga, esqueceu as mágoas e voltou à coisa que ele mais gostava no mundo (além das mulheres): seu dia a dia de músico.

CAPÍTULO VI

Gonzaga descobrira um lado da vida de artista pelo qual se apaixonou literalmente: as grandes excursões. Era exatamente tudo o que ele gostava desde menino: a vida na estrada, percorrer o país de norte a sul, vivendo aventuras malucas, encontros apaixonantes, amores ilícitos e passageiros, e levando sua música e sua sanfona para o povo. Tanto que não conseguia mais se sujeitar à disciplina de um contrato com uma emissora.

Assim, mal terminou a excursão Moura Brasil, Gonzaga repetiu a dose, com contrato das alpargatas Roda. Para isso, teve que tirar licença da Tupi, onde era titular no programa do Chacrinha, *Vesperal das Moças*. Propôs então que seu irmão José Januário, que agora estava bem conhecido como Zé Gonzaga, ficasse em seu lugar.

E novamente, com Zequinha e Catamilho, percorreu o país todo. Só que dessa vez, foi de avião. Um conforto que devia ser o fruto do acaso, pois Gonzaga jamais sentiu o mínimo interesse pelo luxo. Suas residências, mesmo quando designadas como "palacete", eram de uma simplicidade assombrosa; seu modo de viver, igualmente. Ele nunca fazia a menor exigência nos contratos com os promotores de shows. Apenas indicava o cachê e as condições técnicas; as mordomias, ninguém se lembrava de pedir.

Entretanto, Gonzaga resolvera modificar seu visual que, isso sim, era sumamente importante para ele. Agora o chapéu de couro parecia-lhe referência insuficiente. O Rei do Baião queria representar plenamente sua terra. Nesse ano de 53, ele trocou então o terno de casimira por um gibão de couro, a gravata por uma cartucheira, o sapato de verniz por sandálias, e adquiriu um modelo de chapéu maior, mais vistoso e parecido com o de Lampião. E agora ninguém mais podia impedi-lo de fazer como desejava. Não só se tornara o maior astro da música brasileira, como também já acostumara o público e, mais importante, seus numerosos patrões, às coisas do Norte.

Nesse ano, seu conjunto também sofreu algumas alterações, com a saída de Catamilho, por questões de "bebedeira". O álcool era, com o ciúme de Helena, o motivo que mais provocou brigas e separações entre

Gonzaga e seus músicos, seus parceiros, e todos aqueles que trabalhavam para ele.

O sanfoneiro gostava de cerveja, de uísque, de vinho bom, mas bebia com medida. Apesar de patrocinado por toda sorte de cachaças, Gonzaga tinha horror de gente bêbada. Talvez por raiva dos ambientes horríveis da Zona, onde ele começou a tocar, forçado a um confronto cotidiano com o mundo da embriaguez. Também, porque se embriagar não era mesmo da natureza dele. Outro motivo forte podia ser a lembrança de Joca, o irmão mais velho, que se tornara alcólatra impenitente, se autodestruindo na bebida, até morrer de cirrose em 1947, sem que Gonzaga conseguisse afastá-lo do vício. Gonzaga não perdoava o álcool, e não tolerava que seus companheiros de trabalho bebessem.

Quem trabalha comigo, se souber beber, não há problema. Mas se passar do limite, não quero. Catamilho começou a beber demais, aí eu mandei ele fora. Depois disso, comecei a aparecer com acompanhantes improvisados. Mas aí começaram a correr boatos, dizendo que eu tinha matado Catamilho por causa da minha mulher. Calúnias do povo. Eu não reagi, deixei passar uns meses, mas os boatos continuaram rolando, crescendo, os jornais comentavam o fato e eu então resolvi readmitir Catamilho. Eu chegava no palco e apresentava os músicos: "Esse é Zequinha, o rei do frevo e do triângulo, e esse aí, no zabumba, é o Catamilho, o homem que eu matei".

Infelizmente, Catamilho continuava bebendo, e bebendo cada vez mais. Chegava no palco embriagado, tropeçando, errando no ritmo. Gonzaga viu que não havia como continuar com ele, decidiu despedi-lo. E em plena turnê, precisava de alguém para substituí-lo. Solucionou o problema à sua maneira, aparentemente absurda e desordenada. Mas, no final das contas, a intuição fora do comum do sanfoneiro é que estava com a razão. Um ano antes, em Jequié, na Bahia, ele tinha notado, num posto de gasolina onde estava abastecendo, um anão chamado Osvaldo Nunes Pereira.

Eu botava água nos radiadores, limpava os para-brisas, que eu mal alcançava, imagine, medindo 1,18 m! Aí quando seu Luiz chegou no posto, eu abri o capô e ele me viu e veio falar comigo. Mas eu era muito caipira, quando vi aquele senhor forte, saí

Chapéu de couro: fazendo fotos
para divulgação em 1953.

correndo para casa da minha mãe. Ele me chamou, "vem cá, que eu quero falar com você". Eu aí parei, escutei ele: "Você quer ir embora comigo?". Eu, com medo: "Só se minha mãe deixar...". Ele, então, falou com meus pais, mas disse que não ia me levar naquele dia, não, que antes ele tinha que ir para Jequié, depois pra Conquista e, de lá, ele mandava me apanhar, pra me levar pro Rio, que eu ia ser artista. E eu, escondido atrás da minha mãe, com medo, não tocava nada... Meus pais, animados de me ver ir pra frente, aguardaram, mas seu Luiz não voltou... (Osvaldo)

Passaram os meses, passou um ano. Quando pensou em mandar Catamilho embora, Luiz Gonzaga se lembrou do anão.

Eu achava que ele tinha um jeito bom, e que se ele tocasse triângulo eu podia botar ele no palco comigo. Aí mandei meu secretário, Romeu Rainho, apanhá-lo.

Tarefa complicada, pois nesse ínterim o anão e sua família tinham mudado para Minas Gerais. Mas, ordem de Luiz Gonzaga era ordem, e devia ser cumprida. Romeu Rainho procurou, perguntou, investigou e acabou descobrindo o paradeiro da família: lá pelas bandas de Governador Valadares, numa cidadezinha chamada Xonim.

Eu estava cortando lenha com meu pai e meus irmãos, e foi quando chegou um senhor perguntando: "Quem é Osvaldo?... Luiz Gonzaga mandou apanhar você". Quem quis mais cortar lenha? Deixamos tudo por lá mesmo e voltamos pra casa. Minha mãe já estava naquele pranto. Porque eu era adulto, mas por conta desse atropelamento de crescimento, ela tinha medo de eu me perder na vida. (Osvaldo)

Mas os pais do anão deixaram-no ir embora assim mesmo. Osvaldo arrumou a mochila, se despediu da família e embarcou para o Piauí, onde Gonzaga estava dando show.

Chegamos lá, eu estava com uma fome danada, seu Luiz me perguntou: "Você quer um sanduíche de mortadela?". Eu não sabia o que era nem sanduíche, nem mortadela, aí disse: "Quero não, sinhô". E passei fome a noite toda. Dormi no carro, tomando conta da bagagem. Mas seu Luiz já de orelha em mim.

A turnê continuou. Chegando em Itabuna, no Ceará, durante o show, Catamilho caiu do palco, com zabumba e tudo, provocando a hilaridade do público. Gonzaga, aborrecido, tentou disfarçar e brincou: "Vocês podem rir, mas no ensaio ele fez isso bem melhor". No público, uma voz acusadora mostrou que não dava mais para enganar: "Esse cara tá é bêbado". Não foi necessário mais para que Gonzaga, ofendido, despedisse definitivamente o zabumbeiro. Zequinha, solidário com o colega, disse que se Catamilho saísse do conjunto ele sairia também.

Saíram os dois. Luiz Gonzaga ficou sem ritmistas. No dia seguinte havia show em Santo Antônio de Jesus. E agora? Antecipara a saída de Catamilho, mandando buscar o anão, mas não previra que Zequinha também iria embora. Lembrou-se então de um engraxate, de quem lhe tinham falado no Piauí, que chamava muito a atenção dos fregueses, porque fazia malabarismo e percussão com as escovas, imitando o zabumba. Lá se foram então para o Piauí apanhar Juraci Miranda, o engraxate, que gostou da proposta. No mesmo dia, Luiz Gonzaga seguiu para Santo Antônio com seu novo conjunto. Havia só um problema: o novo conjunto não sabia tocar.

Antes de chegar em Santo Antônio, tinha um riacho. Aí eu falei pra Romeu: "Olha, nós vamos parar na beira desse rio, tomar um banho de cachoeira e ensaiar debaixo desse pé de pau, que eu tenho que treinar o baixinho aí. Você segue com o motorista pra cidade, faça a cobertura do show. Quando estiver tudo pronto, venha apanhar a gente". Mandei todo mundo tirar a roupa e tomar banho. O anão tava com um cheiro desgraçado de ruim. Quando ele tirou a cueca, êita tamanhão da "pra ti vai" dele, quase meio metro! Bem, aí ensinei o ritmo pros dois. O ensaio, foi com todo mundo pelado. Expliquei que Juraci ficava com o zabumba e Osvaldo com o triângulo, e ensinei o ritmo a eles: "Olha, vocês vão andando, andando, andando até cansar, mas vão fazendo o passo certo no ritmo. Depois com os instrumentos, andando, andando e tocando, no passo certo no ritmo".

Peladinhos, Osvaldo e Juraci ficaram ali umas quatro horas, aprendendo a tocar. Ensaiavam, paravam, tomavam banho, tornavam a ensaiar.

Vida do viajante: a saga de Luiz Gonzaga   185

Quando Romeu voltou, o conjunto estava prontinho para estrear. Até nome de palco os dois ritmistas tinham recebido do patrão.

Assim trabalhava Luiz Gonzaga, o maior astro da MPB naqueles anos!

Na noite do 23 de outubro de 1953, em Santo Antônio de Jesus, Luiz Gonzaga apresentou à plateia o novo conjunto: No zabumba, Cacau e no triângulo, Xaxado. Em 54, excursionando novamente com os laboratórios Moura Brasil, Gonzaga e seu conjunto deram show em São Luís do Maranhão. Ao chegarem no hotel, o porteiro olhou para o tocador de triângulo de Luiz Gonzaga e comentou: "Iiiche! esse baixinho está até parecendo o salário mínimo do Maranhão". Luiz Gonzaga morreu de rir e passou a chamar o anão de Salário Mínimo...

Acabava uma excursão pelo Brasil, começava outra, Gonzaga não parava em casa.

> Como esse homem viajava! Ele podia ficar oito meses sem voltar em casa. Helena é que ia se encontrar com ele. Ela viajava muito também. Às vezes, era ele quem telefonava pra chamar ela; outras vezes, ela ia pra fazer uma surpresa a ele. Mas a vida de casada de Helena era quase assim como a das mulheres dos jogadores em época de seleção. Elas ficam em casa vendo o marido na televisão. (Priscila)

Hervê Cordovil homenageou, então, o parceiro, com uma música que se tornaria o hino da vida de Gonzaga: "Vida do Viajante".

> *Minha vida é andar por esse país / Pra ver se um dia descanso feliz / Guardando as recordações / Das terras onde passei / Andando pelos Sertões / E dos amigos que lá deixei...* ("Vida do Viajante", Luiz Gonzaga / Hervê Cordovil)

Gonzaga pousava de vez em quando no Rio para trabalhar novo repertório, gravar um disco. Quando regressou da turnê com Alpargatas Roda, assinou novo contrato com a Moura Brasil que, entusiasmada com o sucesso dos "Sete Gonzaga", queria voltar a fazer uma temporada com eles na Tupi.

> Depois do sucesso da temporada dos "Sete Gonzaga", o patrocinador quis que a gente voltasse. Aí começamos a ensaiar,

Família unida: Socorro, Zé Gonzaga, Januário, Luiz Gonzaga e Chiquinha.

O segundo conjunto: Cacau no zabumba e o anão Xaxado
(depois apelidado de "Salário Mínimo") no triângulo.

fizemos roupa de palco nova... Faltavam oito dias para a estreia, quando Zé Januário pediu a mãe para deixar a gente ir fazer um corinho no programa dele, *Vesperal das Moças*. Nesse dia, Gonzaga estava fazendo show em São Paulo. Quando ele voltou, no domingo à noite, dona Marieta, que vivia pendurada no rádio, contou pra ele que nós tínhamos desmantelado a estreia cantando no programa do Zé. Gonzaga era um grande artista, mas ele era muito violento e ele entrava em qualquer conversa. Na segunda-feira, ele chegou lá no sítio da gente em Santa Cruz, feito uma fera. Nem pediu benção a mãe, e falou que não havia mais estreia nem nada e que, por ele, a gente podia regressar pro Norte. Miguel Lima, que estava lá em casa, até comentou: "Que é isso, Gonzaga? Não tem nada a ver uma coisa com outra". Mas não houve jeito. No dia da estreia, Gonzaga se apresentou sozinho. (Chiquinha)

É provável que essas confusões, nas quais cada um tinha sua parte de responsabilidade, procedessem mais da inexperiência, da falta de profissionalismo, da defasagem que, inevitavelmente, a fama provocava, do que de qualquer cálculo maldoso.

Mais uma vez, Luiz e Zé Gonzaga brigaram...

Ainda em 53, Gonzaga lançou uma série de parcerias com Zé Dantas, que ficariam na história. Entre elas havia "Xote das Meninas", criada por Ivon Curi antes de Luiz Gonzaga gravar, "A Letra I", para Iolanda, a noiva de Zé Dantas, a quem ainda homenagearia no ano seguinte com "Vô Casá Já" (o que ocorreu em 26 junho de 54); "ABC do Sertão", evocação cheia de carinho, mas absolutamente fiel à realidade da aprendizagem da leitura no Sertão. Aconteceram ainda, na época, "Algodão" e "Vozes da Seca", que assumiam um tom bem diferente, de vigorosa denúncia. Marcados sem dúvida pela seca, que estava devastando mais uma vez o Sertão, Zé Dantas e Luiz Gonzaga sentiram a necessidade de lançar um protesto e criticar o paternalismo dos governantes com a maior força e violência.

Seu doutô os nordestinos / Têm muita gratidão / Pelo auxílio dos sulistas / Numa seca do Sertão / Mas doutô uma esmola / Para o homem que é são / Ou lhe mata de vergonha / Ou vicia o cidadão ("Vozes da Seca", Zédantas / Luiz Gonzaga)

"A Letra I": letra de Zé Dantas para a noiva Iolanda.

Apesar de Luiz Gonzaga e Zé Dantas serem os primeiros a dar a famosa esmola aos nordestinos, organizando campanhas de ajuda para os flagelados, recolhendo dinheiro, roupa e comida que mandavam para o Norte, estavam conscientes de que a solução não era essa, e que o problema era político:

É por isso que pedimos / Proteção a vosmicê / Homem por nós escolhido / Para as rédeas do poder ("Vozes da Seca", Zédantas / Luiz Gonzaga)

O conceito de música engajada não existia na época, mas a denúncia contida nessa música marcou profundamente Gonzaga, que, assumindo então uma postura de "cantor de protesto", procurou traduzir, nas músicas que cantava, os problemas do Nordeste. Vale notar, todavia, que, num repertório de centenas e centenas de músicas, apenas umas dez são, real e conscientemente, músicas de protesto. Na verdade, as criações de Gonzaga e seus parceiros constituíram, sobretudo, crônicas sobre o Nordeste, sua cultura, sua sociedade, seus modos, sua fala. E, na simplicidade do fato contado, da situação descrita, destacava-se a denúncia de um povo sofrido, mesmo que alegre e corajoso: os nordestinos.

Eu ia contando as coisas tristes do meu povo, que demanda do Nordeste pro Sul e pro Centro-sul em busca de melhores dias, de trabalho. Porque lá chove no período exato, lá se sabe o que são as estações. No Nordeste, as intempéries do tempo são todas erradas. Quando é pra chover não chove, então o povo vai procurar trabalho no Sul e o Nordeste vai se despovoando... Então, minha música representa a luta, o sofrimento, o sacrifício de meu povo. Eu denuncio, critico os governos, mas com certo cuidado, para não me envolver com aqueles que gostam de incentivar a violência. (Luiz Gonzaga)

Através de um repertório baseado em enredos extremamente cinematográficos, visuais, fortes, Luiz Gonzaga era um dos primeiros artistas a falar de ecologia, de problemas raciais, sociais, econômicos, fosse para criticar ou para elogiar. O artista que era possuía a sensibilidade, a inteligência, a consciência para sentir profundamente os problemas. Mas, ao mesmo tempo, ele era fruto da civilização dos coronéis, dos fazendeiros: filho de humildes moradores, nascera e fora educado na submissão, no respeito à hierarquia, na obediência àqueles que lhe eram indicados como superiores. O que permitia aos governos utilizar a toada do sanfoneiro com paternalista sabedoria...

Quando eu gravei "Algodão", esse baião começou a fazer sucesso e o ministro da agricultura, João Cleofas de Oliveira, me chamou, elogiou o trabalho, e me perguntou o que é que o ministério devia fazer. Eu falei que o povo nordestino era muito carente e que se ele quisesse fazer algo para o Exu, eu ficaria muito grato. Ele então meteu a mão na gaveta dele e me deu um documento: "Tá aí seu presente: a autorização de construir um colégio agrícola no Exu". Esse colégio foi construído rapidamente. Tinha tudo: louça, cama, geladeira, trator, caminhonete, caminhão. O corpo docente foi criado. Meados de 55, ele estava prontinho e foi inaugurado. Eu não pude assistir porque estava no Sul. Quando foi mais tarde, eu vim para o Exu e nada do colégio funcionar. Eu via professores, tudo lá, mas não davam aula. Veio até um grupo de cientistas franceses pra cá, estudar um negócio de endemias rurais e eles ocuparam o colégio, e era um tal de caçar cobras, e ratos e não sei o quê. Depois eles foram embora, e o colégio nunca funcionou. Tinha tudo para funcionar, mas a política comeu ele. O negócio é que o ministro não tinha feito nenhum estudo para ver se era adequado um colégio agrícola no Exu. O Crato já tinha um funcionando. O Salgueiro, que é bem mais importante que Exu, não tinha. Aí ficou o pessoal reclamando: "E por que um colégio agrícola no Exu?". O pau comeu entre os políticos e o colégio acabou. Houve até um deputado que, sabendo que o colégio tinha sido arrumado por meu intermédio, que veio me pedir se ele podia se apresentar como o autor do projeto! Hoje, é uma ruína cheia de mato. Roubaram tudo o que tinha dentro. E eu me desencantei com aquilo.

Em matéria de escola, Gonzaga tinha mais talento para as de música. E, realmente, tinha criado uma que, essa sim, estava funcionando bem: a escola gonzaguiana, no sentido de doutrina. Cada dia, estavam surgindo novos sanfoneiros cuja sensibilidade artística fora esculpida pelo estilo muito pessoal dele. Dez anos tinham-se passado desde o lançamento do baião, e a primeira geração de discípulos do "Rei" estava brotando. Longe de sentir-se ameaçado, prejudicado, rivalizado pelos jovens sanfoneiros, Gonzaga tinha orgulho. Mas, principalmente, ele se sentia encarregado de ajudar, orientar, encaminhar, no fole e na carreira, aquela meninada toda... Nas suas andanças, ia descobrindo, com evidente intuição, talentos, e nunca poupava um conselho, uma ajuda, uma dica... Foi durante a segunda excursão com Moura Brasil, em 54, que, ao se apresentar em Garanhuns, Gonzaga conheceu Dominguinhos.

Gonzaga adorava as feiras nordestinas. Fosse onde fosse, se havia feira ele ia. Enfrentava com santa paciência e gentileza a multidão de admiradores, fãs, idólatras, para passear pelas bancas e comprar uma fruta, um queijo, uma carne de sol... presentes para casa, ou para os amigos.

> *Eu quando vou me hospedar na casa do parente / Levo um saco de farinha / Levo bode seco / Uma dúzia de abacaxi / Um capãozinho / Uma cachacinha boa...* (prosa de "Eu Vou pro Crato", José Jataí / Luiz Gonzaga)

Aproveitou então que estava em Garanhuns no sábado, dia de feira, para ir dar um volta. Feira bonita, animada, que podia concorrer com a célebre feira de Caruaru.

> *A feira de Caruaru / Dá gosto a gente ver / De tudo que há no mundo / Lá tem pra se vender.* ("A Feira de Caruaru", Onildo de Almeida)

Na feira de Garanhuns, também tinha de tudo, e até mais. Por exemplo, lá havia a banca de verdura do Francês, com as mais belas alfaces da região... E claro, havia música também: os cegos com seus pandeiros, os repentistas com suas violas, as bandas de pífanos, e agora os trios "à Luiz Gonzaga", que brotavam pelas feiras de todo o Nordeste... Na animação desse sábado, um trio, particularmente, chamou a atenção de Gonzaga: três garotos, de seus quatorze, quinze anos, tocando sanfona de oito baixos. O trio, formado por irmãos, chamava-se "Os Três Pinguins". O pinguim da sanfona se chamava Neném. Passaria a ser conhecido mais tarde como Dominguinhos.

> Eles tocavam na feira e passavam o pires, como eu fazia quando comecei. Aí eu prometi uma sanfona melhor a Dominguinhos. Só fui encontrar com ele no Rio de Janeiro, mais tarde. (Luiz Gonzaga)

Ainda em 54 encontrou com Jackson do Pandeiro, integrante do regional da Rádio Jornal do Comércio, em Recife. Jackson também tinha uma dupla, com Rosil Cavalcanti, que se tornaria a partir de 62 parceiro de Gonzaga. Esse último incentivou Jackson a vir tentar sua chance no Sul e, ao voltar para o Rio, estava tão entusiasmado com o talento de Jackson que procurou o diretor da RCA para convencê-lo a contratar o genial pandeirista. Só que, entretanto, Jackson já fora contratado pela Copacabana, e estava brilhando com seu primeiro sucesso, "Sebastiana".

Sem nada perder de sua solidariedade para com a família (ou não seria por senso do seu próprio marketing?), Luiz Gonzaga voltou a reunir nesse ano seu Januário, seus oito baixos e seus oito filhos (na realidade só seis participavam da aventura), dessa vez para gravar os antigos sucessos dos Gonzaga, cantados na temporada na Tupi.[1] O disco fez sucesso e, um ano mais tarde, "a família Gonzaga" estava de volta ao estúdio para gravar novo disco.[2] Nessa ocasião, Gonzaga, que estava se tornando perito em encrencas, armou mais uma:

> Quando nós fizemos essa gravação, eu senti que eu devia acabar com esse negócio de meu pai gravar discos. Ele já tinha uma idade avançada, e no estúdio da RCA não havia ar condicionado. Ele aí ficou nervoso, e eu insisti pra ele terminar aquele trabalho, que era de suma importância pra reforçar o meu. Quando o disco saiu, eu chamei o meu irmão Severino e falei pra ele: "Olha aí, meu pai gravou esse disco agora, nós estamos ganhando uma crítica boa, você está tocando bem, mas não é conhecido; meu pai é muito mais conhecido do que você, então, eu tenho uma ideia: você pega essas duas sanfonas que eu comprei para você, que são muito melhores do que a sua; bota uma num tom, outra noutro, pra render o seu trabalho, e segura o seu nome Severino Januário, porque esse "Januário" vai lhe ajudar. Nas entrevistas não diga nunca que você é meu irmão, deixe o público pensar que você é que é Januário, meu pai". Não deu outra, Severino estourou! Mas, daqui a pouco, a imprensa

[1] Um primeiro 78 rpm foi gravado em maio de 1954. Nele figuram "O Balaio de Veramundo" (Luiz Gonzaga / Zédantas) e "Pronde Tu Vai, Luiz?" (Luiz Gonzaga / Zédantas).

[2] Este 78 rpm foi gravado em agosto de 55, e tinha "Januário Vai Tocar" (Januário José dos Santos) no lado a e "Calango do Ireneu" (José Januário dos Santos) no lado b.

Vida do viajante: a saga de Luiz Gonzaga

começou a questionar: "Você é Severino Januário? O pai de Luiz Gonzaga? Não pode, você é muito novo". E era mesmo, mais novo até do que eu. Mas ele foi enrolando e acabou fazendo o serviço. É... até que a mentira pode ser certa. Mas ele não segurou a barra, não soube levar a profissão dele adiante.[3]

Foi nesse ano de 1955 que apareceram no mercado do disco os primeiros LPs. E, exatamente como ocorreria nos anos 80 com o CD, as gravadoras começaram utilizando o novo suporte não para gravações originais, mas para compilações do repertório antigo. De modo que Gonzaga continuou a gravar discos em 78 rotações e, ao mesmo tempo, a lançar, a cada ano, um LP. O primeiro deles foi *A História do Nordeste na Voz de Luiz Gonzaga*, no qual figuravam sucessos confirmados até hoje — e portanto eternos — como "Respeita Januário", "ABC do Sertão", "Acauã", "Asa Branca"... A partir de 57, o processo se inverteria e começariam a ser lançados LPs com músicas inéditas, dos quais seriam tirados os 78 rpm. Tratava-se, sem dúvida, primeiramente, de acostumar o público a um novo objeto e, também, de não apavorar o povo, propondo um produto, o LP, excessivamente caro comparado ao 78 rotações. Era manifesta, na produção discográfica de Luiz Gonzaga, a política comercial da gravadora, nesse momento chave do mercado da música. Também havia a própria exigência do sanfoneiro, que fazia questão de não desfavorecer seu público mais popular, e continuava a gravar 78 rpm. Estes, em 1964, desapareceriam definitivamente, e Gonzaga teria que se conformar...

Mas por enquanto ainda estávamos em 1955, ano em que ele lançou cinco 78 rotações, ou seja, dez músicas inéditas, das quais uma só, "Riacho do Navio", atingiu posteridade.

Nesse ano, na turnê, Gonzaga contou com a presença ora de Wilson Caxangá no triângulo e Aloísio, o irmão caçula, no zabumba, ora de Zito Borborema e Miudinho.

Durante essa excursão, Luiz Gonzaga tomou conhecimento da existência, no Nordeste, de uma certa "Patrulha de Choque de Luiz Gonzaga". Tratava-se de um trio de imitadores dele, composto por Marinês, que cantava e tocava triângulo, Abdias, o marido, na sanfona, e Chiquinho, o cunhado, no zabumba.

---

[3] Apesar de tudo, Severino Januário fez uma carreira de tocador de oito baixos, sendo reconhecido no meio como um dos melhores deste ramo. Gravou discos e fundou uma escola de música no Recife.

Patrulha de Choque de Luiz Gonzaga:
Marinês, Abdias e Chiquinho.

Onde Luiz Gonzaga ia tocar, a gente chegava uma semana antes e se apresentava cantando o repertório dele, e também de Jackson do Pandeiro, de Ivon Curi. Ele sabia da existência da Patrulha de Choque, mas não sabia quem era que estava fazendo isso. Ele só ouvia falar: "Passou por aqui, passou por lá", mas não conseguia nunca encontrar com a patrulha. E ele queria conhecer a gente. Por volta de 55, Pedro Chaves, o prefeito de Propriá, resolveu fazer um busto de Luiz Gonzaga na praça da cidade, e me convidou pra cantar na festa, e para Luiz Gonzaga me conhecer. Nós ficamos no mesmo hotel. Nós chegamos antes dele. Daqui a pouco, veio o carro de som anunciando: "Atenção, atenção, acaba de entrar na nossa cidade o grande Luiz Gonzaga!!!".

Era uma loucura. Mais tarde ele mandou dizer que nós estávamos convidados a almoçar na mesa dele. Isso era muito privilégio. Não era qualquer pessoa que sentava na mesa dele. Eu fui lá e não sabia nem como sentar, de tão encabulada que eu estava. O meu sonho de criança se realizando, eu ao lado de Luiz Gonzaga, olhando pra cara dele! (Marinês)

Quando alguém chamava a atenção de Gonzaga, ele tinha sua estratégia para conferir se sua intuição era boa. Se aproximava, conversava, fazia perguntas e prestava muita atenção nos modos de ser da pessoa. A moralidade era da maior importância no julgamento final dele. A inteligência também era uma qualidade que ele apreciava muito. O almoço com Marinês parece que foi conclusivo. À tarde, ele já chamou o trio para tocar no quarto dele e ensinar a Marinês a dançar o xaxado. À noite, depois do show, foram jantar e Gonzaga incentivou o trio a ir para o Rio.

Ele disse que daria uma força pra gente, que me botava pra gravar. Na conversa, ele me disse que estava precisando muito de uma rainha para o xaxado. Porque o reinado dele tinha rainha do baião, que era Carmélia Alves, tinha princesinha, a Claudete Soares, mas estava faltando a rainha do xaxado. (Marinês)

Luiz Gonzaga era homem de uma palavra só, além de ser generoso com seus colegas. Quem merecesse, por seu talento, apoio dele, o recebia amplamente. Fosse no campo artístico ou material. Os amigos de Gonzaga e Helena estavam cansados de testemunhar o quanto o casal proporcionava ajuda a quem precisasse.

Eu me lembro que uma vez fui passar o Natal com Gonzaga e Helena, e, quando cheguei lá, a casa estava cheia de artistas, que hoje são conceituados, mas na época ninguém conhecia. E todo mundo lá, comendo e dormindo na casa de Gonzaga. (Iolanda Dantas)

Foi o caso de Marinês e Abdias que, em março de 1956, desembarcaram no Rio de Janeiro e ficaram hospedados na casa de Luiz Gonzaga e Helena. A essas alturas, as irmãs de Gonzaga, já todas casadas, estavam vivendo cada uma no seu lote em Santa Cruz, presenteado pelo irmão, e a casinha, ao lado do "palacete" em Cachambi, ficou à disposição do casal. Mas o apoio mesmo de Gonzaga foi no nível profissional. Começou cumprindo a promessa feita em Propriá, e coroou Marinês "rainha do xaxado", numa apresentação na Mayrink Veiga. Depois, levou-a para o *Kaleidoscópio*, o programa da Tupi no qual se apresentava aos domingos e, enfim, integrou-a na sua banda.

O novo conjunto do sanfoneiro passou a se chamar "Luiz Gonzaga e Seus Cabras da Peste". Compunha-se de Marinês, Abdias, Zito Borborema e Miudinho. Aloísio, apesar de considerado pelo irmão como o melhor zabumbeiro que teve em toda carreira, não tinha saúde para segurar a barra da vida de artista, e preferiu sair da banda.

Gonzaga ofereceu-lhe, então, um posto de gasolina em Miguel Pereira, onde possuía uma lindíssima fazenda, comprada em 1951 a Vitório Lattari, o diretor da RCA. O lugar era um verdadeiro paraíso, com uma cachoeira onde o pessoal tomava banho, um pomar, um canavial com a moenda para fazer caldo de cana, gado, cavalos para montar e até um lago artificial, com trutas, que o "Rei" atraía à beira do lago batendo palmas. Era o grande lance de Gonzaga para impressionar as crianças.

Ele tinha transformado o lugar em colônia de férias para radialistas, e montado um hotel na fazenda. Os hóspedes eram, na maioria, artistas, pessoal da rádio, amigos, ou, pelo menos, conhecidos do casal. À noite, todo mundo se reunia e cantava, tocava sanfona, violão.

Mas, em meados de 1956, Gonzaga e seus Cabras da Peste estavam se preparando para excursionar por Minas Gerais e São Paulo. A excursão incluía apresentações nas emissoras, em praças públicas e até em comícios.

Vida do viajante: a saga de Luiz Gonzaga

Apesar do sucesso da banda, ela se desfez no final do ano, provavelmente por conta do ciúme doentio que Helena tinha de Marinês, como de qualquer mulher que chegasse perto do marido. E como as havia!

Luiz Gonzaga, além de ser famoso e rico era um "pedaço de mau caminho" terrivelmente paparicado. E Helena perdia a cabeça com isso. Faltava-lhe a paciência e a calma indispensáveis às esposas de artista, como notava sua amiga Iolanda Dantas, muito mais filósofa e conformada...

> Quando você casa com um artista tem que ter paciência. Gonzaga vivia nas estradas, nos palcos, ele vivia em função das fãs. Helena organizou o trabalho todo do marido, ela recebia o dinheiro dele, ela era formada, tinha cultura. Gonzaga sempre escutou Helena. Mas ela era temperamental, por causa do ciúme. (Iolanda Dantas)

Segundo Marinês, apesar do amor imenso que ela sentia pelo "mestre", Helena não tinha por que sentir tanto ciúme:

> Eu era louca, apaixonada por Gonzaga, mas ele era o padrinho de meu filho e, no Nordeste, dizem que se compadre e comadre transam juntos, viram bicho. Então, eu hein! Nunca, jamais teria tido um caso com ele.

Infelizmente, a superstição nordestina não conseguiu apaziguar Helena, e a banda de Luiz Gonzaga com seus Cabras da Peste acabou. Marinês, Abdias e Cacau, o antigo zabumbeiro de Gonzaga, formaram um trio chamado "Marinês e sua Gente", nome, aliás, sugerido por Chacrinha. Marinês atuou na segunda metade de década de 50 com real projeção nos palcos brasileiros.

> Eu fui a primeira mulher a cantar forró.[4] Não havia nenhuma tradição de mulher cantando xaxado, baião, xote. Também não era coisa de mulher essa roupa de couro que eu usava. As

[4] Aqui "forró" significa "o conjunto da música popular nordestina". É importante salientar esse sentido, porque a palavra "forró", segundo a época em que é empregada, não tem exatamente o mesmo significado. Da mesma forma que a palavra "samba", a palavra "forró" foi evoluindo no decorrer do século. Até os anos 50, forró significa "baile"; depois, passa a designar o conjunto da música do Nordeste. Hoje em dia, forró é um gênero musical. Nordestino, claro (ver o capítulo IX).

cangaceiras não botavam roupa e chapéu de couro. Eles usavam chapéu de massa, que foi popularizado por Jackson do Pandeiro, com a abinha estreita e vestido de melindrosa, que era moda na época. Por isso é que o Gonzaga me chamava de "Luiz Gonzaga de saia".

Em 57, Marinês lançou seu primeiro LP pela Sinter. Luiz Bittencourt, o diretor da gravadora, exigira que o repertório fosse integralmente de João do Vale.

João sempre ia pra Tupi, só pra ver o Gonzaga. E eu não sabia quem era esse moreno, até que Gonzaga me disse: "Ah! mas isso aí é um compositor muito bom. Vem cá, Sabará — era assim que ele chamava João —, pra eu te apresentar". (Marinês)

Luiz Gonzaga conhecia o maranhense João do Vale desde que este chegara no Rio, em 1950. Fora a primeira pessoa que João procurara para propor-lhe alguma música, mas o sanfoneiro não lhe dera atenção. Até 1957, quando ouviu "O Cheiro da Carolina".

O João do Vale é quem criou o personagem de Carolina. Ele fez "O Cheiro da Carolina" com meu irmão Zé Gonzaga, e eu gravei num ato de audácia... ou de vingança. Quando Zé gravou a música, ele me chamou para fazer uma introduçãozinha com a sanfona, e eu senti foi o cheiro da exploração! Quando eu vi que o parceiro dele era João do Vale, pensei: "Outra exploração! Comprou a parceria de João e ainda me enrolou". (Luiz Gonzaga)

Se Gonzaga queria vingança, vingança ele obteve, pois "O Cheiro da Carolina" fez sucesso na sua voz, tanto que todo mundo estava convencido de que a música era dele. De qualquer forma, o destino de Carolina era mesmo o de não saber quem era o seu dono. Fazia parte, como tantas outras, do repertório de Januário. No tempo de criança, José Januário ouvia o pai cantarolar:

Seu Netinho foi pra Serrinha, Carolina / Pra topar Chico Romão, Carolina, / Com cinco contos de réis, Carolina, / Pra matar o Lampião.

Vida do viajante: a saga de Luiz Gonzaga

Pose de galã: tipo Marlon Brando ou "latin lover", Luiz Gonzaga enlouquecia as fãs e Helena morria de ciúmes.

Quando Santana soube que Gonzaga tinha brigado com José Januário, proibindo-lhe de cantar suas músicas, ela tranquilizou o filho menor, dizendo que ia ajudá-lo a constituir um repertório próprio (evidentemente, a partir daquele que ouvira Januário tocar a vida toda) e sugeriu-lhe, entre outras ideias, que gravasse "Carolina". José Januário pediu, então, a João do Vale que pusesse uma letra nova. Quando a música ficou pronta, João do Vale, que estava precisando de dinheiro, vendeu sua parceria a Amorim Roxo, de modo que "O Cheiro da Carolina" está registrada como parceria de Zé Gonzaga (pseudônimo de José Januário) e Amorim Roxo.

E, voltando ao disco de Marinês com repertório de João do Vale, foi um estouro, em parte, graças a uma música corriqueira, cheia de sentidos duplos, "Peba na Pimenta", que fez escândalo na época. Diz Marinês que, na Bahia, os padres, chocados pela "pornografia" da letra, chegaram até a organizar uma quebra de discos. E foi aí que a música explodiu mesmo.

Marinês e Abdias obviamente já não moravam na casa de Helena e Gonzaga. Mas os dois outros músicos da banda, Zito e Miudinho, apesar de terem sido despedidos pelo patrão, continuavam hospedados por ele.

Helena, preocupada com os dois músicos desempregados, incentivou-os a formar um trio à moda de Luiz Gonzaga. Zito no triângulo, Miudinho no zabumba. E na sanfona?

Helena lembrou-se, então, daquele Pinguinzinho da feira de Garanhuns, o Dominguinhos, que tanto impressionara Luiz Gonzaga alguns anos antes. Ele agora estava vivendo na periferia do Rio, em Nilópolis, e tocava sanfona igualzinho a Gonzaga. Ao chegar no Sul, lembrando que o "mestre" lhe prometera, outrora, uma sanfona, tinha pensado que podia procurá-lo. Na verdade, queria pedir um aval para a compra, a prazo, de uma sanfona nova. Mas acabou ganhando o instrumento de Gonzaga.

Dominguinhos aderiu ao projeto de Helena, e assim nasceu o segundo trio diretamente inspirado por Luiz Gonzaga (o primeiro fora Marinês e sua Gente). Foi batizado Trio Nordestino, coroado com os agora famosos chapéus de couro, e começou a atuar, empresariado por Helena. Atingiu o público nordestino dos subúrbios cariocas, da Mayrink Veiga, onde atuavam, sempre apresentados pela empresária como "os seguidores de Luiz Gonzaga"— o que era, afinal, o que mais importava a Helena.

Nesse mesmo ano no Nordeste, Caruaru, fundada em 1857, estava se preparando para comemorar majestosamente o seu primeiro centenário. Gonzaga, um dos patronos dos festejos, volta e meia aparecia por lá.

Numa dessas idas, teve oportunidade de escutar uma música intitulada "A Feira de Caruaru". O fã incondicional de feiras adorou-a. Era obra de Onildo de Almeida, jovem compositor que trabalhava na Rádio Difusora de Caruaru, e que a gravara um ano antes.

> Eu sempre ia para a feira, e me veio a ideia de fazer uma música sobre ela. E comecei a recolher palavras, objetos, coisas e anotando tudo. A minha preocupação era a rima: como se tratava de uma música sobre Caruaru, eu queria que todas as palavras terminassem com "u". Encontrei imbu, caju, mandacaru, mulungu... e por aí fui anotando. Tudo o que eu descrevo na feira é verdade. Não tem um objeto no texto que não se encontre nessa feira. Minha ideia era que alguém gravasse a música, porque minha voz não prestava para este tipo de ritmo. Eu era mais cantor romântico. Mas Jackson do Pandeiro já tinha ido embora para o Rio, o paraibano Genival Lacerda (que fora revelado no mesmo programa de auditório e no mesmo dia que sua conterrânea Marinês) ainda não era bom, ele era horrível... Bem, acabou que quem gravou o disco fui eu. E cheguei a vender onze mil cópias. (Onildo de Almeida)

Quando Luiz Gonzaga ouviu a música, elogiou-a à sua maneira:
— Isso tem cheiro de nego! Posso gravar?
Claro que podia, imagine!, se encantou o autor da música.
— Então vamos fazer outra música sobre o Centenário de Caruaru, que eu quero prestar uma homenagem a essa cidade.
Os dois começaram a trabalhar, mas, passados dois dias, só tinham conseguido rimar história / memória / vitória / glória, palavras que, mesmo assim, Noel Rosa já fizera rimar uns 25 anos antes em "Silêncio de Um Minuto"... No mais, da história, da memória e da glória da cidade propriamente, eles ignoravam tudo. Então, não saíam disso. Um observador piedoso, percebendo a dificuldade que enfrentavam os novos parceiros, revelou que havia na cidade um moço que vivia escrevendo umas coisas sobre História. Era Nelson Barbalho. Quem sabe se ele não podia dar uma ajuda:

> Eu era funcionário público, e funcionário público só trabalha a pulso. Então, eu passava o dia jogando sinuca. Um dia, chegou Onildo dizendo que Luiz Gonzaga queria falar comigo.

Eu pedi pra ele me deixar terminar a partida, mas fiquei tão nervoso que acabei perdendo. Quando saí, Luiz Gonzaga estava me esperando na calçada. Fomos pra o café Majestic, sentamos numa mesa, nós três mais José Almeida, o irmão de Onildo. Eles, então, me explicaram o problema da música, e eu aí comecei a contar a história de Caruaru. Nisso, eles me perguntaram por que é que eu não contava isso em verso. "Ué, porque eu não sei fazer verso!" Mas José Almeida começou a bater um ritmo de baião na mesa, e Gonzaga cantarolou uma melodia e eu fiz "Quem conhece meu Nordeste...". E foi o primeiro verso que eu fiz na minha vida! Gonzaga continuou a cantarolar e eu, em cima da música dele: "... Certamente há de saber / que Caruaru de Bonito[5] / há cem anos que nasceu", e assim foi. Em uma hora, a música estava pronta. (Nelson Barbalho)

O centenário de Caruaru era no dia 18 de maio de 1957. O 78 rotações com "A Feira de Caruaru" e "Capital do Agreste" foi lançado em junho.

Foi um estouro. Me rendeu quarenta contos, e eu comprei o primeiro refrigerador da minha vida. E tomei gosto pela música! Eu tinha um companheiro, chamado Joaquim Augusto, que era saxofonista, compositor, e trabalhava na repartição comigo... Eu resolvi fazer uma dupla com ele. Aí nós íamos para o fundo da repartição, onde havia um "birozinho" que tinha um som de bombo, e fazíamos três a quatro baiões por dia. Aquilo tinha virado fábrica de baião. E eu ia mandando as músicas para Luiz Gonzaga pelo correio. (Nelson Barbalho)

Gonzaga, ainda que não tenha se amarrado muito na produção da dupla, chegou a gravar umas cinco músicas dela.

Nelson Barbalho sempre andava agarrado nos livros dele... era bom poeta, mas, para caçar o gosto do povo, ele não era muito bom. Ele não era um poeta nato, era um poeta escritor. Não convivia no meio, mas mesmo assim deu pra gente conse-

---

[5] "Caruaru de Bonito": nome completo da Capital do Agreste.

guir alguma coisinha. Ele mandava muita música para mim, mas o parceiro dele não era bom, a música que ele fazia não tinha cheiro de baião. (Luiz Gonzaga)

Mas talvez o principal defeito da dupla Nelson Barbalho / Joaquim Augusto fosse o de não deixar campo para Luiz Gonzaga entrar na parceria, uma vez que já havia um compositor na história. Contudo, com Onildo de Almeida, sem dúvida por esse ser melhor compositor, Gonzaga se ajeitou.

> Toda vez que ele passava por Caruaru, vinha me ver, pedia música, às vezes dava um tema... eu sentia que ele queria ser meu parceiro musical, queria arranjar um jeito de ter a parceria comigo, mas eu nunca ofereci, e ele também nunca pediu. Mas aí ele gravava pouca coisa minha. (Onildo de Almeida)

Ao término de 1957, podia-se dizer que Gonzaga alcançara seu objetivo: tinha criado, lançado e implantado com êxito uma expressão musical para o Nordeste. Nas estradas do sucesso, perambulavam cada dia mais discípulos do Rei do Baião; o Nordeste transformara-se em celeiro de compositores e autores de real valor; a cada dia, surgiam novos sanfoneiros, crias do Gonzaga. Enfim, o baião e todos os seus derivados eram conhecidos nacionalmente, e até mesmo internacionalmente. A história atingira seu apogeu. Viria em seguida o declínio, como tudo no espetáculo do mundo.

CAPÍTULO VII

A morte de Vargas, em 54, significara a morte de um certo Brasil e o prenúncio de uma nova era. Com a eleição de Kubitschek, em 1956, surgia o Brasil novo: o Brasil de Brasília, do Cinema Novo, do Concretismo, da Bossa Nova e da Jovem Guarda, da televisão; um Brasil com novos valores, novas aberturas, novos sonhos. Um Brasil programado para crescer cinquenta anos em cinco. Um Brasil, enfim, predominantemente urbano.

Mais de dez anos haviam passado desde o lançamento de "Asa Branca", e uma nova geração estava desabrochando. Como, segundo um processo histórico implacável, cada geração se constrói nas cinzas da precedente, parece que o baião acompanhou o getulismo até o túmulo e, quando quis sair do cemitério, encontrou as portas fechadas. Aqueles adolescentes que, no apogeu do Rei Gonzaga, foram forçados pela moda a estudar sanfona, tinham crescido. Agora eram adultos, e trocavam o odiado "piano de joelho" por um violão, os 78 rpm de Luiz Gonzaga pelos LPs de João Gilberto, e o ritmo alegre do baião pelo balanço sorridente da bossa nova. O baião surgira no Sul, como todas as modas: com a sina de sumir, tão logo nascesse a onda seguinte. E foi exatamente o que aconteceu. Apesar de uma das três únicas músicas que João Gilberto compôs na vida ser um baião ("Bim Bom", gravado em 1958), apesar, pois, dessa reverência de um dos papas da bossa nova, a geração que estava chegando não queria mais ouvir rimar coração com Sertão. E varreu o baião, com o mesmo desprezo de uma dona de casa tirando a poeira do chão. Na limpeza, os *crooners* da Nacional foram namorar os acordes sustenidos dos novos compositores na moda e, no seio dos parceiros urbanos de Gonzaga, quem não conseguiu se reciclar no novo balanço, congelou-se nas pedrinhas do uísque *on the rocks* de Maysa ou Vinícius... Quanto à rádio, rainha das ondas nacionais na década de 40, ela estava agora moribunda, esmagada pela recém-nascida televisão.

O mercado da música que, desde 1955, com a exibição do filme *Sementes da violência* nos cinemas cariocas e paulistas, bancava o malabarista, ao conciliar música regional e rock, Ivon Cury cantando "Farinhada"

Vida do viajante: a saga de Luiz Gonzaga

de Zé Dantas e Nora Ney cantando "Rock Around the Clock" em inglês, pau de arara da periferia e juventude roqueira, esse mercado não tinha mais recursos para promover tantos movimentos ao mesmo tempo. Na luta pelo espaço na estrada do sucesso, a música regional foi amplamente derrotada pela bossa nova e pelo rock. Só lhe restou arrumar os cacarecos, e voltar de mansinho para suas regiões de origem.

> *Pronde tu vai, baião? / Eu vou sair por aí / Mas por que baião? / Ninguém me quer mais aqui.* ("Pronde Tu Vai, Baião", João do Vale / Sebastião Rodrigues)

Começou então a travessia do deserto de Luiz Gonzaga. Curioso deserto, porque muito povoado.

> Disseram que Luiz Gonzaga esteve no ostracismo, mas não foi bem o caso. O ostracismo foi só nas capitais. Ele parou de tocar nas rádios, mas no interior ele sempre continuou levando 5 a 10 mil pessoas nas praças. Agora, tanto a imprensa escrita quanto falada não divulgou mais nada sobre o Gonzaga. (Helena Gonzaga)

Efetivamente, a agitação cultural, social e política que vigorou até meados da década de 60, e pariu, entre outras coisas, um dos grandes movimentos musicais do Brasil, atingia essencialmente a classe média e a classe média alta, cujas relações com a cultura eram e são profundamente vinculadas à mídia. Na hora em que a mídia se desinteressou de Luiz Gonzaga, a classe média se desligou do baião e Luiz Gonzaga ficou marginalizado. No entanto, a classe média só representava uma parte do público do artista. Havia também as classes populares e rurais. Indiferente às modas, à midiatização, às opções culturais da burguesia intelectual, esse público tinha no Rei do Baião seu porta-voz. Luiz Gonzaga era a afirmação da cultura dos "incultos".

O período de ostracismo midiático que ele sofreu por não ser mais moda não impediu o reconhecimento de sua condição de patrimônio nacional.

Nas vacas magras, o Rei pôde contar os súditos que lhe permaneceram fiéis. E, já que os grandes centros urbanos, a classe média, a mídia o desdenhavam, ele foi pra lá onde continuava benquisto.

Sou o dono do cavalo / De garupa monto não / Eu vou pro meu pé de serra / Levando meu matolão / Lá nos forró sou o tal / E sou o rei do Sertão. ("Pronde Tu Vai, Baião", João do Vale / Sebastião Rodrigues)

E foi mesmo. Mandou chamar Osvaldo, o anão, de volta, contratou um novo zabumbeiro, Azulão, e se mandou estrada afora; investiu pelo interior do país, percorreu os sertões, os planaltos, as florestas, os vales, os mangues do Brasil, viajou de carro, de caminhonete, de avião, de barco, jumento, quem sabe, fez amizades, amou mulheres, arrumou inimigos. Chegou até a rever, num show dele em Mato Grosso, Nazarena, seu primeiro amor, casada e mãe de família. Passava seis, sete meses sem voltar para ao Rio. E prosseguia seu trabalho de porta-voz da música do Nordeste.

Assim, ele ia improvisando suas turnês à medida que viajava pelo Brasil. Com Gonzaga não havia — nunca houve — negócio de planejamento, de *management*, de empresário, de ficha técnica, de luz, de som e advogados discutindo cachê. Quando muito, Gonzaga tinha o que ele chamava de "secretário". Na realidade, este acumulava as tarefas de *road manager*, empresário, chofer, bagageiro e até músico. Quem fechava os contratos, quando havia contrato, era a empregada, por telefone. Priscila, Maria Creusa, Mundica e tantas outras, indicavam o cachê do patrão, pechinchavam, se necessário, marcavam a data do show na agenda que estava ao lado do telefone, e avisavam Gonzaga.

Eu, como cantador pobre, sabia que a cidade grande não ia me dar oportunidade, então eu gravava meus discos e ia procurar o meu público lá nos matos. Nos estados longínquos. Esse povo vinha me ouvir e as praças ficavam cheias. Eu arranjava patrocinador no local e, às vezes, levava patrocinador do Sul que tinha pretensões no Nordeste. Me davam cartazes. Eu cantava na praça pública, nos coretos, nos circos e até nos quartéis. Eu chegava na cidade do interior com meus discos, cantava na praça pública, vendia meu peixe. Foi sempre no Nordeste que eu me arrumei.

No interior, onde ele chegasse, a qualquer hora, os animadores de rádio o acolhiam em pleno programa: para ele, sempre havia um microfone. Conversavam um minutinho, passavam uma música do novo disco, anunciavam a próxima vinda do grande cantador do Nordeste. Não existiam, propriamente, casas de show. Gonzaga se apresentava nos auditórios das rádios locais, nos cinemas, nas praças públicas e, o grande xodó dele, nos circos. Ele mesmo ia ver os donos, e propunha se apresentar.

> Eu trabalhei mais de quinze anos nos circos em São Paulo, no Nordeste, em Minas. Eu fazia meu show no final da apresentação do circo, era a segunda parte. O cachê não era grande coisa. Mas quantas vezes também eu perdoei a divisão dos benefícios... porque não dava, quando acabava o show, o dinheiro era tão pouco que eu ficava com pena e deixava tudo pro circo. E ainda dava pano de circo pra eles. (Luiz Gonzaga)

Uma generosidade à qual ele podia se dar ao luxo, porque na maioria dos casos o cachê era pago por um patrocinador. Gonzaga raramente deixou de ter patrocínio. No auge, eram grandes marcas, grandes empresas e até multinacionais. Na época do declínio, eram armazéns e marcas locais. Gonzaga continuava sendo o Rei querido da população interiorana, e sua opinião sobre um produto comercial tinha o maior impacto sobre o povo. E, com o mesmo tom, a mesma empolgação com que cantava suas músicas, Gonzaga promovia cachaça, café, fumo, vinho, lojas de eletrodomésticos, de sapatos, drogarias, remédios, sabonetes, cadernetas de poupança...

> *Pronde tu vai, Luiz?* / *Eu vou pra casa dela* / *Fazê o que Luiz?* / *Tomar café Petinho.* (letra adaptada à música de "Pronde Tu Vai, Luiz?", Luiz Gonzaga / Zédantas)

Punha sua arte e sua imagem a serviço do patrocinador, e gravava *jingles* utilizando as melodias de seu repertório, posava para cartazes de propaganda, citava o patrocinador publicamente. Em troca, recebia material de promoção (cartazes, fotos...), condução e, em muitos casos, cachê. Isso lhe permitia não cobrar ingresso a um público geralmente muito pobre. Quando não havia patrocínio, Gonzaga pedia cachê. No entanto, fosse do empresário, fosse do patrocinador, o cachê que ele recebia já não tinha mais nada a ver com o que ele cobrava na época do apogeu, das turnês da Moura Brasil... Agora o dinheiro era pouco, e, ao prazer de viver pelas estradas em eternas turnês, acrescentava-se a obrigação de dar quantos shows pudesse para continuar a sustentar a família, a casa, a fazenda Califórnia, os numerosos empregados, os estudos dos filhos... E nem sempre era fácil receber o dinheiro que lhe deviam. Sua tremenda confiança nos amigos, que nem sempre o eram realmente, propiciava-lhe muitas roubalheiras, tanto na vida privada como profissional.

> Não era raro o dono do circo tentar roubar a gente. Ele não fazia a divisão certa dos benefícios. Aí era aquela discussão quente, e conta uma vez, duas vezes, três vezes, e nunca dá certo! Até chegar a um acordo e receber o meu. No fim, eu botava alguém na portaria pra vigiar. (Luiz Gonzaga)

Quando chegava numa cidade para dar show, enquanto Gonzaga se ajeitava no hotel, o secretário ia promover o evento. Ele percorria as ruas da cidade no carro, uma mão na direção do veículo, outra segurando o microfone. Em cima do carro, o alto-falante estridente transmitia:

> "Atenção, atenção! Vem visitar vocês sua majestade o Rei do Baião, Luiz Gonzaga, a maior expressão da música popular brasileira. Hoje aqui em praça pública!"

A meninada saía atrás do carro, animadíssima. Anúncio de show em praça pública era motivo de muita alegria, pois, como em geral ninguém estava informado antes, era um surpresa maravilhosa e, além do mais, grátis. O show podia ser num palanque ou na carroceria de um caminhão. Gonzaga preferia sempre a segunda alternativa:

> Nos palanques, todo mundo achava que podia subir. Vinha o prefeito, o juiz, o deputado, o padre, vinham as famílias, e a gente tinha que tocar com aquele mundo de pessoas atrapalhando. No caminhão não tinha isso, porque, como ele era nosso, só subia na carroceria quem a gente chamasse. (Luiz Gonzaga)

Mas, quaisquer que fossem as condições, na hora em que o sanfoneiro embarcava para uma turnê, ele se transfigurava de felicidade. Dar show era, sem dúvida, o que ele mais gostava na vida. Razão pela qual, apesar de sua estrela ter decaído nas zonas urbanas, Gonzaga não perdia a alegria.

> As turnês com seu Luiz eram muito divertidas. Por exemplo, quando a gente viajava, qualquer coisa que ele via, já man-

Garoto-propaganda: Gonzaga promovia cachaça, café, fumo, vinho, lojas, bicicletas, drogarias, remédios, sabonetes, cadernetas de poupança...

Patrocinadores: com seu carisma, ele vendia de tudo e anunciava seus shows pelo Brasil.

dava o carro parar. Em São Paulo, onde ele visse um circo, já ia ver se tinha espaço pra gente fazer show. Nas cidades onde a gente chegava, o prefeito dava as chaves da cidade, dava praça pra gente se apresentar. Se havia patrocinador, ele não cobrava taxa. Nós percorremos o Brasil todo, cidade por cidade, umas dez vezes! E essas andanças eram boas demais. Até fome com dinheiro no bolso passamos. Como uma vez, no Maranhão: a viagem era de lancha, no rio, mas aí a lancha enguiçou e tivemos que seguir a viagem remando. Nisso, a viagem demorou muito mais tempo. No meio do caminho, nós tudo já morrendo de fome, paramos numa cidade, Ipixuna. Tinha uma moça numa casa, nós pedimos se ela tinha alguma coisa pra nós comer. Ela falou: "Só tem coco de babaçu. Se quiserem, podem pegar um machado pra abrir". E quem conseguia abrir aquilo? Continuamos a viagem de barriga vazia. Só chegamos no dia seguinte, sempre remando, em Bacabal. Fomos correndo prum café, só faltou a gente comer a mesa! Gonzaga era generoso, o que ele comia, os músicos comiam, o hotel que ele ficava, nós ficava também, sempre juntos. Se ele fosse convidado pra algum lugar e a gente não fosse, ele não ia. (Osvaldo)

E se o carro atolava, o que ocorria frequentemente na época das chuvas, Gonzaga arregaçava as mangas, e empurrava o carro com os outros. E a viagem prosseguia. Quanto mais aventuras, mais ele se divertia. Sentado ao lado do chofer, Gonzaga tirava o sapato, encostava um pé no painel, e contava piadas, histórias, casos, comentava a paisagem, cochilava, e, de repente, enchia o silêncio do carro com seu vozeirão, porque se lembrara de alguma música, cantarolava umas frases musicais que daria mais tarde a algum parceiro, para que a transformasse em música, e ia curtindo a vida. Os centros urbanos o tinham esquecido, mas o povo do interior continuava a tê-lo como seu Rei:

Uma vez eu cheguei em Nanuque, em Minas Gerais, procurei o dono do cinema para ver se podia dar um show. Ele me falou que não podia porque naquele dia ele ia projetar um filme de Elvis Presley.

Eu sugeri que o show fosse depois da projeção, às 21 horas.

Ficou acertado assim. Meu secretário saiu pelas ruas, na caminhonete, anunciando o show, distribuindo folhetins e eu fui para o hotel aguardar a hora de me apresentar. Quando deu oito horas, bateram na minha porta. Era a polícia:

— O senhor está intimado para comparecer imediatamente no cinema, está a maior confusão lá, todo mundo quer ingresso e não tem mais, e o juiz quer falar com o senhor!

Eu fui encontrar com o juiz, e acabou que ele resolveu que eu faria duas sessões.

Essa vida aventureira era também um espaço de liberdade e paz para ele. Gonzaga, que soubera administrar maravilhosamente bem e com implacável determinação sua carreira artística, não tinha a mesma sorte na vida privada. O ciúme descontrolado de Helena, as manobras da sogra, as cobranças da família, Gonzaguinha lá no morro de São Carlos, rejeitado por Helena, todo mundo brigando com todo mundo, e as próprias confusões que ele mesmo armava a toda hora, complicavam-lhe tremendamente os sonhos de harmonia. Queria que a vida familiar fosse um mar de rosas, e acabava se afogando num oceano de problemas. O principal deles era a relação com Helena.

No princípio, nós tivemos uma vida bonita. Mas Helena era muito ciumenta, e o objetivo dela era tirar as pessoas que eu gostava, meus acompanhantes, de perto de mim. Ela teve problemas fortes, doenças nervosas, esteve duas vezes numa clínica, e eu não podia acompanhá-la nisso por conta das viagens e, também, eu só aprendi a tocar sanfona, a cantar o Nordeste. Eu dava a cobertura pra ela, mas não podia dar mais. Ela queria participar de tudo na minha vida profissional, mas eu achava que não dava pra ela me acompanhar nas viagens, por conta dos altos e baixos de nossa vida conjugal, e também porque ela não participava da minha arte. E se era só pra ela ficar me ouvindo cantar, ela ia enjoar.

Mas a questão, na realidade, é que o casal estava se confrontando com as consequências de um casamento forjado num profundo preconceito racial, por parte de ambos. Helena era branca, e pertencia a uma grande família pernambucana, ainda que desligada dela, e sem grandes recursos financeiros. Apesar de negro e de origem humilde, Gonzaga representava para ela o acesso à riqueza e à fama. Gonzaga, por sua vez, ao casar com uma branca da classe média, achava que ia se elevar social-

Helena Querida.
Muitos Beijos

Como tem passado com a nossa bagagem? Marília melhorou ou continua naquela base? Tenha paciencia com ela. E dona Rosa Maria Gonzaga continua brilhando nos estudos? E você minha querida como esta? Mais calma? Ainda estar sob a influencia do calmante e outros bichos? Creio que não ha mais motivo para isso. Pois as coisas estão melhando não é? Alem das dividas que ficaremos livres, ainda consegui empurrar aquela bomba que o Lininho me empurrou sem saber. Si não fosse a sua bondade sem limite — pelo menos para conôsco, a coisa teria sido muito fear. Dino e Lininho e mais uns poucos de nossa Miguel Pereira, nos traz a certeza que neste mundo de mentira e ilusão ainda se encontra gente digna. Não esqueça êsses nossos bons amigos pois não estamos —

Depois desta excursão, se eu não
for contratado, iniciarei logo outra
para concluir minha obra, lá no
sitio California. Ganhando 80 mil
por mês e mais uns $ riquififes
sem dever nada á ninguem, nós
poderemos concluir essa obra, sem
essas viagens enfadonas não acha
meu bem? Vamos ver se a Tupi
me quer mesmo. Bem meu amôr.
De acôrdo com nosso entendimento
por telefone aqui de Osvaldo Cruz,
estou lhe mandando 200 mil
para seu Vale em Miguel Pereira.
Mais 10 mil para você mandar pra
o Osvaldo na Fazenda. Diga o Lininho
no Fraga que a prestação do carro
só fazendo eu chegar até o dia
10 de Outubro. Vence dia 5
de Outubro 20 mil. Quando
eu chegar aí possivelmente
estarei pronto dos boldos.
Não repare viu?
Seu Nêgo
Seu Lula
22-9-59

Do seu Lula: em carta de 1959, Luiz Gonzaga se preocupava
com a saúde de sua mulher, Helena.

mente. O problema, ou melhor, a sorte, era que o sanfoneiro tinha um carisma e um caráter fora do comum, que não se encaixavam de modo algum com o consenso, implícito para ambos, segundo o qual o negro era inferior ao branco — à branca, no caso. Além do mais, Helena tinha estudos, e sempre deu a entender ao marido que era muito mais culta do que ele. Os amigos, os companheiros de trabalho, os familiares que conviveram com o casal, testemunharam a rivalidade entre os dois. Pedro Cruz, supervisor dos direitos autorais e dos contratos na RCA a partir de 1960, tornou-se um dos melhores amigos de Gonzaga. Assim, muito conviveu com o casal:

> Gonzaga não gostava de ser dominado, e Helena era possessiva demais. Ela criticava tudo dele, não gostava das coisas que ele gostava. Mas ela assumiu uma autoridade em cima dele, porque ele era preto e de origem pobre. Ela queria ser o artista, quando o artista era ele.

Talvez tenha sido o desejo de brilhar, de apoderar-se da fama do esposo, até mesmo de provar-lhe que era mais inteligente do que ele, que levou Helena a entrar na vida política, tornando-se em 1958, pela UDN, vereadora de Miguel Pereira, no estado do Rio de Janeiro.

Nesse ano, Gonzaga lançou *São João na Roça*, seu quarto 33 rpm simples (com 8 títulos), *Xamego*, seu primeiro LP (com 12 títulos), ambos com regravações do repertório com Miguel Lima, mais cinco 78 rpm. Em nenhum desses discos havia músicas de Zé Dantas.

> O baião tinha se propagado pelo país, eu viajava muito, o tempo todo fora, e perdi um pouco o contato com ele. (Luiz Gonzaga)

Mais do que as viagens, a parceria terminou porque Gonzaga já não tinha o poder de impor seu nome nas músicas de Zé Dantas, que agora registrava suas criações em seu nome unicamente. Em consequência, Gonzaga passou a gravar pouca coisa do "ex-parceiro". Dantas não se comoveu demais com isso. Já estava dando música para Ivon Curi, Jackson do Pandeiro, Marinês, Marlene, enfim, para a fina flor da música nordestina. Por sua parte, Gonzaga gostava de descobrir e testar novos talentos. Inclusive, ele não era de ficar muito tempo com a mesma pessoa.

Gonzaga tinha muita facilidade para fazer amizade. Mas se ele suspeitasse que a pessoa tinha feito algo ruim pra ele, ele dava o maior esporro e acabava a amizade num instante. (Pedro Cruz)

A amizade não acabara, mas havia, sem dúvida, uma nuvem pairando sobre a relação. Em 1959, para selar o divórcio amigável com Zé Dantas, Gonzaga lançou uma compilação *Luiz Gonzaga Canta Seus Sucessos com Zé Dantas*. Nesse mesmo ano, também gravou um 78 rpm com uma música de Nelson Barbalho e outra de João do Vale.

Nenhuma delas celebrava as bodas de ouro de Santana e Januário, que a família contudo festejou com muito brilho. Gonzaga organizou um churrasco, convidou todos os amigos, houve muita música e muito forró no palacete do artista. Era a última vez que a família toda se reunia. A sogra de Gonzaga, que vinha já havia tempos sofrendo de problemas cardíacos, morreu nesse mesmo ano. E Santana adoeceu. Januário voltou para o Araripe, e ficou esperando que sua esposa, curada, voltasse para junto dele. Mas ela não voltou. Estava com doença de Chagas e, em 11 de junho de 1960, morreu.

Ela tinha sido mordida por um "barbeiro", um inseto que tem nas casas e ela não viu. Quando o doutor Geraldo fez exame nela, já era tarde e ele avisou a mim e a dona Helena que ela não ia viver muito tempo. Na véspera dela morrer, eu fiquei conversando com ela até tarde. Antes dela dormir, eu perguntei se ela não queria comer algo. Ela pediu um pedacinho de pão e um pouquinho de água tônica. Depois ela dormiu, e não acordou mais. Gonzaga estava em Belo Horizonte, tinha dado show na véspera e de manhã ele não conseguia sair do hotel, preocupado. Os músicos esperando ele no carro para ir a Três Marias, e Gonzaga agoniado, indo pra lá e pra cá, não vinha. Até que avisaram: "Telefone pra Luiz Gonzaga". Era Helena, pra dizer que Santana tinha morrido. (Priscila)

Santana foi enterrada no Rio de Janeiro. Mas, no Araripe, havia um cemiteriozinho que ela mesmo cuidava quando ia para lá, por isso chamado "Cemitério Santana". Alguns anos mais tarde, a família, sabendo do amor que ela tinha por sua terra, transferiu seus restos mortais para lá. A morte de Santana deixou Januário perdido.

Vida do viajante: a saga de Luiz Gonzaga   219

Januário contava que, quando tinha viajado, ela falou pra ele: "Vai tu, que depois eu vou atrás" e ela pegou a mão dele e apertou, apertou... Ela não era de fazer isso, não. Ela dava um adeuzinho e pronto. (Sofia)

Com 71 anos, todos os filhos casados vivendo no Sul, e determinado a ficar no seu Araripe querido, Januário não tinha mais quem cuidasse dele. A família ficou preocupada, achando que dificilmente ele conseguiria viver sem a companhia segura de Santana. Mas ele conseguiu. Em novembro do mesmo ano, voltou a casar.

Quando meu pai casou, foi parada dura, a gente não aceitava. Mas ele não queria ficar no Rio, que ele nunca gostou. Ele tinha a casa dele no Araripe mas não podia ficar sozinho. Chegou uma carta dele pedindo a Gonzaga consentimento pra casar. Gonzaga foi então pro Norte, pra acertar tudo. Mas nenhuma das filhas podia aceitar isso, chegar na nossa casa e, no lugar da nossa mãe, ver uma outra pessoa, e ficamos reclamando. Gonzaga obrigou a gente a encarar. Aí foi todo mundo conhecer a moça, e nós vimos que ela estava dando conta dele. (Socorro)

No Exu, todo mundo achou que Januário estava certo. Desde que tivesse respeitado a moralidade e casado na igreja, como o fez. A noiva, Maria Raimunda de Jesus, que passou então a ser conhecida como Maria de Januário, estava com 32 anos.

Eu já conhecia Januário, porque ele era primo da minha mãe. Naquela época, as pessoas botavam os filhos pra chamar os primos de "tio". Aí eu chamava Januário de tio e tomava benção dele; mesmo depois de casada, e o povo mangava de mim. Minha mãe não queria esse casamento mas eu falei pra ela: "Não se incomode com eu casar com tio Januário, porque é minha sorte cuidar dele, zelar nele". (Maria Raimunda)

O casamento foi no dia 5 de novembro de 1960, na igreja do Exu. O padre Mariano celebrou a missa, e os noivos voltaram para o Araripe de pau de arara. A união duraria 18 anos. Januário gostava muito de crianças. Tanto que, além dos nove filhos legítimos, ele e Santana tinham adotado duas outras crianças, Maria Creusa e Jenário. Já idoso e sem condições de ter filhos ao casar com Maria Raimunda, Januário sentiu falta de um "bacuri" animando a casa no Araripe.

Com dois anos de casados, Januário chegou um dia em casa e me disse: "Olha Maria, um parente meu me deu um menino pra nós criar". Eu não queria, mas ele falou: "Mas Maria, uma criancinha diverte tanto a gente, nós dois velho". Eu não era nada velha! Bem, mas fui buscar o menino pra fazer gosto a Januário. Ele gostava tanto de menino! (Maria Raimunda)

Com oito dias apenas de nascido, o pimpolho João Batista chegou à casa de Januário. E, como Santana antes dela, Maria cuidou da casa, de Januário, do menino e da roça.

A roça era ao lado da casa, aí eu botava a preguiçosa debaixo da goiabeira pra Januário sentar, botava a garrafa com café e o cigarro de palha dele. Quando ele queria fumar ele me chamava e eu vinha, acendia o cigarro dele, servia um gole de café e voltava pra roça. Ele ainda chegava a ir tocar num forró, o oito baixos dele. E em casa também. (Maria Raimunda)

Gonzaga, muito atencioso, sempre ia para o Araripe visitar o pai e Maria. O casal vivia no sítio que Luiz Gonzaga e Zé Januário tinham comprado, logo na entrada do Araripe, aos Alencar. Muita terra e uma casa boa, bem maior do que aquela onde tinham vivido quando eram pequenos. E um certo orgulho, para a família de Januário, em ter sua própria terra, no recinto da fazenda onde sempre fora empregado.

Eu gostava de ir na casa deles. Maria fazia umas comidinhas boas. Ela deu carinho e conforto a meu pai. E a mãe dela era uma velhinha tão boinha. Quando eu vinha do Rio, nem passava pelo Exu, ia direto pro Araripe. Uma vez, estou chegando, um sol quente danado, e aí eu vi uma velhinha caminhando na estrada, e buzinei de leve. Ela abriu a estrada pra mim, ficou em pé, parada no lado. Eu vi que era a sogra do meu pai. Aí parei o carro e gritei:
— Quer carona, meu bem?
— Quero não senhor, que eu tô indo aqui pertinho.
Ela não tinha me reconhecido, tinha vista curta...

Morte: em 1959 falece dona Marieta (ao centro), que vivia com a filha Helena e o genro desde que estes tinham se casado.

Madrasta: Maria Raimunda, a segunda esposa de Januário e João Batista, o filho que adotaram (em foto de 1987).

O filho: Gonzaguinha morava com os padrinhos mas sempre ia à casa do pai e da madrasta.

— Mas a senhora deve estar cansada, com esse calor, em um minuto a senhora chega.

— Não, não estou cansada não, que eu moro aqui pertinho.

— Tá mentindo, Sá Raimunda, daqui pro Araripe dá uns cinco quilômetros ainda!

Foi quando ela me reconheceu e falou:

— Ô meu zamor, me leve que eu tô morrendo de cansada! (Luiz Gonzaga)

Daí veio a expressão "meu zamor", que Gonzaga integrou com carinho no seu vocabulário, a partir de então.

Infelizmente, ao começar a década de 60, o artista estava muito longe de ser o "zamor" de seu país. O Brasil moderno, industrializado, de Kubitschek, que estava triunfando, dava cada vez menos espaço para o folclore e as coisas regionais. O sucesso de Gonzaga no interior não assegurava renda suficiente para que a família continuasse a viver como no passado: as vendas de discos tinham decaído, os parceiros o abandonavam. Em 60, ele gravou apenas dois 78 rpm. Gonzaga, então, pretextando sofrer de alergia, vendeu o palacete e comprou um apartamento lúgubre, rua Pereira Alves, 255, um lugar desastroso de Cocotá, na Ilha do Governador.

Diziam que o clima na ilha era particularmente sadio, que a areia da praia era medicinal... É certo, entretanto, que Gonzaga sofria de alergia à poeira, ao frio, ao perfume.[1]

De manhã muito cedinho / Lá vou eu para o meu banho de mar / (...) / Chego na beira da praia / Com Helena meu amor / Dou mais de vinte mergulhos / Velho macho sim senhor / Reumatismo foi embora / Alergia acabou / Pra o banho medicinal / Praia boa é Cocotá / Ilha do Governador. ("Cocotá", Luiz Guimarães / Helena Gonzaga)

Em 1961, Gonzaguinha,[2] que estava completando 16 anos, veio morar com o pai em Cocotá.

---

[1] Nem sempre Luiz Gonzaga sofreu de alergia. Tanto que as fãs curtiam o perfume carregado, bastante vulgar, que o ídolo usava e que lhe impregnava a pele, quando elas se aproximavam para um aperto de mão ou uma beijoca amigável.

[2] Parece que Luiz Gonzaga era nome que inspirava toda sorte de apelidos. Pois da mesma forma que o pai teve muitas maneiras de ser chamado, o filho também teve vários

Quando eu casei, eu queria que Gonzaguinha viesse morar com a gente. Mas minha sogra, dona Marieta, era muito forte. Eu desconfiava disso, mas, antes do casamento, ela não demonstrou nada. Então eu casei. (Luiz Gonzaga)

E Gonzaguinha ficou com o padrinho e a madrinha, mas sabia que não era filho deles. Graças ao empenho de Dina, sempre mantivera relações com o pai. Lúcia, sobrinha de Dina, relembrava que a tia nunca mentira a Luiz Jr.:

Minha tia sempre disse que não era mãe dele, sempre falou para ele de Odaleia, de Luíza, a avó materna, que era enfermeira. Ela fazia questão que ele visse o pai, e, todo domingo, o levava para lá, afrontava Helena e dona Marieta. Xavier nunca a acompanhava. Depois que Luiz Gonzaga cresceu, passou a ter outro nível de vida, conheceu novas pessoas e as relações com Xavier já não eram tão boas como antes. Agora, Gonzaga nunca deixou de mandar dinheiro para Luiz Jr., pagava escola, roupa, tudo de que ele precisava. Só não conseguia dar amor. Luiz Jr. reclamava muito da falta de calor humano do pai. Mas Luiz Gonzaga não era de paparicar, ele era bom, mas não era de abraçar e beijar os meninos.

A difícil relação de Luiz Gonzaga com Gonzaguinha sempre foi assunto tabu. Um consenso geral entre os membros da família fazia com que, quando se abordava o assunto, as respostas se tornassem subitamente lacônicas, evasivas, vagamente otimistas e terrivelmente convencionais... Tudo azul num mar de rosas entre Luiz Gonzaga, Helena e Gonzaguinha. Portanto, é impossível saber exatamente por que, em 61, o rapaz, que sempre fora rejeitado por Helena, passou a ser *persona grata* na casa da madrasta.

Xavier e Dina não podiam dar estudos bons para Luiz Jr., então, eles deixaram ele ir para casa do Gonzaga. Luiz Jr. queria fazer estudos de economia; agora, ele não gostava de ficar

---

apelidos. Na intimidade da família ele era Luizinho ou Luiz Júnior; na vida profissional, na carreira artística, passou a ser Gonzaguinha. Da mesma forma que para o pai, eu respeitei o nome pelo qual era designado nos depoimentos que recolhi.

na casa do pai. Mas Geni, uma irmã de Gonzaga, falou pra ele: "Olha Luiz Jr., aproveite essa oportunidade e estude tanto quanto você puder estudar". E ele estudou muito. Nunca repetiu um ano. Ele lia tudo quanto havia de jornal e guardava tudo num saco de estopa. Ele dizia que esses jornais podiam ajudar ele nos estudos. Só depois de formado é que ele jogou tudo fora. Eu não sei como é que uma criatura conseguia estudar como ele fazia, porque ele juntava todos os deveres que tinha pra fazer na semana, e, numa noite toda, ele fazia. Aí ele pedia pra eu preparar um chocolate pra ele. Eu fazia e botava numa garrafa, e ele passava a noite estudando e tomando chocolate! (Priscila)

Trancado no quarto, estudava economia e tocava violão, que aprendera com Xavier, o pai adotivo. Quando saía, ia para a praia jogar futebol, sua outra paixão. Como já fizera no morro de São Carlos, esquecia dos horários, não vinha almoçar, e esse modo desleixado de se alimentar desesperava o pai.

Pois, para Gonzaga, alimentação era assunto sério.

Eu vou pro Crato / Comer arroz com pequi / Feijão com rapadura / Farinha do Cariri. ("Eu Vou pro Crato", José Jataí / Luiz Gonzaga)

Ele gostava de comer, era exigente sobre a qualidade do que consumia, fossem as iguarias dos restaurantes finos ou a comida rude e maciça do Sertão. Reclamava de comida mal temperada, ou fria, ou mal cozida. Apesar de não saber cozinhar nem um ovo quente, não se furtava de dispensar conselhos culinários às cozinheiras que cruzavam seu caminho. Quando tinha alguma queixa que fazer num restaurante, ia direto pra cozinha explicar ao mestre-cuca a receita certa.

O lado social da comida também era sumamente importante para o sanfoneiro. Comer com o outro, compartilhar a refeição, era sua maneira de o homenagear e também de conhecê-lo, de sondá-lo.

No ano de 61, Gonzaga lançou *Luiz Lua Gonzaga*, um LP no qual figurava "Alvorada da Paz", uma marcha pomposa, com acentos militares, de Luiz Gonzaga e Lourival Passos, homenageando o (ainda) presidente Jânio Quadros. Gonzaga fizera campanha para o sucessor de Juscelino Kubitschek.

Nós trabalhamos na campanha de Jânio Quadros todinha, grátis. Os músicos eram pagos, mas Gonzaga não. Gonzaga, até sanduíche para Jânio ele pagou! (Osvaldo)

Nem a marchinha eleitoral nem o resto do repertório do LP chegaram a fazer sucesso e muito menos carreira. Havia uma pletora de compositores no disco, mas estava faltando um Humberto Teixeira ou um Zé Dantas na vida de Luiz Gonzaga. Foi quando, passando durante uma excursão por Sumé, conheceu José Marcolino. Grande admirador do pai do baião, José Marcolino tinha no seu baú várias músicas prontas. Aproveitou a vinda do sanfoneiro a Sumé para mostrar-lhe suas composições. Gonzaga se impressionou com o talento de José Marcolino e, segundo costumava fazer, convidou-o a vir ao Rio de Janeiro, onde lhe daria todo o apoio necessário. E acabou mandando o carro apanhar José Marcolino, que ficaria hospedado em sua casa. Os dois prepararam, então, o repertório do próximo LP do sanfoneiro, cuja gravação estava marcada para dezembro. Nessa época de grande calor, Gonzaga costumava enviar a família para Miguel Pereira, na fazenda Califórnia, que os amigos tinham apelidado a "Cabana do Rei".

Fui feliz / Nos dias que passei / Na Cabana do Rei / Dormi, sonhei / Ao som da melodia das rãs / Da Cabana do Rei / Juro que gostei / Dos banhos que tomei / No lago da Cabana do Rei. ("A Cabana do Rei", Jaime Florence / Catulo de Paula)

Quando Gonzaga não estava fazendo turnê, ele ficava entre o Rio e Miguel Pereira. Numa dessas idas e voltas, Gonzaga sofreu um grave acidente de carro, mais um.

Sabe por que aconteceu aquele acidente? Pobreza! Naquele tempo era uma dificuldade danada para comprar um carro. Carro usado quando quebrava uma peça, tinha que consertar porque nova não encontrava. Meu carro já tinha trocado a caixa de mudança três vezes. Eu estava indo da fazenda pro Rio, e me lembrei que a porta do chofer não abria bem. Aí parei no posto de gasolina que meu irmão Aloísio tinha em Miguel Pereira, e pedi para ele dar um jeito. Ele olhou, mexeu e disse: "Olha, toma cuidado que essa porta está muito doce". Eu experimentei, vi que tava bom e segui para o Rio. Quando foi na serra de Miguel Pereira, a caixa de mudança enguiçou, deu um solavanco e eu bati na porta que cedeu. Tava doce, né?

A cabeça de Gonzaga bateu no chão, e a porta do carro ainda bateu no rosto dele, que sofreu uma fratura no crânio e teve o olho direito gravemente ferido. A sorte foi que, não longe do lugar onde ocorrera o acidente, havia uma farmácia cujo dono prestou os primeiros socorros ao sanfoneiro, que sem isso teria morrido.

Luiz Gonzaga não morreu... ("Viva o Rei", Zé Amâncio / Zé Gonzaga)

Gonzaguinha e Osvaldo, que estavam também no carro, só sofreram um grande medo. Gonzaga ficou um mês hospitalizado, tendo que adiar a gravação do LP para janeiro. Mal recuperado, com uma cicatriz desfigurando o lado direito do rosto, foi gravar assim mesmo o disco *Véio Macho*. O LP comportava seis parcerias de Gonzaga com José Marcolino, duas músicas de Zé Dantas, uma de Onildo de Almeida, outra de Rosil Cavalcanti e enfim uma parceria de João do Vale com... Helena Gonzaga. Na realidade, Helena não se tornara subitamente poeta. Simplesmente, por conta da famosa lei que proibia pessoas pertencendo a sociedades autorais diferentes de comporem juntas, Gonzaga e João do Vale não podiam fazer parceria. Faziam assim mesmo, e quem assinava em nome de Luiz Gonzaga era Helena, expediente que eles usaram várias vezes. O disco foi lançado em abril de 62. Um mês antes, no dia 11 de março de 1962, Zé Dantas tinha falecido, após longa doença na coluna vertebral que o mantivera hospitalizado durante o último ano de vida. Aos 41 anos de idade, Zé Dantas deixava órfã a música nordestina, à qual se dedicou até os derradeiros momentos de sua vida. Gonzaga não pôde sequer aparecer no enterro do grande companheiro, em Pernambuco. Ainda não se recuperara do terrível acidente que sofrera recentemente.

Depois disso, Gonzaga nunca mais foi o mesmo. Ficou muito nervoso, violento. E ele pegou um vício que sempre passava a mão no olho. A família Dantas ficou ressentida com Gonzaga, achando que ele não compareceu ao enterro por falta de amizade. Mas eu sei que Gonzaga ficou arrasado e se chocou por não poder acompanhar o Zé Dantas... (Priscila)

Vida do viajante: a saga de Luiz Gonzaga

No mesmo ano em que perdia o querido amigo e parceiro, Luiz Gonzaga conheceu João Silva, o terceiro mais importante parceiro da sua carreira. Aquele que, como Humberto Teixeira e Zé Dantas na primeira fase áurea do sanfoneiro, iria marcar a obra de Gonzaga na segunda fase de sucesso.

Eu conheci Gonzaga num estúdio da Mayrink Veiga. Na época, esta emissora era muito potente e eu tinha cinco programas lá. Cantava em quatro e animava um. Gonzaga estava numa fase muito ruim. Tanto ele como toda a música regional. E ele não queria mais cantar em lugar nenhum. Foi quando Raimundo Nobre chamou ele para cantar no programa dele, e foi uma coisa incrível e realmente inesperada aqui no Rio, porque foi necessário interromper o trânsito na Rio Branco e na Presidente Vargas, de tanta gente que juntou pra ver Gonzaga. Marinês, que era cria dele, estava no estúdio naquele dia. Eu já tinha gravado com Jackson do Pandeiro, com Severino Januário, o irmão de Gonzaga. E Marinês também tinha gravado uma música minha que Gonzaga gostava muito. Então, ela nos apresentou. E eu falei que eu tinha uma música pra ele. E ele respondeu: "Pronto, todo mundo só faz música que é a minha cara! Porque você não grava você mesmo essa música?".

Eu acho que ele estava meio desligado. Ou, então, muito revoltado contra a imprensa. (João Silva)

De fato Gonzaga estava muito amargurado com o desdém, ou, pelo menos, com o esquecimento daqueles que tanto o festejaram e paparicaram na década precedente.

Nos clubes e nas boates / Não me deixam mais entrar / É só twist, bolero, rock e cha-cha-cha / Se eu estou sabendo disto / É melhor me retirar. ("Pronde Tu Vai, Baião", João do Vale / Sebastião Rodrigues)

Até o Hervê Cordovil estava traindo o baião, e namorando o iê-iê-iê da jovem guarda: sua "Rua Augusta" estava tocando em tudo que era rádio, na voz de seu filho Ronnie Cord. O Trio Nordestino se separara, Carmélia Alves, depois de cinco anos na Europa, estava esquecida, Marinês nem precisara viajar para tanto; na rua, quem andasse com sanfona a tiracolo era motivo de gozação. Na época, mais valia trocar o acordeom por um órgão.

Contudo, depois do convite de Raimundo Nobre e do sucesso que obtivera, Luiz Gonzaga foi contratado pela Mayrink Veiga, onde fez longa temporada em 62 e 63.

Foi quando surgiu em São Paulo o primeiro forró, com o objetivo de promover uma festa de São João para a colônia nordestina. A iniciativa era de Pedro Sertanejo, pai do acordeonista Osvaldinho.

> Na época em que a música do Nordeste acabou, e que chegou a jovem guarda, meu pai notou que, quando chegava o mês de junho, os nordestinos que não podiam ir passar as festas juninas lá na sua terra ficavam no Sul morrendo de saudades, e escutando os discos velhos de Luiz Gonzaga na vitrola. Meu pai teve, então, uma ideia. Por que não montar um "São João" em São Paulo? Foi quando ele montou um forró na Vila Carioca em 1963. Mas na época, quando se falava a palavra "forró" para os sulistas, eles já imaginavam cangaceiro, peixeira, cachaça, morte! Então meu pai pensou que, para o pessoal se acostumar com o forró, pôr na cabeça deles que isso existia e existia bem, ele montou um programa na Rádio ABC, dedicado à música nordestina, e o programa pegou muito bem, porque o público era todo nordestino. Meu pai começou a levar Luiz Gonzaga, Jackson do Pandeiro, Marinês... e o programa foi ao ar durante 15 anos. (Osvaldinho)

Infelizmente, nada disso indicava uma ressurreição do baião e um *come back* para Luiz Gonzaga. Pelo contrário, tais iniciativas oficializavam o confinamento da música regional num gueto. Luiz Gonzaga e seus seguidores, que tinham feito parte do *cast* das grandes emissoras nacionais, e cantado para os públicos de todas as classes sociais, agora só encontravam espaço restrito nas rádios temáticas, junto a uma determinada audiência.

Desanimado, consciente da marginalização de sua música, Luiz Gonzaga lançou "Pronde Tu Vai, Baião", verdadeiro manifesto de sua revolta, composta por João do Vale e Sebastião Rodrigues. No entanto, o tom dos demais títulos que figuravam no LP *Festa do Milho* era leve, festivo e aparecia como um prelúdio ao forró que ia se popularizar e se impor na década seguinte. Uma única música do LP, que não tinha nada de xote nem de alegria, ficou na memória do público. Era "A Morte do Vaqueiro", um baião "atoadado" com letra de Nelson Barbalho e música de Luiz Gonzaga, inspirado na morte do vaqueiro Raimundo Jacó, primo legítimo de Gonzaga. Na sanfona dele, a toada tomou um tom reivindicativo. O Gonzaga consciente, músico de protesto, estava ali, politizando a morte por assassinato de um vaqueiro, e exigindo satisfação a uma Justiça que lhe parecia ineficiente.

"A Morte do Vaqueiro" foi composta na rua Vidal de Negreiros, nº 11, em Recife. Nós almoçamos juntos e depois fomos para a sala. Tinha um relogiozinho feito de coco, daqueles que balançam e Luiz ficou olhando o relógio e, daqui a pouco, falou: "Eu sempre tive vontade de prestar uma homenagem a um primo meu, que era vaqueiro e foi assassinado lá no Sertão". E ele contou a história de Raimundo Jacó que foi assassinado na caatinga, e nunca ninguém soube quem era o culpado. Eu disse que isso podia fazer um baião danado de bom, e na mesma hora ele pegou na sanfona e fez: "Lá rari lari lará" e eu fiz "Numa tarde bem tristonha"; e ele: "Larará lará lará" e eu: "Gado muge sem parar / Relembrando seu vaqueiro / Que não vem mais aboiar" e, no final da tarde, a música estava pronta. (Nelson Barbalho)

Apesar das circunstâncias desfavoráveis, o ânimo generoso do sanfoneiro do Araripe não cedia. Gonzaga tinha necessidade vital de resolver os problemas de todos, de ajudar quem precisasse, de distribuir dinheiro, sanfonas, conselhos, casa e comida... O que explica o interesse que tinha pela maçonaria, à qual ele aderiu em 1963.

Sou um feliz operário / Onde aumento de salário / Não tem luta nem discórdia / Ali o mal é submerso / E o grande Arquiteto do universo / É a harmonia e concórdia. ("Acácia Amarela", Luiz Gonzaga / Orlando Silveira)

Vez por outra eu era convidado por maçons e senti interesse pela maçonaria sem saber o que era. Me aconselharam, então, a ler uns livros para eu ir me informando. E por aí fiquei sabendo que a melhor forma para entrar na maçonaria era ser indicado por alguém. E assim eu fui, em determinado momento, procurado por um vizinho meu lá do Rio, um professor que tinha uma escola particular para menino pobre. E eu me apaixonei pelo trabalho dele. Nessa altura, eu já estava entusiasmado. Depois eles falaram da irmandade, da ordem, e eu fui sentindo que a maçonaria era um grupo de irmãos trabalhando pelos pobres, pelo bem-estar dos menos favorecidos. Coisa que se encaixava bem com a minha vida. Por aí, esse cidadão me indicou para a loja da Ilha do Governador, onde eu morava. Eu fiquei muito feliz porque, de repente, eu, que não tinha irmão de sangue perto de mim, enriqueci com uma porção de irmãos maçônicos. Mas não deu pra fazer carreira. Não me sentia à vontade nessa coisa de falar, escutar, discutir, ouvir, perguntar. Eu passei então a me dedicar à loja fazendo benefícios. Mesmo assim, cheguei ao terceiro grau. Na escala ascendente da maçonaria, são 33.

Na loja Paranapuã da Ordem do Grande Oriente, Luiz Gonzaga encontrou um espaço para seu sonho frustrado de harmonia e generosidade, ao qual permaneceu fiel até o fim da vida.

Como maçom, ele batalhou para dar o conforto da vida moderna — estrada de asfalto, telefone, luz e escola — a Miguel Pereira. E mais tarde, ele faria muito pelo Exu, através do apoio dos maçons. Justamente, o esquecimento no qual caíra, somado à idade (ele estava com 52 anos), faziam com que Gonzaga começasse a se reaproximar de suas raízes, sentisse vontade de voltar à sua terra. Em 1964, ele concretizou esse reencontro, comprando um terreno no Exu.

Eu comprei no olho, fiz o contrato no cartório. Era um terreno de umas 25 ou 30 tarefas[3] todo maltratado. A única coisinha que tinha em pé eram umas ruínas de um engenho antigo. Botei uma máscara (sou alérgico a poeira), e fui olhar. Os quartos não tinham comunicação de ar. Era uma estupidez. Mas aí comecei a fazer a cabeça. Eu queria mais terras. Mas, em volta do meu terreno, as terras pertenciam à igreja. Aí fui ver o padre. Naquela época havia padre em Exu; hoje, quando aparece

[3] 1 tarefa equivale a 3.500 m².

Vida do viajante: a saga de Luiz Gonzaga

um, ele arranja uma mulher e vai embora.[4] Bem, mas aí o padre choramingou, que era muito complicado, tinha que pedir autorização ao bispo, ao papa, ia demorar. Mas eu acabei comprando as terras da igreja. Ah, ah!

As terras ficaram lá, esperando...

Ainda que estivesse atravessando uma fase de declínio, Gonzaga continuava gravando, e muito. Só em 64, lançou dois LPs. O primeiro, que saiu em janeiro, não chegou a se destacar no conjunto da obra do sanfoneiro.

> *Quem roubou minha sanfona / Foi José, Batista ou Bastião / Quem roubou minha sanfona / Traz de volta seu ladrão.* ("Sanfona do Povo", Luiz Guimarães / Luiz Gonzaga)

"Sanfona do Povo" era o título do disco e da música de abertura, inspirada ao autor por uma aventura real, sucedida a Gonzaga no ano anterior.

A caminho da Mayrink Veiga, onde ia tocar, o sanfoneiro parou em determinado lugar para acertar um negócio. Quando retornou ao carro, verificou que lhe haviam roubado a sanfona. Uma sanfona Universal, preta. O Brasil todo ficou sabendo do drama, que proporcionou a Gonzaga novo parceiro, Luiz Guimarães.

> Eu conhecia Gonzaga do Maranhão, onde ele fazia muita excursão. Eu sou de lá. Quando eu cheguei no Rio, eu conheci Zé Gonzaga, Marinês, Abdias. Gravei músicas com todos. Quando houve o roubo da sanfona de Gonzaga no carro, me veio a ideia de fazer uma letra sobre essa história. (Luiz Guimarães)

Com isso, além do novo parceiro, Gonzaga ganhou também um novo visual. Como precisava de um instrumento bom enquanto não mandava fazer um novo, foi pedir ajuda a Antenógenes Silva, que, além de conti-

---

[4] Alusão a seu grande amigo, o padre João Câncio, que, em 1981, deixou a batina para se casar. A hostilidade que os paroquianos demonstraram obrigou-o a se afastar, por alguns anos, de Serrita, onde ministrara.

nuar sendo seu amigo, se tornara seu afinador. Antenógenes lhe emprestou uma sanfona branca. Ele gostou do modelo e, como B.B. King e sua guitarra eternamente apelidada Lucille, resolveu que, daí em diante, só usaria sanfona branca.

> *Na minha branca / Eu só toco com carinho / Ela se abre toda / Mostra logo o caminho / Caminho da alegria, caminho do prazer / A minha branca não quer ver ninguém sofrer / (...) / Na minha branca só eu mesmo abro o fole / Eu e minha branca não há forró melhor.* ("Eu e Minha Branca", Gonzaguinha e Gonzagão)

Foi, então, para a fábrica Todeschini, e encomendou um novo instrumento... branco. E, para homenagear o ladrão, e também Luiz Guimarães, mandou gravar na sanfona a frase: "É do povo", que figurou em todos os instrumentos que possuiu até o fim da vida.[5]

A Triste Partida, segundo LP que Gonzaga gravou nesse ano, saiu em dezembro e contava com dois novos compositores. Um, autor da valsa "Lembrança da Primavera", era Gonzaga Jr. A música, composta quando ele tinha 14 anos, não chegou a deixar lembrança... O outro era Patativa do Assaré, e sua música deu o nome ao disco.

Ora, seis meses antes, a história do Brasil tinha dado nova virada... transformando o grande passo pra frente, de Kubitschek, em tropeço e ditadura militar. O que deixou Luiz Gonzaga totalmente indiferente ou, talvez, mesmo satisfeito, não com a ditadura, mas com os militares. Ele que respeitava tanto o Exército... No entanto, em dezembro, ele lançou "A Triste Partida", um dos protestos mais violentos de toda a sua carreira, comparável a "Vozes da Seca" e a "Asa Branca".

> *Distante da terra / Tão seca, mas boa / Exposto à garoa / À lama e ao paul / Faz pena o nortista / Tão forte e tão bravo / Viver como escravo / No Norte e no Sul.* ("A Triste Partida", Patativa do Assaré)

---

[5] No mesmo dia em que mandou fazer esta sanfona com a inscrição "É do povo", Gonzaga mandou fazer outra sanfona para Lindu, do Trio Nordestino. A fábrica, não entendendo bem o pedido de Gonzaga, gravou "É do povo" nas duas. Tanto que, na época, o público pôde ver a frase na sanfona de Gonzaga e na de Lindu.

Vida do viajante: a saga de Luiz Gonzaga

"É do Povo": em homenagem ao ladrão que lhe roubou o instrumento, Luiz Gonzaga mandou gravar a frase na sanfona nova.

Verdadeiro denúncia da condição do nordestino, "A Triste Partida" é uma espécie de "Seara Vermelha" cantada em 152 versos. Como o romance de Jorge Amado, conta a saga de uma família de nordestinos vitimados pela seca, família igual a tantas mil outras. O autor, Antônio Gonçalves da Silva, era um cantador de feira, poeta-repentista de grande valor, conhecido por seu pseudônimo de Patativa do Assaré. Gonzaga ouvira um violeiro cantando essa música na feira de Campina Grande, e ficara impressionado. Não descansou enquanto não encontrou o autor, que por sinal vivia no Crato. Disse que ia gravar sua toada, e pediu parceria, em contrapartida. Patativa mandou o sanfoneiro plantar feijão, pois suas obras não estavam à venda para ninguém. Mas Gonzaga era mais inteligente do que malandro. Sabia que, com ou sem parceria, era importante divulgar "A Triste Partida". A música tornou-se o carro-chefe do seu repertório, e a única cujo autor ele sempre citou quando a cantava. Contudo, ele não gravou mais nada do Patativa... apesar de uma tentativa malograda em 77, quando quis gravar "Vaca Estrela e Boi Fubá", que acabou não saindo.

Aliás, entre 64 e 66, ele não gravou nenhum disco novo, lançando apenas duas excelentes coletâneas de sucessos antigos: *Quadrilhas e Marchinhas Juninas* (regravação instrumental) e *Luiz Gonzaga, Sua Sanfona e Sua Simpatia* (compilação).

De qualquer forma, Gonzaga estava satisfeito da vida, pois, nesse ano, fora publicado, pelas Edições Fortaleza, *O sanfoneiro do riacho da Brígida, vida e andanças de Luiz Gonzaga*, uma biografia que ele ditara a Sinval Sá. O sucesso de público do livro foi tal que quatro edições se sucederam no mesmo ano. Curiosamente, o livro não saiu em livraria. Gonzaga se encarregou da venda do livro, com a ajuda de seus músicos.

> Quando eu trabalhei com o Gonzaga, era o Toinho no zabumba e eu no triângulo, às vezes também tocava oito baixos, vigiava a portaria, organizava os shows e também vendia os livros. Quando havia show, a gente pegava um pacote e saía vendendo no auditório. Uma vez, lá no Ceará, Gonzaga ficou curtindo com a cara de Toinho porque eu tinha vendido onze livros e ele só um! (Expedito)

Se o lucro permitiu a Gonzaga construir uma escolinha no Araripe e pagar o salário da professora durante quatro anos, a venda valeu-lhe certas humilhações. Uma vez ele ofereceu o livro numa sapataria e um cidadão

Carta ao Rei do Baião: Patativa do Assaré não era de se deixar enrolar com as complicações de Luiz Gonzaga.

reclamou: "Você não está satisfeito de ser o Rei do Baião, e ainda quer entrar na academia de letras?". Depois disso, Gonzaga deixou a venda nas mãos da esposa. Helena enchia a caminhonete de exemplares do livro e de cópias do último disco do marido, instalava um som no veículo, e saía pela cidade com o chofer. Quando encontravam um lugar animado, estacionavam.

> O chofer ficava botando discos dele no ar e eu, sentada numa cadeira na calçada, vendia os livros. (Helena)

A carreira do sanfoneiro estava com cheiro forte de fundo do poço...

> *Esse xaxadim / Parece lançadeira de máquinas / É isso mesmo / São as máquinas da Imboplasa / Fazendo sandálias Cariri pro pé do povo / São as sandálias Cariri na xaxadeira da vida / Use as sandálias Cariri...* (comercial gravado por Luiz Gonzaga)

No nível financeiro, o declínio estava começando a pesar duramente. Tanto que Luiz Gonzaga precisou batalhar mais forte ainda para assegurar uma renda que lhe caía, até então, cada mês, sem que ele tivesse que pensar na questão. A venda do livro representou um dos modos de ganhar dinheiro, outro, foi tocar como músico de estúdio e outro, enfim, foi fazer comerciais e *jingles* políticos. Desde o início da carreira, Gonzaga fizera campanhas eleitorais, sem prestar a menor atenção ao partido político que ia promover: ele era movido a afetividade. Se bem que acabava animando qualquer campanha, fazendo *jingles* e comícios para UDN, PSD, PTB, promovendo políticos rivais, partidos opostos e ideologias antagônicas. Agora, na fase difícil, agia por necessidade e com a mesma falta de "consciência política". Em suma, entre "ingenuidade sertaneja e esperteza aprendida nas capitais",[6] Gonzaga, totalmente alheio à noção de ideologia, e de "politicamente correto", entendia a política à sua maneira e agia segundo critérios bem pessoais.

> *Jânio Quadros / Tu és um soldado / Sentinela da democracia / O Brasil foi por ti libertado...* ("Alvorada da Paz", Luiz Gonzaga / Lourival Passos)

---

[6] Tárik de Souza, "Gonzagão, o monumento nordestino", em *O som nosso de cada dia*, Porto Alegre, L&PM, 1983.

Vida do viajante: a saga de Luiz Gonzaga

Eu sempre tive uma vocação para estar ao lado dos governos eleitos, sem levar em conta o partido político no poder. Eu sempre visei o talento do homem. Eu exalto os políticos quando eles merecem. Quando vejo que um homem público é bom, então eu vou se ele me convida. Assim foi com Getúlio, com Dutra, com Jânio Quadros, com Carlos Lacerda... um homem incrível. Eu fui sanfoneiro dele, fiz a campanha dele todinha para o governo da Guanabara, de graça.

Afinal, o que contava para Luiz Gonzaga era o poder, na medida em que só aqueles que o ocupam têm a possibilidade de agir. Então pouco importava quem o encabeçava.

Quem chega com ambulância, remédio, quem dá emprego, ajuda, quem faz barragem? São os governos, nunca foi a oposição. E eu prefiro os que agem.

Preferia os que, segundo ele, agiam, e os exaltava com a mesma sinceridade com que os denunciava, quando não faziam nada:

Delmiro deu a ideia / Apolônio aproveitou / Getúlio fez o decreto / E Dutra realizou / O Presidente Café / A usina inaugurou / E graças a esse feito / De homens que tem valor / Meu Paulo Afonso foi sonho / Que já se concretizou. ("Paulo Afonso", Luiz Gonzaga / Zédantas)

Gonzaga dava apoio aos poderosos; em contrapartida pedia ajuda cada vez que podia. Nunca com fins pessoais, sempre para o Nordeste, para o Sertão, para o povo. Aí também, sem o mínimo critério ideológico.

Um dia eu o encontrei no aeroporto de Recife, esperando o avião que estava chegando de Brasília. "E aí, seu Luiz, o senhor está esperando o presidente Geisel?" Ele respondeu: "Não, estou esperando Marco Maciel. Tudo o que eu solicito para o Exu, ele atende na hora!" (Alceu Valença)

Ele interferia, pedia, solicitava, no plano federal e estadual, para dar ajuda a quem pedisse. Nunca visou uma classe social nisso. Ele não ajudava o proletariado ou os camponeses ou os proprietários. Ele resolvia um determinado problema, em favor de uma cidade ou de pessoas. Tal atitude ficava por conta da "esperteza", talvez. A "ingenuidade sertaneja" residia naquela certeza que ele tinha de que quem chegava ao poder era porque tinha merecimentos. A outra face dessa ingenuidade era o respeito que ele sempre devotou à autoridade. A autoridade de Santana, do coronel Manuel Aires, do Padre Cícero,[7] dos comandantes do Exército. Todos esses personagens marcaram profundamente sua juventude e estruturaram sua ética pessoal. Gonzaga era o fruto e o reflexo — mesmo que o criticasse — do mundo paternalista e patriarcal no qual nasceu.

Porém, se no plano ideológico Gonzaga era ambíguo, em termos de música e de sensibilidade artística, ele jamais fez a mínima concessão. Permaneceu fiel ao que sempre fora, orgulhando-se de não abrir mão da sua música, apesar das dificuldades que afrontou na fase do declínio:

> A maioria dos cantores que aparecem com um grande sucesso, quando sente que o sucesso está em declínio, tende a mudar, deixando de lado tudo o que fez antes e procurando outra jogada, mas não uma jogada sua. Eu segui o conselho do velho Januário, de sempre seguir em frente.[8]

No entanto, estava ficando amargurado com os jovens que tão duramente o tinham expulso da cena musical, e cantou, pela segunda vez, como já o fizera em "Pronde Tu Vai, Baião", sua revolta num xote, convenhamos, sarcástico e reacionário, que fizera com um novo parceiro encontrado no Crato dois anos antes, José Clementino.

> *Cabra do cabelo grande / Cinturinha de pilão / Calça justa e bem cintada / Costeleta bem fechada / Salto alto e fivelão / Cabra que usa pulseira / No pescoço um medalhão / Cabra com esse jeitinho / No Sertão de meu Padrinho / Cabra assim num tem vez não.* ("Xote dos Cabeludos", José Clementino / Luiz Gonzaga)

Luiz Gonzaga tinha atingido, efetivamente, o fundo do poço, aquela fase em que ou se some nas águas turvas do esquecimento ou se encon-

---

[7] Trata-se, evidentemente, da autoridade moral do Padre Cícero, uma vez que Luiz Gonzaga não chegou a conhecer o poderoso homem de igreja.

[8] Entrevista ao *Jornal do Brasil* de 18/9/1979.

Vida do viajante: a saga de Luiz Gonzaga

tra um jeito de sair de lá. E, justamente, "Xote dos cabeludos" fazia parte do LP *Oia Eu Aqui de Novo*, título sintomático. Gonzaga sentia que as coisas estavam mudando, e que sua (segunda) hora vinha chegando. Justamente neste LP figurava o novo time de parceiros, letristas, compositores que iam participar da nova fase da carreira do grande sanfoneiro: José Clementino, Luiz Guimarães, Onildo de Almeida e, o mais marcante — porque o acompanharia até o último disco e com ele faria os grandes sucessos das duas décadas que viriam a seguir —, João Silva. No LP, ele assinava "Garota Todeschini", a primeira parceria com Gonzaga.

> Eu encontrei com Gonzaga e ele me disse que a fábrica de acordeom Todeschini tinha dado três sanfonas a ele, e ele queria homenagear as moças que armavam as sanfonas. Ele me pediu se eu fazia uma música de encomenda. Eu fiz então "Garota Todeschini". (João Silva)

Homenagem às garotas, crítica aos cabeludos... Gonzaga sabia que estava saindo do fundo do poço, mas não imaginava que quem estava puxando ele para fora eram justamente os garotos cabeludos.

CAPÍTULO VIII

Se a bossa nova como meta musical chegou para ficar, enquanto movimento, entretanto, nos meados da década de 60, já estava agonizando. A "cabeluda" sucessão vinha surgindo, de pé firme e cabeça cheia de ideias novas, que iam levar Luiz Gonzaga novamente às luzes da ribalta.

Porém ninguém tinha programado qualquer campanha a favor do sanfoneiro, soterrado pela explosão bossa nova e o furacão jovem guarda. As coisas foram acontecendo aos poucos, um sinalzinho pra cá, um sintomazinho pra lá, até que se tornou óbvia a presença do pai do baião no panorama musical brasileiro.

> *Oia eu aqui de novo, xaxando / Oia eu aqui de novo, para xaxar / Vou mostrar pra esses cabras / Que ainda dou no couro / Isso é um desaforo / Que eu não posso levar / Oia eu aqui de novo cantando...* ("Oia Eu Aqui de Novo", Antônio Barros Silva)

Em 1965, por exemplo, Geraldo Vandré tinha gravado "Asa Branca" no seu LP *Hora de Lutar*. Vandré gravando "Asa Branca" era prova de que, por mais ambíguas que fossem as posições políticas de Luiz Gonzaga, a obra dele era progressista. Geraldo Vandré, que não era de gravar qualquer baboseira, não deveria ter incluído "Asa Branca" no seu repertório por acaso. Chegara, com efeito, a "hora de lutar", inclusive contra a "ditadura" da estética bossa-novista. Mas não houve grande reação à "Asa Branca" regada a berimbaus do inovador Geraldo Vandré. Apenas, retroativamente, percebe-se que, já nessa época, alguma coisa estava acontecendo. Gonzaga notou com emoção a homenagem e deu o troco em 1968, gravando num compacto simples "Caminhando ou Pra Não Dizer que Não Falei das Flores"... logo essa!

No ano anterior, Luiz Gonzaga Júnior tinha ingressado na Faculdade de Ciências Econômicas Cândido Mendes. O pai fazia questão de ter um letrado na família:

Vida do viajante: a saga de Luiz Gonzaga

Gonzaguinha era um menino meio maroto, mas tinha uma estrela muito grande. Quando ele fraquejou, que eu senti que ele não ia se formar, eu chamei ele e falei: "Você está derrubando todos os meus planos. Eu lhe dei meu nome, queria ver um doutor de anel no dedo, no neto de Januário. Você é minha esperança e agora quer me derrubar". Aí ele bateu na mesa com força e me disse: "Se aguenta meu velho, que eu vou lhe dar essa alegria. Só não garanto uma coisa, é botar esse tal de anel no dedo". Ele não botou, não foi nem buscar!

Gonzaguinha não estava interessado nem um pouco em fazer carreira de economista. Queria ser músico. Para tanto, tinha todo o talento necessário. Ora, Gonzaga não tinha resistências contra o talento. Com aquela sensibilidade incrível, sabia detectar a estrela brilhando em cima das pessoas. Quem a possuísse, se tornava cria dele. Apesar das ambições universitárias que tinha para o filho, não hesitou em dar impulso ao talento deste, lançando, em 1968, um LP no qual entravam quatro músicas de Gonzaga Júnior. Entre outras havia "Pobreza por Pobreza", que se classificara nesse mesmo ano no 1º Festival Universitário. A faixa demonstrava o quanto Gonzaguinha, apesar de ter vivido afastado do Nordeste, estava impregnado da música de lá e era — musicalmente pelo menos — o filho do pai dele, ao aderir ao registro nordestino. Outro jovem compositor também aparecia nesse LP, com uma música intitulada "Chico Valente": era o recifense Rildo Hora, recém-nomeado diretor artístico da RCA, que teria grande importância na carreira de Gonzaga daí em diante.

No mesmo disco havia ainda duas músicas de um certo Humberto Teixeira... uma delas dando o nome do disco: *Canaã*.

Gonzaga, que afirmava ter brigado com o parceiro no início da década de 50, dizia que tinham feito as pazes então. Humberto Teixeira que, como bom advogado, amenizava o atrito, sempre atribuiu a interrupção da parceria a questões jurídicas:

> Quando cessou a lei das sociedades de autores, eu voltei a trabalhar com Luiz Gonzaga. Além do mais eu trouxe ele de volta para a UBC.[1]

O cachimbo da paz tinha a forma de uma compilação das músicas da dupla, intitulada *Meus Sucesssos com Humberto Teixeira*. No mesmo

---

[1] Depoimento de Humberto Teixeira a Miguel Ângelo Azevedo (Nirez).

Ex-economista: Luiz Gonzaga queria um filho "doutor", mas foi o primeiro a gravar as músicas de Gonzaguinha.

ano, também foi lançada outra coletânea do sanfoneiro, *Os Grandes Sucessos de Luiz Gonzaga*. Luiz Gonzaga estava se tornando moda outra vez? Era sem dúvida o que a RCA estava suspeitando, tanto que, entre 1968 e 1969, chegaram às lojas de discos, além das duas compilações e do LP *Canaã*, mais dois LPs de Gonzaga. O místico *O Sanfoneiro do Povo de Deus*, onde figuravam regravações e músicas inéditas, praticamente todas no tom de louvação, e *São João do Araripe*, celebrando o centenário do povoado natal do artista. Este se encarregou, inclusive, de organizar e financiar a festa grandiosa. Em troca, o clã Alencar homenageou o filho querido da terra tornada famosa pela sua música. O povoado recebeu, então, como presente de aniversário, a luz elétrica!

Longe, bem longe do Araripe enfim eletrificado, dois baianos impertinentes, radicados do Rio, estavam derrubando o *establishment* musical brasileiro com as estridências da guitarra elétrica e de músicas intituladas "Questão de Ordem" e "É Proibido Proibir". Encabeçando, desde 1967, o futuro da MPB, através de uma explosão chamada Tropicália, os dois baianos misturavam vanguarda e tradição, e reivindicavam a influência dos Beatles, de João Gilberto e de... Luiz Gonzaga! "O primeiro fenômeno musical que deixou lastro muito grande em mim foi Luiz Gonzaga", dizia Gilberto Gil a Augusto de Campos.[2] E acrescentava que Gonzaga fora, sem dúvida, "a primeira grande coisa significativa do ponto de vista da cultura de massa no Brasil". E Caetano Veloso recordava a paixão que sentia pelo Rei do Baião quando criança.

> Muitos artistas jovens que falam que têm, em minha pessoa, a principal influência, é porque quando eram meninos iam me assistir nas praças públicas com seus pais, de graça. E me viam cantando, pulando, falando, xaxando, fazendo as brincadeiras de cangaceiros, e ali foram desenvolvendo suas artes. (Luiz Gonzaga)

No final dos anos 60, a geração que estava emergindo era justamente a criançada dos anos 50, despertada para a música pela voz e a sanfona maravilhosas de Luiz Gonzaga, enchendo as ruas da cidadezinhas interioranas, se apresentando nos circos, nas praças públicas, brilhando nos

---

[2] Entrevista de Gilberto Gil a Augusto Campos, no dia 6/4/1968, publicada em *Balanço da bossa e outras bossas*, São Paulo, Perspectiva, 1978, 3ª ed.

programas da Rádio Nacional. Agora, afirmavam a influência do sanfoneiro que tanto alegrara a infância deles. Contudo, na entrevista em que Gilberto Gil evocava o sanfoneiro como influência importante, perguntavam a ele: "E que fim levou Luiz Gonzaga?", demonstrando o grau de esquecimento em que caíra o Rei do Baião.

Não obstante, a revelação de Gil mexeu as memórias, as lembranças, os corações... Foi quando surgiu mais um cabeludo: Carlos Imperial, jornalista e radialista, que mandava e desmandava no rock — versão iê-iê-iê — brasileiro, no seu programa *Os Brotos Comandam*. Num acesso de humor desvairado, ou de esdrúxulo nacionalismo, resolveu demonstrar que a *pop-music* dos Beatles tinha suas raízes no baião, e propagou o delicioso boato de que os quatro ingleses acabavam de gravar "Asa Branca" no novo disco, o duplo *White Album*. Pairava efetivamente um pássaro numa das suas faixas: nos versos da belíssima "toada" intitulada "Blackbird". Que não tinha nada a ver com "Asa Branca". Vai ver que Carlos Imperial confundira o branco e o preto, misturara rolinha sertaneja com graúna anglo-saxã. Mas a piada acabou rendendo: a imprensa começou a procurar Luiz Gonzaga e "a grande influência dos tropicalistas" voltou a ter um rosto!

> Todo mundo correu em cima [da notícia]. Chama pra programa, paga cachê e não sei o quê, gravei programa, ganhei dinheiro e Carlos Imperial na maior gozação do mundo. (Luiz Gonzaga)[3]

O iê-iê-iê imprimira aos musicais da televisão sua estética comercial-cafona importada da TV norte-americana. Num desses programas, *Noite Impecável*, na TV Continental, Luiz Gonzaga voltou à tona, rodeado de um coro de brotinhos e de um balé de Gonzaguetes (!!!). Produzido por Mário Ribeiro, com assistência de Helena Gonzaga, o programa propunha um concurso para "Garota Impecável", e distribuição de brindes. Também vinham semanalmente convidados prestigiosos, como Renato Murce, Zé Gonzaga, o Trio Nordestino (na sua segunda formação, liderada por Lindu), o Trio Mossoró, Zé Calixto e, na sua última aparição em público, Vicente Celestino. O auditório, superlotado, relembrava velhos e áureos tempos... Dividido entre alegria da volta à cena carioca e a ago-

---

[3] Entrevista de Luiz Gonzaga ao jornal *O Pasquim*, nº 111, de 17 a 23/8/1971.

Vida do viajante: a saga de Luiz Gonzaga

nia de se sentir preso ao Rio, Gonzaga partiu para outra, quando a TV Continental fechou suas portas, após seis meses de "noites impecáveis".

Musicalmente, porém, a volta não estava ainda bem consolidada. Tanto que 1969 passou em branco do ponto de vista discográfico. Mesmo assim, Gonzaga aconteceu, graças à gravação de "17 Légua e Meia"[4] por Gilberto Gil, no seu futurista terceiro LP *Cérebro Eletrônico*. Logo depois do lançamento do disco, Gil "seria embarcado" com Caetano Veloso para Londres, por motivos de AI-5... Indiferente à tensão política e social que vigorou a partir de então no país, Gonzaga partiu novamente pelas estradas, via Nordeste. Dominguinhos tinha saído do Trio Nordestino, e agora estava trabalhando com o Rei do Baião. Era seu chofer e a segunda sanfona no palco. Foi durante essa turnê que Dominguinhos e Anastácia se conheceram, dando início a uma história de amor e de parceria que iria fornecer bom repertório a muitos cantores nordestinos ou não, entre os quais Luiz Gonzaga que, no LP *Sertão 70*, integrou a seu repertório, como primeira parceria do casal, "Já Vou Mãe".

O Sertão estava sofrendo, nesse verão de 1970, uma seca braba. Gonzaga ficou muito preocupado com o velho Januário, cuja saúde andava extremamente combalida. Toda vez que podia, ia até o Araripe visitar o pai. Foi numa dessas viagens que conheceu João Câncio, um padre fora do comum.

> Eu ministeriava na região de Granito a Serrita desde 1964. Eu gostava muito de vaquejada e, a partir de 66, comecei a correr boi. Isso chamava atenção e o povo começou a falar de mim. Uma vez eu fui correr no Exu e Luiz chegou no palanque, riu comigo dizendo que eu estava ficando mais famoso do que ele em Exu, e nós ficamos conversando. Depois disso, toda vez que ele passava pelo Araripe eu ia visitá-lo. Inclusive, eu sempre levava meu gravador para gravar as músicas dele. (João Câncio)

Entre sacerdócio e vaquejadas, o padre percorria a região na sua Rural. E nas solitárias andanças, escutava os cassetes. Do seu ídolo Luiz Gonzaga, prezava mais que tudo a belíssima toada "A Morte do Vaqueiro", sensível à beleza da melodia, à poesia dos versos e talvez, mais ainda, à revolta contida na música.

---

[4] Composta por Humberto Teixeira e Carlos Barroso, a música ficou famosa na voz de Luiz Gonzaga.

Tudo deixava pensar que Raimundo Jacó, ligado aos Alencar, tinha sido assassinado por um vaqueiro dos Sampaio. Não se sabe se houve pressão lá de cima, mas acabou que botaram uma pedra em cima do caso, suspenderam o inquérito, não houve processo, o suspeito foi solto e a coisa ficou por isso mesmo. E Gonzaga ficou muito chateado com essa história, desmoralizado, pois ele viu que, apesar do sucesso e da fama dele, quem mandava eram os coronéis. (João Câncio)

João Câncio, que fazia parte daqueles padres engajados, politizados, muito ativos, que agitaram o Nordeste nos anos da ditadura, não podia ficar indiferente à indignação do sanfoneiro. Por sua vez, Luiz Gonzaga dificilmente podia resistir à inteligência e à originalidade do personagem "desajustado", que se tornou um dos mais fiéis amigos do sanfoneiro e, também, uma das poucas pessoas que tinha ascendência sobre ele. João Câncio, calmo, tranquilo, determinado, e Luiz Gonzaga, impulsivo, criativo, versátil, souberam rentabilizar a complementaridade de seus temperamentos. Por isso, as ações que ambos empreenderam pela região tiveram real impacto, a começar pela Missa do Vaqueiro.

Naquela seca de 70, que matou gente à pampa, foi organizada uma frente de serviço. O pessoal trabalhava o dia todo e recebia dois cruzeiros. Eu fiquei revoltado com isso, e tive a ideia de celebrar missas com o pessoal, que na realidade eram reuniões informais. Era para que o povo pudesse falar. Numa dessas conversas, alguém comentou que existia missa pra toda categoria de gente, mas não havia missa para os vaqueiros. A gente então começou a falar do que poderia ser uma missa para os vaqueiros, e um deles sugeriu que fosse na Laje onde Raimundo Jacó fora assassinado, no dia 9 de julho de 1954... (João Câncio)

Numa tarde bem tristonha / Gado muge sem parar / Lamentando seu vaqueiro / Que não vem mais aboiar / Não vem mais aboiar / Tão dolente a cantar. / (...) / Bom vaqueiro nordestino / Morre sem deixar tostão / O seu nome é esquecido / Nas quebradas do Sertão / Nunca mais ouvirão / Seu cantar, meu irmão / (...) / Sacudido numa cova / Desprezado do senhor / Só lembrado do cachorro / Que ainda chora a sua dor / É demais tanta dor / A chorar com amor(...) ("A Morte do Vaqueiro", Nelson Barbalho / Luiz Gonzaga)

O projeto do padre era fazer não uma missa *para* os vaqueiros, mas uma missa *dos* vaqueiros, isto é, uma liturgia inspirada na própria vida desses homens. Com ajuda e conselhos de Luiz Gonzaga, dos irmãos Bandeira, conhecidos repentistas cearenses, a missa foi tomando corpo. Sua preparação levou um ano. João Câncio viveu o dia a dia dos vaqueiros, observou seus costumes, seu linguajar, suas crendices e foi elaborando, a partir disto tudo, uma missa absolutamente inovadora:

> Eu transmiti o que eu queria dizer aos cantadores, para que eles pusessem no linguajar certo do povo, com a mensagem que eu queria dar. Isso era a parte litúrgica da missa. Quanto à eucaristia, eu me inspirei nos costumes dos vaqueiros. Por exemplo, na época de levar o gado lá pra serra, acabavam as rivalidades, as inimizades entre os vaqueiros. Havia então um senso da comunidade e uma solidariedade muito fortes. Por exemplo, eles juntavam o gado de todo mundo, não queriam saber de quem era, e colocavam nos currais até a apartação, no dia de descer. E enquanto estavam lá em cima, a comida era dividida entre todos. Quem tinha um patrão pobre, que só dava rapadura, dividia a rapadura, e quem tinha um patrão mais rico, que dava carne, dividia a carne também. Assim, todos comiam igual e à vontade... e eu peguei isso como a divisão dos apóstolos.

O resultado foi uma missa numa liturgia da qual se podia substituir a palavra Deus ou Jesus por Karl Marx, e trocar a máxima "Amai-vos uns os outros" por "Sindicalizai-vos uns e outros", sem causar o mínimo contrassenso. Tudo isso com o apoio de Luiz Gonzaga, que financiou a missa até 1974, quando a Impetur entrou no projeto. E, mesmo depois disso, Gonzaga continuou a garantir, durante anos, comida e transporte aos vaqueiros vindos dos quatro cantos da caatinga sertaneja para assistir à missa. Com os irmãos Bandeira, ele animou a missa durante vários anos. Carro-chefe dos cantos apresentados, havia, evidentemente, "A Morte do Vaqueiro", que inspirara tudo e que passou a ter, na voz de seu criador, um tom sumamente subversivo, inclusive na prosa violentamente antigovernamental — contra o poder, qualquer que fosse — que ele desenvolvia ao interpretar a toada. Gonzaga, o Rei do

Baião e dos tropeços ideológicos, estava promovendo, nessa ação, a criação (efetiva) da primeira associação de defesa dos interesses dos vaqueiros desde que o Sertão era Sertão!

Assim era Luiz Gonzaga.

Enquanto o artista cantava para os vaqueiros, e se reaproximava cada vez mais do seu Nordeste natal, a juventude brasileira se encantava com ele e com sua música. Tanto que, quando da primeira Missa do Vaqueiro, nos cafundós do Sertão, chegava, ao mesmo tempo, às lojas de discos do país inteiro, o novo LP de Caetano Veloso, gravado em Londres, onde o artista se achava exilado.

> *Hoje longe muita léguas / Numa triste solidão / Espero a chuva cair de novo / Pra mim voltar pro meu Sertão.* ("Asa Branca", Luiz Gonzaga / Humberto Teixeira)

Uma só música do disco não era da autoria de Caetano: "Asa Branca", a única que ele cantava em português, as outras todas em inglês, com gracioso sotaque baiano. O hino dos flagelados nordestinos se tornara o hino dos exilados brasileiros, vítimas da ditadura.

> Eu ouvi falar que Caetano Veloso estava na Inglaterra e tinha gravado "Asa Branca". Era a época da primeira missa, e eu estava no Norte. Um dia, em Fortaleza, estou passando em frente a uma loja de discos e o vendedor me chamou:
> — Oh! Seu Luiz, o senhor já ouviu a "Asa Branca" cantada por Caetano Veloso?
> — Não ouvi ainda não.
> — Quer ouvir?
> — Agorinha! — e entrei na loja. Ele me deu a capa enquanto colocava o disco na vitrola. Essa capa com uma fotografia dele com aquele casaco de inverno, expressava tanta tristeza, mas tanta tristeza, que meus olhos se encheram de lágrimas. Quando tocou o disco, aí eu chorei por dentro de mim. Mas quando ele fez aquela gemedeira do cantador sertanejo, aí eu não aguentei, chorei feio! Foi uma das maiores emoções que eu tive na vida. Muita gente achou aquilo de mau gosto. Mas eu que sou autêntico, eu senti que ele teve uma força muito grande em fazer aquela gemedeira em "Asa Branca". Aí subiu muito o conceito que eu

Missa do Vaqueiro: uma missa inspirada pela música a "Morte do Vaqueiro".

Politizado: João Câncio,
um padre vestido de couro.

já tinha dele, eu o admirava. Esses dois baianos [Caetano e Gil] moram no meu coração. Porque foi justamente através dos baianos, que quando foram para o Rio de Janeiro participar dos grandes festivais fabulosos, com novas toadas, tiveram a dignidade de dizer nas entrevistas deles que tudo aquilo era Luiz Gonzaga. E isso bateu!

Bateu tanto, que pouco tempo depois, Rildo Hora, diretor artístico na RCA, o procurou para fazer um disco de homenagem à juventude. A ideia calhava muito bem com as atitudes de Luiz Gonzaga: o velho Lua sabia agradecer!

Rildo Hora era produtor da RCA mas não produzia pra mim. Ele me dava músicas. Porém aí ele resolveu produzir um disco meu, que ele chamou *O Canto Jovem de Luiz Gonzaga*, no qual eu só interpretava músicas dos novos músicos: Gilberto Gil, Caetano Veloso, Antônio Carlos e Jocafi, Capinan, Edu Lobo, Dori Caymmi, Geraldo Vandré, Gonzaguinha, que fez também "Asa Branca" em duo comigo... Foi difícil. Eu tive grandes dificuldades, mas Rildo Hora foi muito habilidoso, ele empostou minha voz. Eu cantava muito em cima e ele botou minha voz lá em baixo, me trouxe para uma tonalidade média, baritonada. Eu gostei dessa tessitura que ele me deu, inclusive porque já estava ficando velho e a tendência quando se envelhece é que a voz baixe. Aliás, o velho vai baixando em tudo, na voz, no preço, no resto... Mas o disco agradou. Não foi um grande sucesso, mas deu pra chamar um pouco a atenção. E eu fiquei apoiado pelos jovens. Foram eles que me deram crédito. Eles tinham universidade. Juca Chaves falou muito de mim. Por causa deles, eu me tornei respeitado.

O que ele não dizia, porque talvez nem pensou nisso, é que o apoio era mútuo. Quase todos os autores que ele cantava nesse disco estavam ou no exílio ou perseguidos pela censura. E o velho patriarca emprestava sua voz para os meninos refugiados na Europa, ou no silêncio imposto pelo AI-5. Entre eles, havia seu próprio filho, Gonzaguinha, que, além da participação no repertório de *O Canto Jovem*, homenageou o pai no último Festival Internacional da Canção com a música "Sanfona de Prata", até hoje não gravada. Gonzaga também participava, sem concorrer, desse festival realizado no Maracanãzinho. Nesse mesmo ano, enfim, houve o show de Gilberto Gil e Gal Costa, no Palais de la Mutualité, em Paris, que incendiou o coração dos parisienses com uma versão de "Acauã",[5] que durou não menos de 45 minutos...

Em agosto, uma das publicações mais contestadoras da jovem intelectualidade brasileira, *O Pasquim*, publicou uma longuíssima entrevista[6] de Luiz Gonzaga, apresentado pela redação como "uma das figuras mais quentes, mais importantes, mais talentosas da nossa música popular".

Luiz Gonzaga, como mais tarde, nos anos 80, o francês Charles Trenet e o norte-americano Miles Davis, assistia bem vivinho a um acontecimento excepcional: sua entrada no Olimpo da cultura de seu país. E, no Olimpo, só tem gente eterna. Talvez por isso Luiz Gonzaga, ainda em 1971, recebeu da TV Tupi do Rio de Janeiro o título de "Imortal da Música Brasileira". Já no ano anterior, entrara na coleção *História da Música Popular Brasileira*, editada pela Abril Cultural... com Humberto Teixeira (e sem Zé Dantas!?).

Definitivamente reconciliado com os cabeludos, Luiz Gonzaga deu corpo à ideia de que "os jovens sempre estão com a razão" indo assistir, a convite de Carlos Imperial, ao Festival de Rock em Guarapari, no Espírito Santo, em 1971. Lembrando que devia parcialmente à imaginação do anfitrião, com o estalo dos Beatles e "Asa Branca", sua volta às manchetes e aos palcos, subiu no de Guarapari, quando os organizadores confessaram que dos artistas convidados só comparecera Chacrinha... A moçada que enchera um estádio para assistir a um show de rock acabou xaxando no ritmo da sanfona de Gonzaga, que ficou encantado com os *hippies* coloridos da plateia.

A priori, pode-se indagar sobre o que é que o coroa-coroado Rei do Baião 25 anos antes estava fazendo no meio daquela juventude politizada, liberada e desbundada. Ele estava simplesmente simbolizando parte dos valores que fecundaram a geração do desbunde: uma certa forma de liberdade, de autenticidade, o apego à natureza, à ecologia (mesmo se o conceito ainda não era badalado), às raízes. Em suma, ele tinha tudo a

---

[5] Foi na voz de Luiz Gonzaga que a toada de Zé Dantas (1952) virou uma clássico da MPB.

[6] Em *O Pasquim*, nº 111, de 17 a 23/8/1971.

Vida do viajante: a saga de Luiz Gonzaga

ver com a nova geração, que sonhava fazer da vida um grande mutirão. Gonzaga era um deles.

> *O meu cabelo já começa prateando / Mas a sanfona ainda não desafinou / Minha voz, vocês reparem eu cantando / Que é a mesma voz de quando / Meu reinado começou.* ("Chapéu de Couro e Gratidão", Luiz Gonzaga / Aguinaldo Batista)

Nada adiantaria a nova geração estar abrindo espaço para o velho sanfoneiro, se ele não soubesse ocupá-lo. Mas o reinado pôde continuar, graças à inteligência, à sensibilidade, à perspicácia de Gonzaga, à sua capacidade de acompanhar o tempo, a evolução da sociedade, a mudança dos costumes, da música, da técnica, das mentalidades... Apesar de ter no folclore sua principal fonte de inspiração, Luiz Gonzaga não era, e nunca foi, um folclorista. Caetano Veloso estava certo quando afirmava, respaldando a teoria de Carlos Imperial: "A formação de Luiz Gonzaga é *pop*, uma solução que ele, emigrante, morando no Rio, tentando a vida, descobriu, ali na transação da Rádio Nacional e gravadoras. Ele inventou algo que funcionou. É algo *pop*, como os Beatles, assim. Luiz Gonzaga para mim, é um grande artista *pop*".[7] Porque *pop* é uma expressão em perpétuo movimento como Luiz Gonzaga o foi a vida inteira. Ele sempre fez parte da juventude. Por isso, bastou que as portas se abrissem novamente, para que ele voltasse... pra curtir!

Numa noite de março de 1972, o rojão de Luiz Gonzaga investiu sobre o palco do teatro Tereza Raquel, num show chamado *Luiz Gonzaga Volta pra Curtir*, produzido por Capinan. Naquela noite, Luiz Gonzaga estava partindo para a conquista do público estudantil, que encheu as bancadas do sofisticado teatro da Siqueira Campos, em Copacabana. Gonzaga estava se tornando matéria de reflexão e observação para a intelectualidade. Depois d'*O Pasquim*, foi a vez da mais *underground* e vanguardista das revistas brasileiras da época, a excelente *O Bondinho*, publicar uma matéria sobre o sanfoneiro. Capinan, ele novamente, foi encarregado da reportagem, que tomou a forma-informal de um encontro entre Luiz Gonzaga e Gilberto Gil, em Santa Cruz da Serra, e tinha o título de "Forró no sítio de Luiz Gonzaga". Como os Novos Baianos no sítio de Jacarepaguá, calhava bem que o sanfoneiro vivesse num sítio. Na

---

[7] Caetano Veloso, em *Caderno de confissões brasileiras*, organização de Geneton Moraes Neto, Recife, Comunicarte, 1983.

verdade, tratava-se da casa de Chiquinha, a irmã dele. Mas o que importa apontar é que Luiz Gonzaga estava, sem saber como, atuando na versão brasileira do *flower power*.

Até a capa do novo LP, *Aquilo Bom!*, que ele lançou em 1972, de forte inspiração psicodélica, dava o recado do momento. Só faltava Gonzaga deixar crescer o cabelo e comer comida macrobiótica! Infelizmente, o LP, propriamente, não continha o mínimo recado, a não ser o de que faltava inspiração, repertório, energia, autenticidade... e memória. Ninguém mais sabia ao certo o que era, ou melhor, como era, a música de Luiz Gonzaga... nem ele mesmo.

Mais uma vez, Gonzaga estava com dificuldades para compor. Ele trabalhava com vários parceiros mas faltava-lhe "O" parceiro, aquele com quem se trava uma relação de paixão e genialidade. À fraqueza do repertório, acrescentava-se um novo tipo de produção discográfica, no qual o estilo de Gonzaga não tinha encontrado seus marcos. Quando Rildo Hora (que passou, a partir de *O Canto Jovem...*, a produzir os discos de Gonzaga) chegou com uma nova proposta, falando de efeitos especiais, de empostar a voz, de eco, *delay*, *reverb*, etc. e tal, Gonzaga aceitou sem discussão. Quem sabia eram os jovens, pensava ele, fazendo como lhe diziam.

O resultado, paradoxalmente, é que na primeira metade da década, quanto mais se valorizava Luiz Gonzaga, mais a produção musical dele ficava insossa, insípida e sem personalidade alguma.

Na verdade, o que estava acontecendo é que, nesse gaguejo da história, Gonzaga precisava percorrer o mesmo caminho que na primeira fase da carreira: procurar as pessoas certas e se afinar com elas.

Mas, por hora, até com a RCA ele estava desafinado. Nos tempos áureos, sempre fora prestigiado pela gravadora, e, agora que as coisas estavam melhorando, achou que podia pedir um adiantamento para comprar uma Veraneio que vira numa garagem em Cocotá. Mas os departamentos financeiros das gravadoras não batiam no mesmo ritmo que o coração de um sanfoneiro. Negaram-lhe o pedido. Foi o bastante para que Luiz Gonzaga rompesse violentamente o contrato, velho de 32 anos, com a RCA. Fernando Lobo, que havia meses estava chamando o sanfoneiro para a Odeon, apesar da oposição de Helena, não deixou passar a chance. Obteve da direção da companhia o dinheiro da Veraneio.

Luiz Gonzaga, que aproveitava as viagens pelo Norte para catar talentos, estava trabalhando com um novo time de parceiros, muitos deles descobertos em Caruaru. A Capital do Agreste, verdadeiro celeiro de compositores, era muito benquista do sanfoneiro, que foi homenageado, em

Vida do viajante: a saga de Luiz Gonzaga   255

Conserto a dois: Gonzaga tenta arrumar seu chapéu de couro...

... um amigo, vendo sua dificuldade, se aproxima para ajudar...

... pega o chapéu, e o põe em ordem, devolvendo ao dono...

... que o coloca, por fim, na cabeça.

1972, com o título de Cidadão de Caruaru. Ele agradeceu dando um show no Clube Municipal. Estava no camarim esperando a hora de subir no palco quando Onildo de Almeida veio cumprimentá-lo e lhe entregou uma fita. Era um baião que um amigo de Onildo, o clínico geral Janduhy Finizola, tinha feito para Gonzaga, em homenagem às circunstâncias, e intitulado "Cidadão de Caruaru".

Logo nesse dia eu estava de plantão no Pronto-Socorro, e não podia assistir ao show, por isso tinha pedido a Onildo que entregasse a fita a Gonzaga. Quando foram três horas da madrugada, eu estava cochilando, o servente me sacudiu: "Doutor, acorda! Luiz Gonzaga está aqui, passando mal". Eu pensei que ele estava curtindo com a minha cara, pois todo mundo sabia da história da fita, aí comecei a dar bronca nele, mas ele insistiu. Luiz Gonzaga estava mesmo com uma indisposição digestiva, nada grave. Quando ele me viu, ele falou:
— É o doutor do baião?
E começou aquele papo. Eu levei ele pra um lugar tranquilo, para ele descansar. Mas o dia amanheceu, e a gente ainda estava conversando. Isso foi o primeiro contato, depois nós ficamos muito amigos e parceiros. (Janduhy Finizola)

A parceria limitou-se a duas músicas: "Cavalo Crioulo" e "Bacamarteiros". "Nova Jerusalém", que chegou a dar nome a um dos discos de Luiz Gonzaga na Odeon, é só de Finizola. Aliás a música já fora gravada por Marinês (fazia referência à Paixão de Cristo encenada a cada ano em Fazenda Nova, Pernambuco, na Nova Jerusalém, imenso teatro ao ar livre, que reproduz parcialmente a verdadeira Jerusalém).

Em dois anos de Odeon, apesar de só ter gravado vinte e seis músicas inéditas, Luiz Gonzaga lançou cinco LPs, o que normalmente pediria umas 50 músicas novas. Para conseguir tal façanha — cujo objetivo só podia ser a rentabilização do artista pela gravadora —, com a exceção de *Luiz Gonzaga*, o primeiro LP, com repertório obviamente novo, os quatro outros não passam de um misto de algumas músicas novas e de incessantes e numerosas regravações. Não é de estranhar, nessas condições, que nenhum dos discos gravado na Odeon tenha marcado a história da música brasileira. A não ser, no LP *Sangue Nordestino*, em 74, a grandiosíssima prosa intitulada "Samarica Parteira". Verdadeira antologia do gênero, "Samarica Parteira" era o último legado do inesquecível parceiro Zé Dantas a Luiz Gonzaga. Havia anos que o Lua a apresentava nos seus shows, mas nunca se atrevera a gravá-la. Aliás, ele nunca gravara aquelas suas prosas, salvo se estivessem incluídas na música, como por exemplo "Respeita Januário", "O Cheiro da Carolina", "Vozes da Seca", etc. Num ato de audácia, e talvez porque não sentisse real compromisso com a Odeon, resolveu se arriscar a gravar a saborosa (e extremamente realista) descrição de um parto no Sertão, revelando-se também um maravilhoso contador. Arriscou bem. O sucesso da gravação foi real e o incentivou a continuar. Posteriormente, gravaria "Karolina com K", "O Jumento é Nosso Irmão".[8] Nesse período entre 72 e 74, enquanto a Odeon mexia e remexia no repertório sem sabor e sem cor do sanfoneiro, Pedro Cruz rentabilizava o arquivo da RCA, lançando compilação em cima de compilação com o melhor da produção gonzaguiana.

Gravar o nordestino voltava a ser um bom negócio, todo mundo estava incluindo Gonzaga no seu repertório. Depois de Geraldo Vandré, Caetano Veloso, Sérgio Mendes, chegara a vez de Inezita Barroso gravar "Asa Branca". Todo mundo gravava "Asa Branca". Ninguém recordava as centenas de obras-primas que compunham sua musicografia. Mas todos lembravam que ele era importante. Até os políticos se lembravam. Tanto que, em 1973, recebeu o título de Cidadão Paulista das mãos do governador de São Paulo e, em Pernambuco, foi contatado pelo governador Eraldo Gueiros para missão diplomática.

Acontecia que, no Exu, as lutas entre as famílias Sampaio e Alencar já estavam registrando dezenas de mortos, e nada punha um termo à carnificina. Eraldo Gueiros pediu então a Gonzaga que assumisse o papel de mediador, numa tentativa de pacificar a cidade. Apesar dos esforços, Exu continuou intratável. Mas, de repente, Gonzaga acordou com vocação de político e um novo projeto na cabeça: iria se candidatar a deputado federal, pelo MDB. Assim, poderia agir com maior eficiência. Na família e entre os amigos, foi um deus nos acuda geral. Ninguém duvidava, nem um pouco, da absoluta incompetência do sanfoneiro para a política. Até Priscila achava que o patrão enlouquecera:

As irmãs dele pelejaram, pelejaram, mas ele não escutava. Aí uma vez, Gonzaga foi pra Miguel Pereira e eu fui nas costas dele. E no carro eu disse tudo que pensava: "Gonzaga, tu tá

---

[8] O primeiro em *Chá Cutuba* e o segundo — horrivelmente mal produzido (o que é uma pena) — em *Capim Novo*.

Vida do viajante: a saga de Luiz Gonzaga

querendo te candidatar a deputado pra Exu, mas tu não sabe que lá ninguém gosta de você. No Novo Exu, ninguém gosta de tu. Eles não dizem a você, mas a mim eles falam". Mas Gonzaga não tomava conselho de ninguém.

O sanfoneiro foi salvo do desastre político por uma das únicas pessoas cuja opinião valia para ele: o padre João Câncio, que nunca teve medo de dizer o que pensava e achava das coisas.

Ele inventou de se candidatar a deputado. Eu achava que não dava certo. Primeiro, que Luiz não tinha qualidade pra ser político, porque ele tinha um coração muito grande, se abestalhava a toda hora, queria resolver problema de todo mundo e não resolvia problema de ninguém. Ele veio me ver porque queria que eu fosse cabo eleitoral dele. Eu disse que ele não tinha condições de ser candidato, nem deputado. Ele era Luiz Gonzaga, o sanfoneiro, o cantor. No momento em que ele entrasse num partido, ele deixaria de ser aquele monumento cultural do Brasil, e passaria a ser um deputado anônimo. Ele então perguntou:
— Quer dizer que você não votava em mim.
— Votava não. Você é meu amigo, gosto de você, mas sou sincero: em você eu não voto mesmo!
Ele então bateu na minha coxa, bem forte e disse:
— Vai ser o presente que eu vou dar a Helena!

Um presente que só podia agradar a Helena, que também discordava radicalmente da ideia do marido se candidatar. Desesperada, já o via distribuindo o dinheiro da municipalidade aos mendigos, na feira de Exu:

Todo mundo prometia voto a ele. Imaginem se ele fosse eleito. Às vezes eu fico pensando que talvez eu tenha errado em me opor à candidatura dele. Talvez ele tenha vivido frustrado com isso e me achado culpada. Ele nunca comentou nada, mas quem sabe?

Consta que, de qualquer forma, Gonzaga não podia se candidatar em Exu, uma vez que o título dele era de Miguel Pereira... Por aí Gonzaga começava a demonstrar pouco interesse pela belíssima fazenda que possuía no Sul, sentindo-se cada vez mais atraído pelo Sertão natal. Aliás, já havia começado a reforma dos imóveis existentes nas terras que comprara, na entrada de Exu. O projeto de valorização da propriedade comportava a casa grande, um hotel, uma casa para Januário, um museu com seu acervo, realização de um velho sonho de Helena, um estudiozinho de som, e outras dependências de serviço. Em frente ao parque, à beira da estrada, um posto de gasolina, com uma lanchonete. Com isso, o sanfoneiro assegurava a aposentadoria, quando chegasse a hora. A construção foi feita, como tudo o que Gonzaga empreendia exceto a música, sem a menor lógica, na maior desorganização, com perdas, danos e provavelmente muito roubo. Mandava fazer as coisas, mudava de ideia, mandava desmanchar, escolhia um material e quando o via instalado não gostava mais, mandava tirar tudo, entregava a supervisão das obras a Helena, logo a retirava e dava para um sobrinho, tirava o sobrinho, botava um amigo, botava outro amigo e assim por diante. No final das contas, se aborrecia com todo mundo porque as coisas não se encaminhavam como ele queria... um inferno, que obviamente custou muito mais dinheiro do que o previsto. Afinal, pretextando alergia ao frio, Gonzaga vendeu a fazenda em Miguel Pereira, da qual de qualquer forma se afastara, magoado com o ambiente triste que lá reinava, por conta dos desentendimentos com a esposa. Mas fez um péssimo negócio — como todos os seus negócios — e ganhou uma ninharia. Gonzaguinha, que adorava a fazenda Califórnia, ficou desesperado e não perdoou o pai. De qualquer forma, as relações entre os dois estavam a cada dia mais difíceis.

Ele não se sentia bem em casa, aí começou a frequentar a casa de um intelectual, o doutor Aloísio Porto Carreiro. Ele gostava de ir lá porque havia muita reunião de jovens, de artistas, pessoal dos festivais. Gonzaguinha ia lá, e foi ficando, ficando... E acabou casando com Angela, a filha do doutor Aloísio. (Luiz Gonzaga)

Além dos problemas psicológicos e emocionais entre o pai e o filho, havia agora profundas divergências políticas. Com a incoerência e absoluta falta de consciência política que o caracterizavam, Gonzaga, que pretendera candidatar-se pelo MDB, partido de oposição, não poupava, ao mesmo tempo, elogios à ditadura. Gonzaga Jr., muito engajado nos movimentos universitários de oposição ao regime militar que estava atingindo, então, o auge do horror, dificilmente podia suportar tal atitude do pai.

Vida do viajante: a saga de Luiz Gonzaga

O Gonzaguinha sabia que eu era muito pelos militares. Eu tinha sido soldado durante quase nove anos, e eu sentia naquele meio um engrandecimento muito grande para a minha pessoa. Eles me chamavam para cantar para eles e eu me apresentava diante de 20, 30 generais, cantando as coisas do Sertão, porque militar gosta muito de música que decanta o trabalho, a força, a coragem, a capacidade de desenvolver a terra, tudo que minha música cantava. Uma vez eu cantei para Castelo Branco, numa festa grande que houve em Fortaleza. No final, ele me cumprimentou e disse: "Gosto muito de você, Luiz". (Luiz Gonzaga)

Para Gonzaguinha, a adesão do pai à ditadura feria três vezes. Era doloroso vê-lo defender uma política odiosa; era doloroso vê-lo se ridicularizar tocando para militares que não davam nenhum valor à sua arte. O sanfoneiro não percebia que, para esses poderosos, ele não passava de um pobre saltimbanco, apenas com uma vantagem: o velho "Lua" não se opunha à ditadura, como grande parte da classe artística. Além do mais, não pedia cachê alto. Era doloroso, enfim, ser novamente abandonado pelo próprio pai, na hora em que a censura apertava.

Durante o governo Médici, eu recebi uma notificação que haviam sido censuradas três músicas minhas: "Asa Branca", "Vozes da Seca" e "Paulo Afonso". Mas eu não me conformei. Helena tampouco aceitou isso. Então nós fomos discutir com o pessoal da censura e Helena me defendeu, qual uma advogada. E ela disse então: "Eu não sei porque essa senhora censora fez isso, porque Luiz Gonzaga é um artista limpo, muito limpo! Mas ele tem um filho chamado Luiz Gonzaga também, e vai ver que confundiram os dois".

Pela segunda vez, manipulado por Helena, Gonzaga abandonava o filho, pior ainda, o traía, entrando no jogo da ditadura. Quanto à juventude, aos roqueiros, aos baianos cheios de gratidão para com o mestre, ficaram meio desorientados quando ouviram Luiz Gonzaga afirmar publicamente que "essa coisa de tortura é jogada dos comunistas, pode haver tido alguma besteirinha do lado da Secretaria de Justiça" e que Castelo Branco era "um presidente muito civilizado", que o general Geisel era "um grande estadista"... e defender a censura.

Tanto que a gonzagolatria broxou lamentavelmente. E a carreira do sanfoneiro que estava levantando voo novamente, parou no meio da decolagem.

Mas quem estava gostando da viagem, quem só cobrava música de Luiz Gonzaga, pôde continuar a curtir a arte do mestre no Forró Asa Branca que ele criara na Ilha do Governador. Uma vez por semana, a sanfona de Luiz Gonzaga alegrava o mais nordestinos dos bailes, com assessoria de Helena e apoio das irmãs.

> Toda quarta-feira nós ia pra Ilha. Muniz preparava as comidas, carne de sol, pamonha, milho, eu e Socorro ajudava, comprava as bebidas, cerveja, pinga, refrigerante, e aí quando estava tudo pronto nós botava tudo no carro e levava pra lá. Era tão animado, a gente se divertia muito. O forró enchia de gente... (Chiquinha)

Frequentado pelos nordestinos do Rio, o forró de Luiz Gonzaga atingiu certa fama, passando, entre 1972 e 1974, a ser conhecido pela classe média carioca, que se tornou freguesa também. Entre tantos, Fernando Lobo que, devendo receber uma homenagem da cidade do Rio de Janeiro, organizou a cerimônia no forró do velho amigo. No palco, Gonzaga tocava e cantava rodeado de seus músicos e também dos sobrinhos que estavam começando a tocar sanfona, zabumba, triângulo. O forró permitia que fizessem os primeiros passos na carreira artística. Na sala, o público bebia, comia e dançava muito.

Dançava-se até o dia em que Helena e as cunhadas começaram a brigar... problemas de dinheiro, de poder, ou seja, problemas de sempre. Gonzaga pegou a sanfona e caiu fora. O Forró Asa Branca terminou aí, deixando eterna lembrança na mente de quem o conheceu.

Não houve disco novo em 1975. Por falta de inspiração, de parcerias, de ânimo e de gravadora. Apesar da gentileza com a qual era tratado na Odeon, Gonzaga estava sentindo saudades da antiga, a RCA, para a qual acabou voltando pelas mãos do diretor artístico, Pedro Cruz.

Enquanto isso, Helena tentava salvar o barco e manter a fama do marido, prestigiando e lançando novos seguidores do Rei: depois do Trio Nordestino n° 1 e do Trio Nordestino n° 2, criou, naquele ano, Os Novos Gonzaga, com os sobrinhos do marido, e As Januárias, com as sobrinhas. Ela montava os grupos, e Gonzaga, cujos tropeços políticos não obliteravam a lucidez artística, desmontava. Quem tivesse talento dentre os músicos apadrinhados por Helena, passava a acompanhar o Rei. Dominguinhos, que já não trabalhava mais com ele, foi então substituído por Joca, um sobrinho.

> Tio Gonzaga gostava de contratar as pessoas para uma temporada, aí ele me chamou para tocar sanfona com ele, e eu excursionei durante um ano. (Joca)

Acompanhando as sanfonas, vinham o triângulo de Salário Mínimo, que prometera beber com medida, e o zabumba de Azulão, recém-contratado pelo sanfoneiro, que assim o batizara por conta da cor da pele tão escura que parecia azul.

A excursão incluía a Missa do Vaqueiro, no terceiro domingo de julho. Justamente em 1975, Gonzaga iria cantar pela primeira vez com o Coral do Crato a missa composta um ano antes, por Janduhy Finizola.

> O Gonzaga tinha pedido para eu fazer uma música para a Missa do Vaqueiro, e eu disse que ia era compor a missa completa. Quando o trabalho ficou pronto, Gonzaga veio para a gente ensaiar, e no dia da missa nós cantamos, ele e eu. No ano seguinte, ele cantou com o Coral do Crato. (Janduhy Finizola)[9]

A turnê passou por Fortaleza, onde o sanfoneiro recebeu o título de Cidadão Cearense, deu entrevistas anunciando sua intenção de voltar muito breve e definitivamente para sua terra natal, e fez show. Passou depois pelo Recife e seguiu para Brasília. Foi no avião que o levava à capital federal que Gonzaga encontrou o grande amor da última fase da sua vida, Edelzuita Rabelo.

> Eu sempre gostei de sentar junto à janela. Eu estava lendo uma reportagem sobre Chico Buarque e ela, sentada a meu lado, com o olhão em cima da revista. Havia uma conexão em Salvador e na hora de sair do avião, ela, me vendo cheio de bolsas e pacotes, perguntou se eu queria ajuda. Eu falei que não e fui sentar na sala de espera. Daqui a pouco ela passou por mim e foi aí que eu senti que ela tinha um rebolado bom! Parece que

---

[9] "A Missa do Vaqueiro", de Janduhy Finizola, foi integralmente gravada pelo Quinteto Violado em 1976, pela Phonogram.

```
TELEXOGRAMA
```

SR. LUIZ GONZAGA
RUA PEREIRA ALVES Nº 255 - APTº 202
COCOTÁ - ILHA DO GOVERNADOR - RIO DE JANEIRO

Roteiro Dos Shows

Ano 1976
Shows da Noomark

Dia 04/09	- Sabado	-	Vitória da Conquista(Ba)
Dia 05/09	- Domingo	-	Jequié(Ba)
Dia 06/09	- Segunda	-	Seabra(Ba)
Dia 07/09	- Terça	-	Barreiras(Ba)
Dia 09/09	- Quinta	-	Jacobina(Ba)
Dia 10/09	- Sexta	-	São Raimundo Nonato(PI)
Dia 12/09	- Domingo	-	Paulo Afonso(Ba)
Dia 14/09	- Terça	-	~~tatuado~~(PE) CABO
Dia 15/09	- Quarta	-	Garanhuns(PE)
Dia 16/09	- Quinta	-	Cabrobó(PE)
Dia 17/09	- Sexta	-	Cajazeiras(PB)
Dia 19/09	- Domingo	-	Mossoró(RN)
Dia 21/09	- Terça	-	Codó(MA)
Dia 22/09	- Quarta	-	Pedreiras(MA)
Dia 23/09	- Quinta	-	Bacabal(MA)
Dia 24/09	- Sexta	-	Castanhal(PA)
Dia 25/09	- Sabado	-	Capanema(PA)
Dia 26/09	- Domingo	-	Santarem(PA)

Minha vida é andar por este país:
roteiro de shows de 1976 e seu jeito característico no
carro, sem sapato e com os pés para cima.

ela percebeu porque voltou em cima do rastro e disse: "Você é Luiz Gonzaga, não é? Você não está se lembrando de mim, mas a gente se conhece".

A gente tinha se conhecido numa festa de São João, em Caruaru. Na época ela era noiva, estava para casar com um radialista de lá, Ludogério. Nós dançamos juntos. Depois eu até me lembrei que ela dançava meio desajustado, que nem as matutas mesmo. Bem, mas agora era o segundo encontro, ela me reconhecendo e eu não. Ela me disse então que Ludogério tinha morrido num desastre de avião, três meses antes. Eu senti que ela estava precisando falar. O avião para Brasília ainda ia demorar, então nós fomos pro restaurante do aeroporto. Eu pedi dois uísques dos bons e ela começou a contar a história dela. O uísque acabou e a história continuava. Aí eu falei:

— Vamos almoçar?

— Vamos.

E ela falando, conversando, o almoço terminou e a história não tinha acabado: perdera três casamentos, a mãe acabava de morrer, estava indo buscar o velho pai em Brasília para ele vir morar com ela no Recife... Quando enfim acabou a história eu disse para ela:

— Minha filha, você é muito novinha para ter uma vida com tantas tristezas. Mas eu acho que eu encontrei um jeito para resolver o seu problema.

— Qual é?

— EU!

Aí nossos joelhos se tocaram e tchan! foi aquele beijo danado. Eu sempre fui um mulato beijador...

Em Brasília, Edelzuita foi se encontrar com o pai e Gonzaga com o público. Edelzuita deixou-lhe o seu endereço no Recife, com telefone e tudo.

Quando eu quis ligar para ela, eu tinha perdido o papel com o endereço dela. Eu sempre perco tudo... só não perdi Edelzuita! Passaram dois meses e eu tive que ir para Recife. Lá me lembrei do nome do banco onde ela trabalhava e fui para lá. Eram dez horas da manhã, ela tinha saído. Aí eu fiquei na calçada frente ao banco, esperando. Daqui a pouco ouvi um grito: "Lula!". Era

Último grande amor: Edelzuita e Luiz Gonzaga se conheceram em 1975.

Bilhete apaixonado: "Zuita, artista não tem domicílio, mas eu te adoro em qualquer lugar. Luiz Gonzaga, Salvador, 21/6/75".

ela, e na calçada mesmo ficamos nos beijando. Eu sou um homem de muita sorte, porque estou podendo usufruir dessa fase de jovens livres, sem preconceitos, que, quando gosta, beija mesmo. Acho que arranjei uma coisa boinha na vida. Eu só queria é ser mais novo para usufruir mais tempo a vida com ela. O pai dela era do Sertão, criou as filhas muito bem criadas. Zuita sempre me dizia: "Você vai ver meu pai, ele é seu fã". Até que eu fui conhecer ele. Nesse dia eu falei pra ele:

— Seu Cícero, eu tenho quase a idade do senhor, por isso eu tenho bastante juízo para conversar um assunto, que talvez até o senhor não vá gostar. Mas eu estou vindo à casa, estou amiudando, porque eu gosto de Zuita.

— Mas o senhor não é casado?

— Sou sim, mas com a minha mulher não tem... Sua filha é muito inteligente, eu gosto de conversar com ela, eu aprendo com ela, ela aprende comigo. O senhor impõe respeito e eu quero lhe garantir que o senhor jamais me verá na sua casa de sandália japonesa e bermuda, o torso descoberto, com um copo de uísque na mão. Eu respeitarei sua casa.

O caso era sério mesmo e o inegável poder terapêutico da paixão, somado à alegria da volta à RCA, deu asas a Gonzaga, que lançou em 1976, enfim, um bom disco, com título simbólico: *Capim Novo*. O Rei encontrara novamente seu espaço e se assumia, instalando-se confortavelmente na posição de coroa. Voltava à temática da autobiografia em tom jocoso, que vigorava no repertório antigo, quando zombava do jovem "malera, buxudo, cabeça de papagaio, feio pra peste" que fora, do "sanfoneiro gordo que nem um major, com um dinheiro danado" que se tornara com o sucesso. Agora, tornava-se objeto de curtição, com o tema da velhice e da atividade sexual afrouxando... já decantada em 1972 em "Ovo de Codorna". A codorna não tendo resolvido o problema, o coroa Lula aconselhava um novo remédio, o "Capim Novo".

Nem ovo de codorna / Catuaba ou tiborna / Não tem jeito não / Amigo véio pra você / Pra você tem jeito não / (...) / O doutor disse que / O problema é psicológico / Não é nada fisiológico / Certo mesmo é o ditado do povo / Pra cavalo velho / O remédio é capim novo. ("Capim Novo", Luiz Gonzaga / José Clementino)

"Capim Novo", a música que dava nome ao LP, justificava sem dúvida, a seus olhos, a paixão do madurão de 63 anos por Edelzuita, 28 anos mais nova do que ele. Mas também podia ser uma homenagem aos jovens que o tinham tirado do esquecimento e com os quais se identificava. Qualquer que fosse o recado contido na música, uma coisa era certa: ela fazia parte da trilha sonora da novela *Saramandaia*. Graças a isso, o cantor entrou nas paradas de sucesso da época, uma novidade para ele. Em agosto, a TV Globo exibiu um "Especial Luiz Gonzaga", do qual participava toda a família. Até Januário, apesar de seus sofridos 85 anos, fizera a viagem até o Rio de Janeiro para dar seu testemunho à câmera. O documentário era de importância, sendo divulgado em duas partes: nos dias 13 e 20 de agosto de 1976.

De 1968 a 1975, Luiz Gonzaga assistira, sem atuar profundamente para isso, à sua reabilitação, a um novo ciclo de conhecimento da sua obra e da sua importância na música brasileira. E, realmente, as coisas poderiam ter ficado ali mesmo. O velho Lua aposentado, contemplando satisfeito seus seguidores, seus alunos, seus discípulos, seus êmulos prolongarem, reinventarem, recriarem a música nordestina. Mas quem disse que Lua podia parar de brilhar? Claro, a Lua tem suas fases... mas agora voltava o tempo de Lua Cheia.

Era hora de Luiz Gonzaga brilhar nova e plenamente.

CAPÍTULO IX

Luiz Gonzaga estava retomando o fio da meada de sua carreira, não mais como referência, mestre ou influência. Terminara o tempo das homenagens, das celebrações e das citações. Agora, ele iria atuar no mercado da música.

Depois de cinco anos afastado dos palcos cariocas — a última passagem fora o show *Volta pra Curtir* — Luiz Gonzaga tornava em 1977 a se apresentar no Rio de Janeiro, fazendo com Carmélia Alves, também de volta, o *Seis e Meia* no teatro João Caetano (ao qual voltaria em 81, desta vez em companhia de Inezita Barroso). O show com Carmélia Alves já havia sido levado no Teatro Municipal de São Paulo. Celebrava-se naquela ocasião os trinta anos do baião. Porém também festejava-se a volta, depois de um ano de interrupção, da série *Seis e Meia*. Cabia então à dupla a responsabilidade de recriar no público carioca o costume de ir a um show nesse horário. Por incrível que pareça, era a primeira vez que os dois se reuniam num show, que Carmélia Alves dificilmente esqueceria:

> Fazer show com Gonzaga era uma coisa! A gente ensaiava tudo direitinho: quem começava, quando chamava o outro, quem cantava o que, dividia o repertório... Aí começava o show e ele fazia tudo diferente! Me chamava antes da hora, voltava antes de eu chamá-lo, cantava outro repertório! Às vezes, eu estava cantando uma música que não tinha nada a ver com ele, de repente eu olhava, lá estava ele a meu lado. Eu morria de rir.

O real encontro entre o Rei e a Rainha do baião, com aplausos e gritos de alegria da plateia entusiasta, foi imortalizado em um LP, *Luiz Gonzaga e Carmélia Alves*, lançado em agosto do mesmo ano. Mas, já em abril, havia chegado às lojas o novo LP do sanfoneiro, *Chá Cutuba*. Da mesma veia que *Capim Novo*, o disco tinha um tom festivo e jocoso. Nele agradecia, através de "Chapéu de Couro e Gratidão", a Benito de Paula, que o citara no seu célebre "Charlie Brown", em "Chá Cutuba" (a música), se divertia novamente às custas dos coroas broxas, recitava a sensualíssima

Vida do viajante: a saga de Luiz Gonzaga   271

prosa "Karolina com K"... Também figurava no disco a regravação de um antigo sucesso da célebre dupla Gonzaga / Teixeira: "Baião de Dois". Título simbólico quando se sabe que, num *mea culpa* nas entrelinhas, Gonzaga confessou numa entrevista à imprensa:

> Vou dar continuidade ao trabalho que iniciamos em 46. Só que agora, não vou mais assinar as composições com ele. Humberto será o autor absoluto. Faço isso porque reconheço que engoli o meu parceiro com as minhas molecagens. Ele deve ser reconhecido como o verdadeiro autor de "Asa Branca".

Difícil saber qual dos dois estava sendo, no caso, o mais malandro; tanto mais que, no caso preciso de "Asa Branca", tratava-se de uma música do repertório de Januário, vinda do folclore, como o próprio Gonzaga reconhecera em outras entrevistas e, portanto, originalmente, não era nem de um nem de outro, mas do povo... O certo é que no LP havia duas músicas de Humberto Teixeira... sozinho.

Com dois LPs lançados num ano só, as apresentações em São Paulo, no Rio de Janeiro, um convite para participar de um disco de Antônio Carlos e Jocafi, uma turnê com Carmélia Alves e Dominguinhos, mais de oitenta emissoras divulgando a série *O Eterno Gonzaga* produzida pelo estúdio Free em São Paulo, Luiz Gonzaga estava voltando ao seu ritmo de trabalho e de vida habitual e tão querido. E revivendo a fama da década de 50, com menos salamaleques e mais respeito. Assistindo à sua "imortalização", ao entrar em 1977 na versão brasileira da *Enciclopédia Universal Britânica*, com foto a cores para ilustrar o parágrafo sobre sua pessoa.

O Gonzaga de sempre estava aí de novo.

Na verdade, não só Luiz Gonzaga estava voltando, como toda a música nordestina.

Ainda em 1977, a imprensa brasileira noticiou que mais de dez discos de música nordestina estavam sendo lançados no mercado.

Gonzaga já não era mais o único ator da música do Nordeste. Uma música que estava, a essas alturas, evoluindo, transformando-se, enriquecendo-se, diversificando-se. Tanto que em meados da década de 70 os discípulos de Luiz Gonzaga seguiam várias direções, segundo a geração a que pertenciam, a classe social a qual se dirigia, as raízes musicais que reivindicavam... Parecia que a música criada por Luiz Gonzaga era uma grande árvore cujos galhos representavam as diferentes expressões. Uma árvore genealógica da família musical do patriarca, com todos os seus descendentes.

Por um lado, havia os seguidores da primeira geração. Eram "crias" do sanfoneiro, tinham começado no rastro de seus passos: Marinês, Genival Lacerda, Zé Gonzaga, Chiquinha Gonzaga, Severino, o Trio Nordestino, e outros que nunca atingiram notoriedade. Com chapéu de Lampião no quengo e sanfona-zabumba-triângulo no palco, continuavam dando o recado do mestre nos arrasta-pés da vida, sem mudar uma vírgula do modelo. Seguiam ao pé da letra suas lições, sem trazer qualquer tipo de inovação. Alimentavam a programação das FMs sertanejas, mantinham o Nordeste nas demais regiões e no gueto dos subúrbios das capitais.

Realmente, hoje em dia eu tenho inúmeros imitadores. Isso me honra muito. É bacana esses caboclos de sanfona, gibão e chapéu de couro, cantando minhas músicas por aí e ganhando a vida. Em contrapartida, isso tem seus inconvenientes. Por exemplo, tem um mineiro aí que anda dizendo que é meu filho. Ele canta nas feiras, me imitando, mas o repertório dele são só músicas sujas, com versos inconvenientes, que me assustam. É uma tal baixeza ele cantar: "Eu vou contar uma história que aconteceu com uma namorada que eu tinha: ela deu uma chupada no lugar da picadura / de uma cobra jararaca" e por aí afora. Isso me aborrece muito. (Luiz Gonzaga)

Havia e não havia motivo de se aborrecer. Havia, porque o forró foi progressivamente se reduzindo a lamentáveis produções tipo *techno-music*, com enxurradas de sintetizadores, bateria eletrônica, tráfico de voz e obscenidades em cada verso. Não havia, porque, pensando bem, o "duplo sentido" faz parte integrante da música brasileira. O que pode variar é o grau de vulgaridade que se coloca nele. Daí a queixa do Rei.

Por outro lado, estava surgindo a geração que mamara no peito materno ouvindo simultaneamente Luiz Gonzaga-chapéu-de-couro e Elvis Presley-blusão-de-couro, que fumara seu primeiro cigarro escutando os Beatles e a tropicália, e se formara na universidade e nos grandes festivais. Eram os tais cabeludos: Alceu Valença, Geraldo Azevedo, Zé Ramalho, Raimundo Fagner, Belchior e, de certa forma, Raul Seixas. Esses aí, numa linguagem de fusão, começaram a misturar baião e rock, oito baixos e baixo elétrico, repente e poesia concreta, folclore e futuro. No embalo da grande "internacional-cultural" lançada pelos movimentos *hippies*, procuraram as raízes do baião mundo afora, no *reggae*, no *blues*, na música *cajun*, e revelaram inegáveis semelhanças. Só que... Gonzaga sempre soubera desses disparates de que o Nordeste é capaz em matéria musical. Já em 1946, tinha composto "Pagode Russo", e em 68 gravara "Canaã".[1]

> Eu não sei por que, a música que eu faço parece com a de lá da Europa do Leste, e de Israel... eu faço tudo em tom menor. A harmonia é igual, o ritmo... Israel e o Sertão tem muito a ver. Aquele pedaço de terra sofrido hoje é respeitado. O negócio é que terra é sempre terra! (Luiz Gonzaga)

Surgiram ao mesmo tempo músicos como Elomar e seu êmulo Xangai, o Quinteto Violado, o Quinteto Armorial, mais interessados nas raízes históricas. Estes salientavam, em seus trabalhos, as influências medievais ou religiosas da toada nordestina.

Entre o imobilismo dos primeiros e o desbunde dos segundos, havia um terceiro ramo na família do baião, encabeçado por Dominguinhos, o seguidor que evoluía com maior coerência.

A música do Nordeste estava tomando nova orientação. Já não eram exatamente o baião, o xote, o xaxado, a toada que interessavam o público urbano, mas o "forró". Nessa acepção, incorporava-se a grande novidade da música nordestina dos anos 80 — da qual no entanto, Gonzaga fora o precursor desde 1949.

> *No forró de Mané Vito / Tive que fazer bonito / A razão vou explicar / Vitrola no ganzá / Preá no reco-reco / Na sanfona Zé Marreco / Se danaram pra tocar / Pra aqui, pra ali, pra lá / Dançava com Rosinha / Quando o Zeca de Sá Aninha / Me proibe de dançar / Seu Delegado. / (...) / Fiz o samba se acabar.*
> ("Forró de Mané Vito", Zédantas / Luiz Gonzaga)

Para os nordestinos, o forró — abreviação de forrobodó[2] — era baile, festa, arrasta-pé, samba...

---

[1] Canaã: através da música que tem o nome bíblico da Palestina, o texto descreve o Sertão.

[2] A ideia, surgida na década de 80, segundo a qual, etimologicamente, forró vem de *for all*, me parece bastante fantasiosa e sem o mínimo fundamento sério...

O forró partiu mesmo do sanfoneiro. Do baile de ponta de rua, baile de cachaça. Já na década de 50, com Zé Dantas, nós fizemos o primeiro forró que era o "Forró de Mané Vito", explorando a valentia do cabra-macho. Depois, o forró ficou aí marcando tempo, até que fiz o "Forró no Escuro" e outros forrozinhos. (Luiz Gonzaga)

Ora, no final da década de 70, a palavra forró — nas zonas urbanas — adquiriu um segundo sentido, exatamente como sucedera no início do século com a palavra samba. O forró, que significava originalmente "baile", passou a designar também o ritmo sobre o qual se dançava no baile. Sintoma de novos tempos, nos quais imperavam os grandes bailes *funks*, as discotecas gigantescas, a moda do forró oferecia ao público urbano mais uma opção de dança.

Nessa transformação, destacou-se a figura de Dominguinhos. E a de sua parceira Anastácia, com quem fez músicas para a fina flor da MPB.

Quem urbanizou mesmo a música que eu criei foi Dominguinhos, êmulo meu, que se mantém fiel ao Nordeste. Eu vim com a linguagem do Sertão, com uma mensagem autêntica do nortista para a cidade grande. Dominguinhos veio com uma técnica muito avançada, com harmonias modernas, coisas que não amarram o público simples. Dominguinhos urbanizou o forró, levou-o para todas as classes, nos grandes centros urbanos, que é onde ele se apresenta. Ele não viaja pelo interior. (Luiz Gonzaga)

Reconhecido como o principal herdeiro de Luiz Gonzaga, Dominguinhos também tinha filiação com Jackson do Pandeiro, cuja personalidade musical, a criatividade, o estilo eram tão fortes e originais, que ele não apenas marcou a música do Nordeste, como também criou, praticamente, uma escola musical nordestina.

Jackson do Pandeiro foi no rojão e soube explorar muito bem. Até hoje não apareceu ninguém com o desenho de Jackson. Ele tinha um ritmo perfeito, tinha uma coisa que era difícil imitá-lo. Agora tá assim de forrozeiro tentando imitá-lo! A gente era muito amigo, mas eu nunca toquei com ele porque quando o cara é bom, a gente só tem mesmo é que ficar calado. (Luiz Gonzaga)

Vida do viajante: a saga de Luiz Gonzaga

Rainha e Rei: com Carmélia Alves em 1977.

Súdito: gravando com Dominguinhos, o seguidor
que evoluiu com maior coerência.

Nem sempre Gonzaga ficou tão calado assim. O sucesso de Jackson o transformara em rival e Gonzaga não se furtava a ironizar sobre a dose de samba que o pandeirista colocou, conscientemente, nos ritmos nordestinos, afirmando que todos os caminhos da música brasileira davam no samba. Assim mesmo, Luiz Gonzaga e Jackson do Pandeiro acabaram se encontrando, nas harmonias dos foles de Dominguinhos e do outro discípulo, Oswaldinho, na batida de Alceu Valença e Gilberto Gil, no corridinho da voz de Elba Ramalho e Gal Costa e, sobretudo, no molejo dos pares dançando o tal de forró, nascido no embalo de uma moda que marcaria a década de 80.

Nosso reinado continua / Continua o meu baião. ("Reis do Baião", Luiz Gonzaga / Luiz Bandeira)

Acima dessa variedade de herdeiros, Luiz Gonzaga continuava reinando, com majestosa humildade. Contemplava com admiração as novas gerações. Mas sabia muito bem do seu valor:

Esses jovens que vêm chegando aí têm muita agilidade para desdobrar, criarem novos estilos, chegando cada vez mais perto das coisas modernas. São renovadores. Agora, eu tenho necessidade de continuar com aquilo que eu sempre criei. Eu sou conservador. Aqueles mais pobres, os operários, os trabalhadores estão mais perto de mim e se sentem capazes de me imitar. Jamais eles alcançariam esses jovens, que estão na frente de tudo, atingindo outras classes, mais desenvolvidas, mais evoluídas. Mesmo assim, eles apreciam o meu trabalho e são os primeiros a me aconselhar a não mudar. Então eu não vou mudar nada, e vou continuar comigo mesmo.

Efetivamente, na década de 70, Gonzaga não mudou nada do que sempre fora e fizera, mantendo-se fiel ao espírito da música que criara na década de 40. Tanto que, bom ou medíocre, todo o repertório dos anos 70 era semelhante ao da primeira fase de sua carreira: mesma temática, mesmos ritmos e melodias.

Mas na década de 80 ele evoluiu, adaptando-se às tendências da moda da época, à predominância do forró. Em suma, para Gonzaga também, os anos 80 foram os "anos forró", como o comprovaria a discografia da última parte da vida do artista.

Todavia, em 1979, o LP *Eu e Meu Pai* não tinha o tom festivo e "ligeirim" e descompromissado do forró. Era um disco melancólico, uma saudação cheia de ternura ao velho Januário, que resolvera, no dia 11 de junho de 1978, exatamente 18 anos após Santana, ir animar o forró de São Pedro lá no céu. Apesar de não ser um disco relevante, *Eu e Meu Pai* carregava em si a marca de um momento forte da vida de Gonzaga. Além da homenagem filial, o LP continha "Orélia", a última música de Humberto Teixeira para o velho companheiro. Nesse mesmo ano, o "doutor do baião" também se despediu da vida. Órfão de dois inspiradores primordiais de sua obra, o sanfoneiro iria, ainda nesse disco, reatar os laços de afeição com o filho Gonzaguinha. Já que o presidente Figueiredo estava anistiando os presos e exilados políticos, parece que Gonzaguinha, num outro registro, resolvera anistiar o pai... com quem recriou, num lindo duo, "Vida do Viajante". Também fizeram para o LP *Eu e Meu Pai* parceria em "Rio Brígida", uma música sobre o Exu.

De fato, mais do que Januário, o LP homenageava a terra de Januário. Tratava de problemas como a violência em Exu em "Rio Brígida", a economia rural em "Eu Sou do Banco" e em "Súplica Cearense", e a ecologia em "O Caçador", temas que preocupavam muito a Gonzaga. E para os quais, aliás, ele continuava a se mobilizar, usando seu prestígio junto às mais altas esferas governamentais:

> Uma vez eu entrei no Planalto com um casal de asas-brancas, para pedir ao presidente Figueiredo, proteção para elas. Porque a asa-branca, como a rolinha, o juriti, a pomba, a ribaçã, são muito cobiçadas para o prato, e estão sumindo. Dificilmente se vê alguma no mato, hoje em dia. O Figueiredo fazia muita força pra ser populista, mas ele não conseguia. E nesse dia então, ele teve uma atitude muito de ditador mesmo. Me olhou e me perguntou:
>
> — Cadê teu filho? Por que é que ele não gosta de mim?
>
> — Isso eu não sei, general, o senhor sabe como é essa juventude de hoje, muito livre...
>
> — Diga pra ele me deixar em paz.
>
> Bem, ele chegou a prometer que faria alguma coisa pela asa-branca, mas ainda hoje espero. E eu saí do Planalto com meu casal de asa-branca, meu chapéu de couro, meu gibão e... ah! ah!, eu parecia um palhaço, porque estava com uma crise de gota, aí fui lá de tênis! Foi por causa do tênis que eu não consegui nada.

Eu e meu pai: o disco de 1979 Gonzaga homenageava
o pai que morrera um ano antes.

Pelas asas-brancas Gonzaga nada obteve de fato. Mas pôde consolar-se um pouco ao conseguir, no fim dos anos 70, que fossem enfim implantados, no Exu, a televisão e o telefone, e construído o trecho da BR Asa Branca entre Ouricuri e a divisa com o Ceará. Na época, o artista se empenhava também na abertura de uma loja maçônica no Exu, onde prometia se instalar definitivamente. Mas Gonzaga nunca se instalou definitivamente em lugar nenhum, a não ser no carro que o levava pelas estradas do Brasil, de um show para outro. Contudo, prontinha, esperava-o a casa grande, com uma linda acácia amarela plantada na frente e os devidos símbolos maçônicos esculpidos na fachada, um viveiro gigante cheio de asas-brancas (!!!) no terraço e uma antena parabólica no quintal.

A televisão é muito forte, especialmente para quem tem o que contar. Ela é danada, dá pra todo mundo e com retorno. Eu gosto da TV Bandeirantes porque ela trabalha livremente, faz comédia, muito futebol, reviveu boxe e eu gosto muito de esporte. Às vezes, eles botam umas coisas, que podem até pensar que vão levar bomba, mas botam assim mesmo! (Luiz Gonzaga)

Nessa época, Socorro, a irmã mais nova de Gonzaga, deixara Santa Cruz da Serra, para vir morar no Exu. O irmão lhe dera um terreno em frente ao Parque Aza Branca, onde ela estava construindo uma casa. Enquanto não ficava pronta, ocupava a de Januário, vazia desde que Maria Raimunda, a viúva, saíra de lá.

Antes de Januário morrer, nós fomos morar no Parque Aza Branca, na casa que Gonzaga tinha construído para o pai. Foi quando eles abriram o hotel Itamaragi. Eles me chamaram pra trabalhar lá. O hotel na época vivia cheio. Era uma correria danada. Trabalhava eu, Mundica e Lica. Não tinha vigia, e a qualquer hora chegava gente, buzinava e a gente tinha que levantar no meio da noite para receber. Tinha que arranjar de qualquer jeito dormida pro pessoal, pra não perder dinheiro. Teve até uma noite que chegou tanta gente, que eu e Lica demos nosso quarto pros hóspedes, e passamos o resto da noite pra lá e pra cá com o travesseiro debaixo do braço, sem ter onde dormir! A gente trabalhava muito, mas o hotel funcionava bem. (Maria Raimunda)

A volta anunciada: mas o Rei do Baião não era de parar em lugar nenhum.

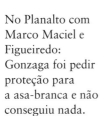

No Planalto com Marco Maciel e Figueiredo: Gonzaga foi pedir proteção para a asa-branca e não conseguiu nada.

Foi quando Gonzaga resolveu levar Zuita para o parque. Queria mostrar sua terra à querida amada e levá-la à Missa do Vaqueiro. A "rede de informação" de Helena entrou em ação, e Maria Raimunda foi acusada de colaboração com o inimigo. E para isso não havia perdão. A viúva do velho Januário foi expulsa do parque. Luiz Gonzaga deu-lhe uma casinha na cidade... e fez uma música para Zuita, "Umbuzeiro da Saudade". Nela, relembrava a noite passada no recinto da Missa do Vaqueiro, escutando os violeiros, comendo cuscuz, tapioca e carne de bode assada, olhando os vaqueiros se prepararem para a missa e para a vaquejada, dançando o forró na poeira e, de madrugada, o cochilinho debaixo de um umbuzeiro e um vem-vem cantando num galho.

Quando Gonzaga ouviu o canto de vem-vem ele ficou enlouquecido, porque ele sempre escutava esse pássaro, mas nunca tinha visto um. Nós ficamos debaixo do umbuzeiro, olhando o vem-vem, emocionados. E no próximo disco dele, saiu a música! (Edelzuita Rabelo)

O desejo de Gonzaga de ajudar (ou assumir o poder local?) o Exu era tal, que numa entrevista à imprensa em São Paulo anunciou a candidatura de Helena a prefeita. Segundo a principal interessada, só esquecera uma coisa: que ela não se candidataria a prefeita de nada. A ideia de Gonzaga era, também, de envolver Helena na vida do Exu, de aproximá-la da região, para que ela aceitasse viver no Parque Aza Branca. Obviamente Helena não sentia o mínimo desejo de ir se enterrar naquele fim de mundo. Aceitava passar alguns dias lá vez por outra, mas o que queria mesmo era continuar vivendo no Rio. Tanto mais que Gonzaga, apesar de estar chegando perto dos setenta anos, permanecia ativíssimo, naquela vida de viajante que amava perdidamente, e da qual Helena praticamente não participava mais. Nessas viagens Gonzaga, que desertara havia anos da cama conjugal, mas que — como dizia — "não era viado", dava sempre um jeito de passar por Recife, e mais precisamente por um apartamentozinho aconchegante da praia de Boa Viagem onde morava Zuita, seu "zamor". Gonzaga, que a vida inteira tivera toda sorte de casos, namoradas, amantes, aventuras sem futuro, desta vez estava apaixonado. Encontrara em Edelzuita tudo aquilo que Helena, afogada na dor do ciúme, do tédio, da depressão crônica na qual acabara mergulhando, não tinha mais força de lhe oferecer.

Afinal de contas nos casamos por amor e quando se casa por amor, sempre sobra alguma coisa, mesmo que estejamos velhos. Às vezes ela está assim distante de dois ou três metros, fazendo alguma coisa, e a gente se olha e eu penso que ela ainda tem traços de beleza; ela era uma moça bonita... A gente olha pra esposa e pensa que queria ter uma mulher igualzinha a ela quando era moça... Mas nossa vida não está mais prestando. Eu tentei falar com ela de separação, disse que lhe dava tudo. Só queria que ela me deixasse a sanfona. Ela me respondeu: "É isso que você quer? Então é isso mesmo que eu não vou querer". (Luiz Gonzaga)

Paralisado por seus preconceitos morais e pelo medo que confessava sentir da esposa, Gonzaga não conseguia resolver sua vida. A história com Zuita seria ritmada pelas rupturas e as voltas, entre beijos e lágrimas, dor e riso. E a paz que ele não obtinha na vida privada, ele a conseguiu em 1980 para o Exu, onde havia 30 anos que reinava a violência.

O rio Brígida / Nasce lá no pé de serra / Na fazenda Gameleira / De seu Chico Alencar. / Vai descendo, vai rolando devagar / Chega em Novo Exu / Falem baixo, com licença vou entrar / Em Novo Exu chora / Vendo gente se matar / Vendo briga de irmão com irmão / Tem jeito não... ("Rio Brígida", Luiz Gonzaga / Luiz Gonzaga Jr.)

Três famílias nobres do Exu se matando e eu, filho de Januário, humilde, trazendo paz. O governador Eraldo Gueiros não conseguia nada. Os prepotentes do Exu só sabiam falar: "O negócio aqui é matar. Matam um nosso, nós matamos dois deles", e as coisas ficavam por aí mesmo. Quando foi em 1980, eu fui dar um show em Belo Horizonte. Ia cantar no Parque Jumileira... como eu sou matuto, com meu chapéu de couro, só me chamam pra cantar nas feiras, nas exposições, nos parques. Só vivo nessa... Naquele dia eu tinha recebido uma comenda. Aí quando voltei da Câmara, não reconheci o hotel: estava cheio de polícia, de bombeiro, de carro de propaganda, um movimento danado. Fui até a recepção perguntar o que é que estava acontecendo. Era a visita de Aureliano Chaves, o vice-presidente. À noite, fui fazer meu show. Quando voltei para o hotel, tinha um

Vida do viajante: a saga de Luiz Gonzaga   283

Parque Aza Branca: a casa com uma acácia
amarela dando sombra na frente...

... um viveiro cheio
de asas-brancas...

... e uma antena parabólica
no quintal.

Saudade: no Parque Aza Branca,
também havia a casa de Januário.

bilhete com a minha chave. Era do comandante da segurança de Aureliano Chaves. O vice-presidente queria me conhecer e pedia que marcasse uma hora. Parecia piada. Tchung! deu no quengo. Então amanhã às nove horas da manhã estarei aqui com a minha sanfona no punho, para fazer um pedido a ele. No dia seguinte, às nove em ponto eu estava à porta do elevador. Quando as portas abriram, eu:

— Vai boiadeiro que o dia já vem / Aureliano, eu lhe dou meu parabéns... / Presidente, por favor, ajude minha terra / Tudo é tão bonito lá, as terras são boas, temos muita água / Só não temos as torneiras / E sofremos uma violência há trinta anos / Já rolaram muitas cabeças / Esse prejuízo nunca vai ser reparado, presidente / Mas se a gente fizer alguma coisa, pelo menos ameniza / O senhor vai nos ajudar, presidente?

— Vou mandar estudar — ele disse.

E a sanfona acompanhando a conversa, perimi-perim-perim... Eu não cantei, só falando, claro. Não ia encher o homem de música às nove horas da manhã!

Uma semana mais tarde, eu estava no Recife e resolvi ir para o Exu. Aí todo mundo falou:

— Não vai, não, que os cara lá tão querendo te capar!

— Oxente, e por que isso?

Acabava de haver uma intervenção no Exu.

Vale notar que, no final da década de 70, o conflito entre os clãs da cidade estava na realidade se esgotando por falta de combatentes. Tinham sido assassinadas pessoas chaves no conflito e tudo indicava que as coisas iam se acalmar. No entanto, ninguém nunca negou o valor simbólico da ação de Luiz Gonzaga. Se não chegou a ser realmente o arquiteto da paz, foi, de qualquer forma, um mensageiro da paz. Como sempre.

Minha toada é mensageira da paz e minhas músicas sempre foram cristãs...

O que lhe valeu ser indicado para representar o Nordeste e cantar para o papa João Paulo II, em visita oficial ao Brasil em junho de 1980. Numa confusão indescritível, na qual recebeu, talvez, o recorde de empurrões de sua carreira, Luiz Gonzaga, sozinho com sua sanfona, conseguiu dar o recado do povo nordestino a Karol Wojtyla, cantando "Asa

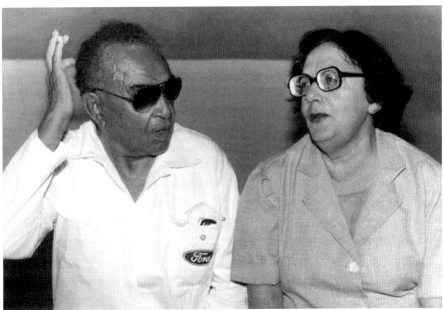
Indecisão: apesar do amor por Edelzuita,
não conseguia se separar de Helena.

Branca", o "hino nacional" do Nordeste e "Obrigado, João Paulo", um baião que compusera com o padre Gothardo Lemos. O papa ficou maravilhado com a homenagem e o sanfoneiro mais ainda, quando ouviu o Pontífice agradecê-lo:

> Quando eu acabei de cantar, me aproximei dele e ele disse: "Obrigado, cantador". Viiiu? então eu acho que atingi o máximo. Que é que eu posso querer mais depois disso?

Depois disso... se viu novamente tentado pela política. Com o sucesso da intervenção em Exu, e o fracasso da "não candidatura" da esposa, voltou a sonhar em deputação, pelo PDS, por ser o partido de Marco Maciel, seu ídolo. Novamente, família e amigos conseguiram desativar o risco: Luiz Gonzaga desistiu da política e voltou às sanfonas e aos shows.

Continuava em seus circuitos interioranos de sempre, mas já agora chamado pelos produtores de show, de festivais, para compartilhar o palco com os novos astros da música brasileira.

No início da década de 80, participou da temporada "Sabor Brasil", promovida pela Souza Cruz, com Clara Nunes, Altamiro Carrilho, Waldir Azevedo, João Nogueira e João Bosco.

> Com Luiz, sempre aconteciam coisas engraçadas nesses shows, ele era animadíssimo. Cada um fazia sua parte e no final, todos juntos, a gente apresentava "Asa Branca". Aí ele deixou que cada um fizesse seu próprio arranjo para a parte que ele cantava solo. Lógico, na minha hora, eu fiz umas coisas à minha maneira e ele ficou caçoando, "Hiii! essa geração nova tem mania de complicar tudo", mas era bem alegre. E o grande sucesso do show era quando ele começava a fazer aquela prosa com a sanfona, contando a vida dele. O público adorava. A gente também. Para minha geração, Luiz era uma pessoa que já estava no nosso coração quando a gente nascia. Eu não sei de quando nem de onde, mas tudo o que ele cantava, eu já sabia. A música dele estava em todas as partes. Luiz era o ar que se respira, ele era o povo. (João Bosco)

Nesse ano, Gonzaga lançou o LP *Homem da Terra*, uma verdadeira xaropada, cheia de violinos, *cellos*, bateria e baixo elétrico, totalmente estranhos à arte de Luiz Gonzaga. Sem contar que a música que dava título ao disco era um comercial para o Bamerindus... Faltava às vezes rigor a Luiz Gonzaga, que transformava com a mesma falta de consciência suas músicas em *jingles* e seus *jingles* em músicas. Era tal o seu envolvimento nos comerciais que fazia, que os produtos acabavam se identificando com a sua pessoa.

No entanto, o disco carregava em si todas as boas características que iriam marcar o trabalho do sanfoneiro na última fase de sua vida: tinha uma música de João Silva; também havia uma regravação de "A Triste Partida", que foi uma das músicas-fetiche do artista no fim da vida. Além do mais, ele a interpretava em duo com Gonzaguinha, com quem iria trabalhar intensamente nos anos seguintes. E não só com Gonzaguinha, mas com muitos outros artistas da geração do filho. Estava claro que, depois das mancadas do "velho" nos anos da ditadura, 1981 representava o ano da reconciliação. Era o ano de *A Festa*, um belíssimo LP gravado com participação especial de Gonzaga Jr., Emilinha Borba, Dominguinhos e Milton Nascimento, com quem gravaria o imperecível "Luar do Sertão".

> Era um velho sonho meu gravar essa música, e o Pedro Cruz, que teve a ideia desse disco, arregimentou o encontro com o moreno mineiro. O contato com Milton Nascimento foi simples. Nós nem ensaiamos, todo mundo sabe cantar essa música. Só tive cuidado em afinar com ele, porque ele tem uma extensão de voz muito grande. E pra cima então, quando ele dispara, é uma beleza. E eu coloquei a segunda voz pra baixo da dele. Depois pediram pra gente posar juntos para um foto. Aí eu falei pro Milton: "Olha, eu tenho uma ideia genial. Você não precisa se promover, porque você é um grande astro. Mas eu tenho interesse em me promover às custas de seu nome, então será que dá pra gente trocar de aparência?". Ele achou graça, e aceitou a gente trocar de chapéu. Ele é uma figura interessante, fala pouco, muito pouco. (Luiz Gonzaga)

Apesar da desastrosa produção, esse "Luar do Sertão" há de ficar na história, assim como "Não Vendo Nem Troco", engraçadíssima parceria do pai com o filho, e como também todas as excelentes músicas do LP. *A Festa* foi lançado em abril. No mês seguinte, chegou às lojas nova produção gonzaguiana: o álbum duplo *Vida do Viajante*, gravação ao vivo do show assim chamado, que pai e filho levaram pelo Brasil entre 1980 e

Com o Papa: recebeu um "Obrigado, cantador" de João Paulo II.

Marcas registradas: Luiz Gonzaga e Milton Nascimento trocam de identidade durante a gravação de "Luar do Sertão" em 1981.

81. Foi durante essa excursão que o "Luiz Gonzaga anos 80", recebeu o apelido de Gonzagão:

> Nós fomos tocar num forró em São Paulo. Quando chegamos lá, o forró estava engalanado, era faixa pra todo lado, bandeira e mais bandeira, frases e mais frases e o locutor apresentando a festa. Gonzaguinha aí me mostrou uma faixa. Estava escrito: "Gonzaguinha e Gonzagão, a maior dupla sertaneja do Brasil". Ah! essa aí nós gostamos e daí por diante passou a ser nosso *slogan*.

O apelido pegou tão bem que, a partir de 1982, ele assinou Gonzagão em quase todos os seus discos. O primeiro de todos foi portanto o disco com Gonzaguinha, que tinha a grande originalidade de ser uma coprodução das gravadoras dos dois artistas. Porém, mais complicado do que acertar o contrato entre a RCA e a Odeon, foi afinar os corações desses dois homens que, apesar das muitas dificuldades no relacionamento, utilizaram a única linguagem que tinham em comum, a música, para aproximarem-se um do outro:

> Gonzaguinha é um rapaz que tem cultura, ele fez universidade, é possuidor de uma consciência musical e poética muito grande. Então ele pode levar esse negócio na mão, chegar e improvisar na hora. Ele interpreta muito bem o ritmo, e até vadeia na música. Eu não, eu preciso de tempo, quero ensaiar na véspera de um show, antes de gravar. Eu faço as coisas pensando muito. Gonzaguinha não tem tempo pra essas coisas, ele faz tudo "ligeirim". Ele não tem tempo pra mim. Esse negócio de pai pra filho é difícil, porque quando começa discussão é sempre discussão feia. E eu tenho medo de perder o privilégio de ser amigo de meu filho, que além de tudo é genial. Hoje ficou tão importante o nome de Gonzaga quanto o de Gonzaga Júnior. Esse trabalho que nós fizemos juntos, ele colocou nas entrevistas como uma ajuda minha para ele se fazer conhecer. Mas ele já tinha nome feito. Se ele queria gravar comigo é porque se sentia capaz e achava que ia dar. E eu, no fundo, no fundo, estava me sentindo muito orgulhoso disso, estava envaidecido mesmo.

Vida do viajante: a saga de Luiz Gonzaga

Mais do que Luiz Gonzaga o artista, era Gonzagão o pai quem se envaidecia no caso. Pois essa aventura se aparentava a um perdão do filho. E isso era tão importante, que ele nem percebia que estava recomeçando a carreira em pé de igualdade com a nova geração. Confraternizava com artistas que tinham idade de ser seus netos, confirmando por aí sua capacidade de se renovar, de assimilar inovações, demonstrando seu instinto para a modernidade e, mais ainda, sua vocação para a eternidade.

Beneficiando-se simultaneamente do respeito devido aos antigos e do sucesso reservado às novidades, ele era simultaneamente patriarca e galã, perfeitamente atualizado e integrado à onda do momento.

Ora, a onda do momento, na década de 80, consistia em rejeitar as ideologias, os partidos, a política, em proveito das ações concretas. Quem não se lembra do inglês Bob Geldof, em 1984, agitando o *show biz* do planeta para conseguir comida para a Etiópia, com apoio da fina flor da música *pop* e do rock norte-americanos cantando "We Are the World"? E eis que a história estava dando razão a Luiz Gonzaga.

Quanto às ações, desde que começara a ganhar algum dinheiro, pusera o canto e a conta — bancária — à disposição das boas causas. No entanto, mais do que nunca, se engajou na seca que arrasou o Nordeste de 1979 a 1984.

> *Sequei os olhos / De tanto o céu olhar / Nem uma lágrima pra chorar / Nem uma nuvem bonita pra chover / E desse jeito não tem jeito pra viver.* ("Sequei os Olhos", Luiz Gonzaga / João Silva)

Era dezembro, no pior do calor, um menino chegou no Parque Aza Branca pedindo se podia ficar lá. A mãe não tinha mais como dar de comer, e ele estava com fome. Gonzaga mandou preparar uma feirinha, e foi para a casa do menino com Helena e Reginaldo, seu empresário.

> Quando nós chegamos lá, encontramos uma mulher sozinha com cinco filhos. Seu Luiz perguntou para ela:
> — Quantos dias faz que não acenderam fogo aqui?
> — "Derna antontem".[3]
> Era uma casa pobre, só tinha um fogão de lenha e uma trempe com o pote em cima. Seu Luiz chegou perto do pote, tirou a

[3] Desde anteontem.

Anos 80: Luiz Gonzaga virou
Gonzagão, o rei do forró.

tampinha, que era uma cuia, pegou um caneco de lata, botou dentro, encheu e ficou despejando a água, assim devagar, despejou, olhou, olhou e disse:

— A casa que eu nasci era assim...

Ele baixou a cabeça e saiu. (Reginaldo)

Mais do que nunca, Gonzaga se engajou no combate a essa seca.

Pedi a Deus, aos homens e à ciência / Uma emergência / Uma frente de trabalho. ("Sequei os Olhos", Luiz Gonzaga / João Silva)

Além de participar de todas as iniciativas em benefício dos flagelados, por conta própria — e com o apoio da maçonaria — ele fez campanhas, arrecadou dinheiro, batalhou no Brasil inteiro por mantimentos, comida, remédio. Durante oito meses, trabalhou só para trazer comida para o Exu e o Nordeste. Fez show em cima de show sem ganhar um tostão para ele: todos os cachês eram para o povo. Envolveu-se até com o problema de abastecimento d'água de Exu.

Lá perto do posto tem o açude público. Mas a gente sabe como são as coisas: o prefeito dá água para o quartel, dá para o juiz, e o povo fica sem água. Então, na seca passada, eu tive a ideia de fazer uma perfuração e fiz o Açudinho, que deu água para o povo. A certa altura ele secou, aí eu perfurei mais doze metros. E o povo teve água até o último dia da seca. (Luiz Gonzaga)

No pique dessa ação, ele criou a Fundação Vovô Januário, para ajudar as mulheres de Exu.

Eu criei aqui essa fundação porque eu quero trabalhar pela mãe roceira que vai à roça com os filhos, e precisa então de proteção imediata. Muitas delas trabalham nas minhas roças. Minha ideia é criar uma escola de artesanato, uma creche, uma oficina de costura. Porque o primeiro sonho de uma moça no Sertão é ter uma máquina de costurar. (Luiz Gonzaga)

Para viabilizar a Fundação, administrada pelos maçons da cidade, e arrecadar dinheiro para seu funcionamento, Gonzaga promoveria shows beneficentes, com a participação de artistas como Chico Buarque, Gilberto Gil, Fagner, Gonzaguinha, João Bosco, João do Vale, Sivuca... O velho problema de Gonzaga era que ele tinha os projetos, o dinheiro, mas faltava a organização...

> O último show que Gonzaga organizou para a fundação foi o de Brasília em 85. O dinheiro que rendeu caiu na minha mão. Eu botei no banco e está rendendo. Mas essa fundação não está estruturada... São muitos sonhos não realizados. (Helena Gonzaga)

Com 70 anos de vida e 40 de carreira no Sul, Luiz Gonzaga continuava denunciando os problemas do Nordeste na sua música. Em 1983 lançou o LP *Luiz Gonzaga, 70 anos de Sanfona e Simpatia*, que abria com uma toada emocionante tratando da questão da seca: "Sequei os Olhos". Na segunda faixa do disco, cantava "Plano Piloto", de e com Alceu Valença.

> A gente tinha se conhecido em 1982, em Natal, no show *Nordeste Urgente* para os flagelados. Depois a gente se encontrou em São Paulo. Estávamos hospedados no mesmo hotel e eu estava com uma dor de corno danada. Aí fui pro quarto dele, que estava com Zuita, e comecei a me lamentar, e ele, com a sanfona, pontuava a conversa. Quando a gente gravou "Plano Piloto", ele me disse: "Olha, você, que é mais novo, vai no corridinho, e eu caio no xote, que é mais devagarinho". (Alceu Valença)

Apesar da enxurrada de coros e violinos melosos, o disco valia pelo repertório e pela voz do artista, a cada dia mais solta, firme, sensual. Mais linda que nunca. A maturidade convinha maravilhosamente ao canto de Luiz Gonzaga.

Este voltara a ser uma figura preponderante e respeitada do meio. Teve então participação ativa na comissão da Sociedade Brasileira dos Intérpretes e Produtores Fonográficos, na elaboração da lei antipirataria.

Com tanto prestígio, sucesso, dinheiro e amor, não dava para continuar com aquelas cicatrizes no rosto, marcas do desastre de carro que sofrera em 1960. Resolveu fazer uma operação plástica no olho direito, que fora gravemente ferido no acidente. Se hospitalizou numa clínica no

Vida do viajante: a saga de Luiz Gonzaga

Jardim Botânico, no Rio de Janeiro. Um acidente urinário durante a operação revelou câncer da próstata, doença que Helena preferiu esconder do marido. E assim, todo refeito e bonitão, embarcou para a França, a convite de Nazaré Pereira. A cantora amazonense radicada em Paris e considerada na França a "embaixatriz da música nordestina", desde que fizera grande sucesso com "O Cheiro da Carolina", organizara um show para ele na célebre casa de espetáculos parisiense Bobino.

No início eu não me animei, subestimei o convite. Aí Helena foi boa, ela é que me deu força pra a gente ir. E quando nós chegamos lá, Nazaré nos recebeu como nobres. Ficamos na casa dela, ela nos mostrou a cidade de dia e de noite, me ensinou a beber *cognac* Napoleon, me deu um monte de presentes. Uns quarenta anos atrás, eu tinha composto uma valsa intitulada "Passeando em Paris". Eu não sei por que, mas eu ouvia tanto falar em Paris e tão bem, e tinha até aquele ditado: "Eu não morro sem beijar Fulana e conhecer Paris". Mais tarde, as músicas de Paris dominaram no Brasil. Enquanto imperou o bom gosto, era a França que mandava aqui. Então Paris era meu sonho e Nazaré me deu a chance de realizar esse sonho. Eu gostei da comida francesa, das bebidas. Experimentei tudo que podia. Só não experimentei as mulheres... porque era tarde demais para mim. E também, eu não teria a audácia, mesmo sabendo que as francesas não têm preconceito. (Luiz Gonzaga)

Gonzaga passou dez dias em Paris. Passeou no Marché aux Puces de Clignancourt, visitou o Sacré Cœur, tomou chope na célebre Praça da Contrescarpe (quartel-general da colônia brasileira nos anos 70), posou para fotos nos Champs Elysées e, ao pé da Tour Eiffel, deu entrevistas à imprensa escrita e falada, e jantou, entre outros tantos, com Nelson Pereira dos Santos e Celso Furtado. Saboreou os melhores queijos e os grandes vinhos franceses — demonstrando exímio talento de *goûteur*. E aprendeu de Nazaré que com o público francês não se brinca:

Tive que ser autoritária, porque ele não queria ensaiar, achava que podia fazer como no Brasil, onde todos os músicos conhecem sua música, então é só chegar no palco e mandar brasa. Em Paris, meus músicos é que iam acompanhá-lo. Eles não conheciam o repertório e tinham que treinar. (Nazaré Pereira)

Isso era novidade para ele. No Parque Aza Branca, até que tinha um estúdio destinado aos ensaios. Só que, em geral, o ensaio consistia em reuniões com os músicos na qual ele explicava certinho como iam ser as coisas. Explicava, explicava, falava, falava, e no final de tudo já estava dizendo exatamente o contrário do que dissera no início. Os músicos se olhavam, abanavam a cabeça tristemente, e iam embora reclamando.

Mas na mãos de Nazaré Pereira, o Rei sujeitou-se, ensaiou quatro horas por dia, durante uma semana, e terminou gostando da disciplina.

> Nazaré não é nada burra, ela fez bem as coisas, tudo organizado e ela me dirigiu muito bem. (Luiz Gonzaga)

Na noite de 16 de maio, no Bobino lotado por um público cosmopolita, vindo dos quatro cantos da Europa, com a presença de artistas e jornalistas franceses, Gonzaga, feliz, deu seu recado com uma vibração contagiante. Dividindo o palco com sua anfitriã Nazaré Pereira, o sanfoneiro, ora de pé, ora sentado, por causa do peso da sanfona e da idade, mostrou que a força de seu talento continuava impressionante. E o público se inflamou, arrebatado com a música original desse artista tão alegre e carismático.

Os ritmos nordestinos foram pela primeira vez divulgados na Europa a partir de 1952, pela voz de Vanja Orico cantando "Mulher Rendeira", no filme *O Cangaceiro* (Palma de Ouro no festival de Cannes, em 52), pela sanfona de Zé Gonzaga no famoso baile de Coberville, e com as poliglotas versões de "Kalu", o primeiro grande sucesso de Humberto Teixeira após o divórcio com Luiz Gonzaga. Alguns compositores franceses até chegaram a compor um ou outro baião, que, na verdade, de baião mesmo só tinha o nome. Mas, até então, o criador do *baion brésilien* era totalmente desconhecido na França. Justiça era enfim feita, e o público francês estava *absolument séduit* por Luiz Gonzaga. A viagem à França não só emocionou o artista Luiz Gonzaga, como também o maçom:

> Eu cheguei em Paris à noite. Quando acordei no dia seguinte, eu pensei que até que enfim ia ver a França de dia. Abri a janela do meu quarto interessado em verificar o movimento, o barulho das crianças, pois havia uma escola bem ao lado do prédio. Quando olhei pela janela, pude ler, esculpido no muro da escola: *Liberté Egalité Fraternité*. E eu pensei então: "Essa França

Vida do viajante: a saga de Luiz Gonzaga

Show em Paris: Luiz Gonzaga nos Champs Elysées.

"Tempo de Bahia": havia até baião francês.

é grande mesmo. Isso é uma frase maçônica e eu de cara com isso. Estou em casa mesmo".

Justamente, na mala, Luiz Gonzaga trouxera o novo LP, *Eterno Cantador*, no qual gravara "Acácia Amarela", homenagem à maçonaria, com letra de sua própria autoria:

> Mas eu não sei escrever como eu gostaria. Eu não sou poeta. Senão em geral eu pego a sanfona, aí vou procurando a melodia e gravo, pra não esquecer, que eu sou péssimo decorador. Depois eu procuro o tema e aí eu posso documentar na fita e quando chega o poeta eu digo a ele o que eu quero. Porque francamente, não é bom o cantor ser também autor e compositor. Se ele não tiver um companheiro pra tapar os buracos, ele decai rapidamente. O Gonzaguinha, o Chico Buarque são muito bons, mas será que eles podem segurar a barra a vida inteira? Para mim, o que eu faço com um poeta merece muito mais respeito.

Tudo indica que encontraria em João Silva, principal parceiro no LP *Danado de Bom*, lançado em fevereiro de 1984, o poeta respeitável de que precisava. Três meses mais tarde, em maio, recebeu o primeiro Disco de Ouro da carreira. O LP, que ainda receberia um segundo Disco de Ouro[4] era tão bom quanto as boas gravações do artista, que mereciam, todas, a bela recompensa. O sucesso de *Danado de Bom*, que ia se repetir com os discos seguintes, comercialmente se explica pela reorientação, pela RCA, da política de divulgação de Luiz Gonzaga.

> Em 84 eu tive uma conversa com Miguel Plopschi e Pedro Cruz. Eles estavam preocupados porque não conseguiam levantar as vendagens de Luiz Gonzaga. Eu comentei que Gonzaga precisava voltar às suas origens. Eles estavam botando guitarras, coral, arranjos sofisticados, estão modernizando ele demais. Luiz Gonzaga não precisa disso não, ele é um matuto. Vocês gastam fortunas pra fazer disco com ele, depois ficam vendendo o disco cinco vezes mais caro do que os de Marinês ou do Trio Nordestino. O povo não pode comprar disco de Gonzaga.

---

[4] Um Disco de Ouro equivale a 100 mil cópias vendidas; um Disco de Platina, a 250 mil cópias vendidas.

Eles puseram então Gonzaga no selo mais popular da RCA e não deu outra: ele, que vendia uma média de 25 mil LPs por ano, a partir de 84 passou a vender 200 mil discos por ano. (Onildo de Almeida)

A RCA não só havia mudado o Rei de selo, como também lhe deu novo produtor, Oséas Lopes. E a conjugação da nova estratégia da RCA e da dinâmica do encontro Luiz Gonzaga / João Silva revelou-se determinante e profundamente positiva. Há anos que João Silva fazia parcerias com Luiz Gonzaga, sempre de maneira episódica. Agora, Luiz Gonzaga queria trabalhar regularmente com ele:

O grau de cultura do João é menor que Humberto ou Zé Dantas, ele só tem o curso primário, mas é muito inteligente. E quando o forró começou a subir eu vi que ele era um bom forrozeiro, então fui para a casa dele e falei assim: "João, o forró agora está muito forte e eu quero trabalhar com você. O negócio é o seguinte, nós vamos gravar juntos. Em cada LP que eu gravar, daqui por diante, eu boto um bom repertório nosso, de nós dois. Você trabalha sozinho no seu canto, eu no meu, e quando a gente se encontrar junta tudo. O que for escolhido de um comum acordo é nosso".

Gato escaldado... Gonzaga acertara de uma vez por todas qualquer problema de direitos autorais com o parceiro, que, muito filosoficamente, teve de se conformar.

Se eu for me encontrar com ele e ficarmos só trabalhando os dois, em uma hora saem três, quatro músicas. Mas ele não tem tempo nem de terminar uma música. Ele tem a ideia, o esboço da música e pronto, o parceiro que termine. Mas quando resolve compor, ele é bom. Nós fizemos "Forrofiar" para Alcione em cinco minutos, no estúdio da RCA. Quando tem que fazer um negócio rapidinho aí ele faz. Senão ele dá o tema, eu faço o resto e depois ele, com três palavras, melhora a música. Nossa parceria é um casamento que deu certo, até nas brigas... A gente briga muito, porque eu bebo e ele não gosta, aí fica perguntando: "Você tá achando que é Vinícius de Moraes?", ou porque tem gente querendo explorar ele e eu não deixo. E também por ele ser um cantor do povo, ele se desliga dos movimentos, do andamento musical nas grandes capitais, das questões de direitos autorais, do progresso das técnicas de gravação. Na hora de gravar um disco ele chega do Sertão, quer aprender a música no estúdio, e eu digo que tem que chegar sabendo, aí parte um atrito, ele acha que eu estou dizendo que ele é burro, aí não quer mais gravar, quer ir embora, diz que a música está muito complicada, aí sai do estúdio, dá uma voltinha e já volta sabendo a música. E grava. (João Silva)

A partir de *Danado de Bom*, foram as parcerias com João Silva que puxaram todos os discos de Gonzaga. O sucesso por exemplo de "Sanfoninha Choradeira", que cantou com Elba Ramalho, foi arrasador. Tanto que a gravadora da cantora acabou não gostando, porque as rádios só tocavam essa música dela. Outro grande sucesso do disco foi um *pot-pourri* com Fagner.

Eu fui convidado a gravar um *pot-pourri* das músicas dele em *Danado de Bom*. Gonzaga era aquela coisa! O primeiro show que eu vi na minha vida, lá na praça em Fortaleza, foi Luiz Gonzaga. Eu era criança, mas isso me marcou profundamente. A vida toda, ele foi e continua sendo um incentivo, um exemplo, um espelho pra minha geração. Quando eu comecei a gravar fiz "Riacho do Navio", no meu segundo LP, e na época eu procurei me aproximar do Gonzaga. Mas ele estava numa fase complicada da vida dele e o contato foi difícil. Com o *pot-pourri*, a gente entrou na FM, ele ficou muito empolgado e criou-se então uma identidade forte entre nós. Foi quando eu falei do meu projeto de a gente gravar um disco juntos. (Fagner)

Gonzaga se entusiasmou com a ideia e se entregou ao talento do discípulo cearense. Fagner escolheu o repertório, fez novos arranjos, produziu o disco.

Em termos técnicos, o disco é completo, pode até tocar numa discoteca. Eu mantive a originalidade do Gonzaga mas transpondo para o momento. Ele ficou muito satisfeito com esse trabalho porque ele não queria que nós fizéssemos o que ele já tinha feito. Ele queria essa alquimia com a época atual. (Fagner)

O disco não teve muita divulgação por ser uma coprodução entre as gravadoras dos dois artistas, cada uma ficando à espera da outra, num chove não molha promocional. Todavia, chegou a vender cerca de 100 mil cópias. Mas para Fagner, o que importou foi a emoção do trabalho com Luiz Gonzaga:

> Foi uma coisa muito gostosa. A gente trabalhou num clima de brincadeira e de descontração. Eu fiz tudo para que ele se sentisse bem. Eu preparei tudo para que quando ele chegasse no estúdio, ele só tivesse que colocar as vozes. Porque Gonzaga, se ele está cansado, pode se aborrecer com qualquer besteirinha. Mesmo assim, ele nunca chegou a ser deselegante... ele tem um jeito de pai. E ele é muito engraçado. A gente se divertia muito trabalhando com ele.

Cada dia mais solicitado, Gonzaga estava com a agenda carregada, fazendo um especial na televisão para o qual convidou Fagner, Dominguinhos e Elba Ramalho; se apresentou, convidado por Chico Buarque e Gonzaguinha, no show do Primeiro de Maio promovido pelo Centro Brasil Democrático;[5] foi convidado a participar, no LP *Vaca Profana*, de Gal Costa, em "Tem Pouca Diferença". Ainda em 84, ano em que a música nordestina se enlutou com a morte de Jackson do Pandeiro, Gonzaga recebeu o Prêmio Shell.[6] No ano seguinte, foi-lhe concedido o Nipper de Ouro.[7]

Achando talvez que tinha atingido o apogeu, anunciou à imprensa que chegara a hora de se aposentar. E graças a Apolo, deus da música, não se aposentou: pois o melhor ainda estava por chegar, apesar de estar sofrendo cada dia mais do que achava ser gota, a ponto de não aguentar mais o peso da sanfona. Agora se apresentava no palco com dois sanfoneiros: Joquinha, um sobrinho, e Mauro, um jovem exuense que tocava no coral da igreja.

---

[5] Na realidade, Luiz Gonzaga não entendeu bem do que é que se tratava e pensou estar participando da campanha das "Diretas Já!".

[6] Antes de Luiz Gonzaga, só Pixinguinha, Dorival Caymmi e Antônio Carlos Jobim tinham recebido esse prêmio.

[7] Homenagem internacional da RCA a um artista de seu *cast*.

Não foi difícil eu me encaixar na banda de seu Luiz porque eu sempre toquei no estilo dele. Luiz Gonzaga era o grande modelo da gente. E ele ensinava muito aos músicos. Por exemplo, uma coisa que eu nunca consegui fazer tão bem como ele é tocar nos baixos. Ele era fogo mesmo nisso. E até a cantar ele me ensinou. (Mauro)

Gonzaga era um verdadeiro mestre, com vocação para ensinar, muito consciente do fato de que era mais valorizante e enriquecedor ajudar os colegas do que viver num clima de ciúme. Sempre se empolgou na formação dos continuadores de sua obra, transmitindo sua técnica, incentivando os talentos, ajudando os jovens a desenvolver sua arte:

Quem tem talento não tem medo de perder. Eu botei um mundo de artistas cantando na minha linha e que é que deu? Reforcei as minhas criações e saí lucrando até hoje.

A essas alturas, o sanfoneiro Luiz Gonzaga estava começando a transmitir sua arte a seus discípulos e herdeiros, sentindo que era chegada a hora de ceder o seu lugar:

Eu criei tanta coisa que, hoje, sabendo de todos os sanfoneiros parados que tem por aí, eu devo deixar o meu lugar. Porque não sou mais sanfoneiro, nem cantor, sou simplesmente Luiz Gonzaga, um velho com gogó bom. Não ganho mais dinheiro como sanfoneiro, ganho dinheiro como Luiz Gonzaga.

E realmente, o "gogó do velho" cantava a cada dia, a cada disco, a cada show, mais lindo, valendo-lhe, em 85, mais dois discos de ouro para o LP *Sanfoneiro Macho*. O disco contava com a participação de vários convidados prestigiosos: Dominguinhos e Gonzaguinha, que já eram parceiros habituais, Sivuca e Glória Gadelha, Gal Costa — agradecendo ao Rei pela presença em *Vaca Profana* — e Elba Ramalho, num encontro esperado entre o mestre e a mais pura herdeira de Marinês; João Silva estava mais presente do que nunca, com oito músicas, e o time na produção continuava o mesmo que em *Danado de Bom*. Os ingredientes para o sucesso haviam sido reunidos.

As excursões continuavam no mesmo ritmo e nas mesmas condições. As horas de folga, Lua as passava no Recife, junto a Zuita, ou no Exu. O

Vida do viajante: a saga de Luiz Gonzaga

Parque Aza Branca, com seu hotel, se havia tornado parada obrigatória do pessoal do forró que não omitia uma visita ao mestre quando estava excursionando na região. Na época das festas juninas, o parque se animava mais do que nunca. Na sala de jantar, a mesa imensa se cobria generosamente de macarronada, feijão, arroz, macaxeira, jerimum, batata-doce, inhame, farinha, banana gigante, buchada de bode, carne de porco, galinha, café. Na cabeceira da mesa, presidindo, Gonzaga tinha até postura de coronel, mas de um "coronel Ternura", como dizia Alceu Valença, relembrando que, em junho de 1986, deu um show no Crato, e na plateia estava o grande mestre, que o convidou a tomar café na manhã seguinte, com sua banda, no Parque Aza Branca.

Os dois artistas voltariam a se encontrar no mês seguinte, em Paris, no grande festival de música brasileira *Couleurs Brésil*. A nata da MPB fora reunida durante cinco dias no Zénith, no Olympia e na Grande Halle de La Villette para dar o início ao programa dos anos Brasil-França (86-88). Escalado para se apresentar no show final na maior das três salas que acolhera o festival, a Grande Halle, Gonzaga tocou seu baião na mesma noite que Fafá de Belém, Moraes Moreira, Armandinho Macedo e Alceu Valença, para uma plateia de cinco ou seis mil espectadores entusiasmados. Os parisienses xaxaram tudo o que puderam, festejando o Rei com a mesma alegria que em 82. Mas para Gonzaga, a alegria não foi a mesma:

> Nessa viagem que eu fiz pra Paris em 86, tinha política por trás, aí puxava pra um lado, puxava pra outro, houve atrito... Eu acho bom quando a gente é levado por um movimento social. Mas lá era coisa de governo, e governo não tá com nada. Mas o grande lucro que eu tirei dessa viagem foi ter visto o show de Gilberto Gil no Olympia. Êta nego enxuto! Agora, meu show também foi bonito. Para mim foi um grande momento. Eu tive a presença de dois ministros da Cultura na plateia, o francês e Celso Furtado, que foram para meu camarim.

Para Gonzaga, isso era uma bela revanche, que amenizava o desprezo que sofrera durante anos por parte de figuras importantes do Brasil:

> Eu nunca tive contatos com Dom Helder Câmara, nem com Miguel Arraes. Para eles eu sou um meio-termo. Eles acham que eu sou muito bonzinho, porque eu exalto a Igreja, o papa. Sou cantor de protesto, mas acredito em Cristo, em Deus e não quero

Coronel Ternura: no Parque Aza Branca
era ele quem mandava.

Descanso: dormia numa rede... e cada manhã dava uma caminhada
no parque para aliviar as dores nas pernas.

ser radical. Quero cantar para todas as praças. Os radicais não acham graça no meu trabalho, dizem que eu faço muita concessão. Eu exalto os políticos quando eles merecem.

Enfim, em julho de 1986, na Grande Halle de La Villette, quem estava sendo exaltado à medida de seu grande valor, era Luiz Gonzaga. Contudo, meio perdido na agitação do festival, o velho cantador preferiu regressar rapidamente ao Brasil. Quando chegou, uma surpresa o esperava: *Forró de Cabo a Rabo*, o LP que lançara antes de embarcar para a França, estava fazendo um sucesso estrondoso. Ninguém esperava por isso:

> Quando Luiz Gonzaga gravou *Forró de Cabo a Rabo*, a gente percebeu que não havia "a" música que ia puxar o disco. Faltava o gancho, que passaria no rádio e daria o Disco de Ouro a Gonzaga. Agora, todo mundo podia dar música a Gonzaga, mas as que aconteciam mesmo eram as que ele fazia com João Silva. Então nós chamamos ele: "Olha João, pegue uma suíte num hotel, pegue sua garrafa de uísque, chame Gonzaga e pelo amor de Deus, façam a música pra amanhã". (Pedro Cruz)

Organizar as gravações para Gonzaga era sempre um quebra-cabeça, porque volta e meia ele tinha um show e ia embora. Aí parava tudo, ficava todo mundo esperando sua volta. Por sorte, ele estava no Rio de Janeiro naquele dia. Gonzaga e João se encontraram à noite no hotel:

— E agora, como é que nós vamos fazer?

— Olha, eu tenho um amigo lá em Miguel Pereira que se chama Zé Nabo, que é o diabo...

— Pois é Gonzaga, e lá em Pernambuco, tem uma cidade que se chama Cabo. E você sabe que no Nordeste, os antigos quando eles queriam um negócio mesmo, eles diziam que "queriam de cabo a rabo". E tem outra coisa... mas antes me dê uma dose de uísque.

— Pronto! Já vou perder o artista! Diga antes, que depois eu dou o uísque.

— Não senhor, dê primeiro a dose, que depois eu digo.

— Tá aí, diga agora.

João Silva pegou o violão e começou a cantar:

— "Eu fui dançar um forró / Lá na casa de Zé Nabo / Nunca vi forró tão bom"...

Gonzaga continuou:

— "Nessa noite quase me acabo"...

João Silva seguiu:

— "Tinha um mundão de..."

— Mundão, coisa nenhuma, que você sabe que vai dar outra coisa, João.

— Deixa de ser besta Luiz, escreve: "Tinha um mundão de mulher / E um sanfoneiro do diabo / E o forró ficou gostoso de cabo a rabo...".

Assim continuaram até altas horas da noite. Quando o monstro ficou pronto, Gonzaga pegou a sanfona, João pegou o gravador. Gravaram a música e Gonzaga avisou o parceiro:

— Olha, agora acabou, e eu quero me deitar. Vá pra sua suíte e, pelo amor de Deus, não fique tocando violão que quero dormir.

No dia seguinte, Gonzaga escutou a gravação, ainda acrescentou uns versos, deu um jeito na música e, com João Silva, foi direto para a RCA.

> Quando chegamos, Gonzaga me falou: "Eu vou botar uma introdução bem simples, porque os caras que gravam forró andam colocando introduções muito difíceis e os sanfoneiros do Nordeste são muito fracos com o instrumento". Quando ficou tudo pronto, chamamos o pessoal da RCA, eles adoraram. A música foi um estouro total! Mas com três semanas, eu e Gonzaga já brigamos de novo, ele me disse: "Não quero mais conversa com cachaceiro!". (João Silva)

Mas acontece que *Forró de Cabo a Rabo* recebeu dois discos de ouro e um de platina, por conta das parcerias com o "cachaceiro", e Gonzaga se reconciliaria com o parceiro quando chegasse a hora de preparar o LP seguinte, *De Fia Pavi*, que chegou às lojas de discos em junho de 1987. Entretanto, Fagner, que acabava de assinar com a RCA, procurou Gonzaga e avisou: "Mestre, pode se preparar, que agora nós vamos gravar um discão". Gonzaga se preparou no ato e, no primeiro semestre de 87, ele e Fagner estavam no estúdio gravando *Gonzagão e Fagner*, lançado em 88. Gonzaguinha, que recusara participar do primeiro disco de Gonzaga e Fagner, dessa vez aceitou o convite.

> Era Fagner gravando e Gonzaguinha manobrando. E alegria do princípio ao fim. Eu, acostumado a gravar muito mal-humorado, num clima pesado, de repente o Fagner me botou num ambiente muito bom, de alegria, onde eu me senti muito

Vida do viajante: a saga de Luiz Gonzaga   307

feliz e, ainda mais, com meu filho presente, completou a alegria! Fizemos um disco bonito. (Luiz Gonzaga)

Com a agenda repleta de shows, Gonzaga dizia que só na estrada é que descansava e não sentia dores nas pernas. Em junho, fez show com Elba Ramalho.

Nós tínhamos juntado 30 mil pessoas no auditório. Nunca houve isso no Brasil! Agora eu tinha sido contratado pra fazer três shows, acabei fazendo quatro porque no dia do último show dela, ela teve menino! Aí me contrataram para substituí-la. Ele devia tá doido pra ver ela cantar, porque ela é uma beleza. Ela sabe que se precisar do "Pai Lua", como ela me chama, é só mandar dizer, que eu vou na hora. (Luiz Gonzaga)

A RCA tinha lançado o novo LP de Gonzaga pensando que a música "De Fia Pavi" era o gancho para puxar o disco. Mas o público é quem decide — às vezes — e as festas de São João naquele ano foram atiçadas pelo som de "Nem Se Despediu de Mim". Mais uma vez, Gonzaga e seus músicos percorreram o país, animando os folguedos juninos. Algumas semanas mais tarde, Gonzaga tinha um show em Caruaru. Foi quando seus problemas de próstata voltaram a se manifestar, sofrendo, na ocasião da viagem a Caruaru, os sintomas humilhantes do câncer que estava se expandindo. A presença serena e carinhosa de Zuita, que o acompanhava cada vez que podia nas suas viagens, acalmou o desespero do artista, que já padecia desde algum tempo de violentas dores nas pernas. Mas, com profissionalismo e dignidade, deu nesse dia entrevistas à televisão, autógrafos a granel, posou para fotos, presenciou o jantar com o prefeito, se divertiu com o discurso de um notável local totalmente bêbado, cantou lindo no Forró Forrado da cidade, hoje fechado, para 5 mil pessoas, e resolveu que queria regressar para o Recife depois do show.

Queria voltar ao aconchego do apartamento de Boa Viagem, curtir na intimidade o carinho de Zuita, deitado na sua rede. Cada vez mais, Gonzaga fugia das camas. Tanto que no Parque Aza Branca, assim como no apartamento de Zuita, tinha sua rede e lá dormia. No mais, Gonzaga não deixava nada de seus pertences no apartamento da amante, para que ficasse clara a situação. Ele era casado e casado continuaria:

Eu sempre digo pra Helena que nós vamos até o fim. Ela não acredita, mas nós vamos. Daqui a dois anos, nós vamos cumprir quarenta anos de casados. Já é uma barra. Ela me ajudou, apesar dos probleminhas. Agora é que perdeu o pique. Não sabe o que fazer com a fortuna que ela possui. Inclusive EU!

Com santa paciência, Zuita segurava a peteca. Ela sofria, Gonzaga sofria e Helena também sofria. Então, regularmente, Gonzaga aliviava a própria barra, rompendo com Edelzuita e retornando à esposa. Dali a pouco recomeçavam as brigas e Gonzaga voltava novamente para Edelzuita. Gonzaga que, nos primeiros anos da aventura com Zuita, escondia a relação, e nos telefonemas, nas cartas e nos bilhetes dissimulava a própria identidade sob o pseudônimo de Marcelo Luiz, agora se exibia publicamente com a namorada. Porém, curiosamente, com um respeito pouco habitual, a imprensa jamais escreveu a mínima notícia, nem fez a menor alusão ao adultério do Rei. Tampouco publicou fotos do ilícito casal.

No final de 87, a degradação da saúde dele se acelerou. Os exames confirmaram o câncer da próstata e revelaram metástase nos ossos, causa das dores nas pernas. Todos continuaram a dissimular a doença a Gonzaga, alegando que ele dizia que se mataria se soubesse que tinha câncer. Disseram-lhe que tinha osteoporose. No entanto, é verossímil supor que Gonzaga entendera de que mal sofria exatamente.

A partir de então, a vida entre Exu, no Parque Aza Branca, Recife com Zuita, Rio com Helena e a estrada nas turnês, se tornava difícil. Gonzaga precisava de cuidados contínuos, de alguém constantemente a seu lado.

Em novembro de 87, ele me disse: "Olha Zuita, eu sou velho e quem vai cuidar de mim é Helena. Você é nova, vai continuar sua vida". Assim terminava nossa história. Eu só pude aceitar a decisão dele e falei que, nesse caso, eu ia viajar para a Itália, onde tenho amigos. Gonzaguinha veio buscá-lo e o levou para o Rio, mas ele não suportou e voltou para o Exu. (Edelzuita Rabelo)

A morte não era assunto que Gonzaga abordava. Nem mesmo a doença. Quando muito, aludia à dor nas pernas, para explicar os passeios que dava no Parque Aza Branca ou em volta, cada dia de manhã

Vida do viajante: a saga de Luiz Gonzaga

De Vettori, Turismo e Hotelaria Ltda.
Hotel Casa Grande & Senzala

Escuta meus amor. Oia eu aqui
te escrevendo umas coisas pra ti
é que eu tô sentindo tua presença
tão forte em mim. que só mesmo te
escrevendo pra te dizer essas coisas
Meu amor: não fique nunca pensando que você está só, que as coisas tristes
é o que sobram pra sua vida. Você me
chama de emprestado. No princípio eu
achei até engraçada. Agora já não
acho. É uma injustiça sua. Eu te
amo é muito seu tolo. Te amo, mais
e muito mesmo. Não devemos ser egois-
tas? Tu não risque o emprestado
eu te dei por amor. O meu amor
é negócio honesto. Nós temos
Não vamos tirar o direito de viagem
meu bem.

Av. Conselheiro Aguiar, 5000 - Fones 26-3335/26-3497 - Praia da Boa Viagem - Recife - Pernambuco

De Vettori, Turismo e Hotelaria Ltda.
Hotel Casa Grande & Senzala

[carta manuscrita]

Av. Conselheiro Aguiar, 5000 - Fones 26-3335 - 26-3497 - Praia da Boa Viagem - Recife - Pernambuco

13.7.76

Pseudônimo: nos primeiros tempos em que namorava Zuita,
Luiz Gonzaga assinava "Marcelo Luiz".

cedinho. Vestido com um macacão branco, ele costumava dar várias vezes a volta no terreno que rodeava a casa.

Sua maneira de lidar com a própria morte foi a criação do Museu Luiz Gonzaga, no Parque Aza Branca, assunto de grande preocupação nos últimos anos de sua vida. E um campo ideal de pressão para Helena, que manteve escondido todo o arquivo do artista até sua própria morte, em 1992.

Apesar de suas resoluções, Gonzaga não aguentou a separação com Zuita. Passou um mês, e ele começou a ligar para o escritório da mulher amada.

> Eu não atendia, mandava dizer que não estava. Até um dia, que minha colega me disse: "Olhe Zuita, ele está chorando, fale com ele". Eu peguei o telefone e ele me disse então que ia passar pelo Recife e tinha uma coisa importante que falar comigo, insistiu muito e eu acabei aceitando. No dia seguinte, lá estava ele me esperando na calçada, em frente a meu escritório. Nós voltamos pra casa, sem falar nada; na hora que a gente entrou na sala, ele me agarrou, me deu aquela banana e disse:"Olha que tu vai pra Itália" e, jogando a mochila no chão, falou: "Sabe quando eu vou embora?... Nunca! Eu não sei mais viver sem você, sujeita!". (Edelzuita Rabelo)

Com 75 anos de idade e doze de vai e vem entre Helena e Zuita, Luiz Gonzaga conseguira, enfim, superar a submissão da qual, culturalmente, era o fruto. Com a vida afetiva resolvida, Gonzaga melhorou, rejuvenesceu, voltou a rir, a cantar, a amar. Retornou aos palcos, às estradas, aos estudios. Em 88 gravou *Aí Tem Gonzagão*, um LP sem grande relevo apesar da presença de Carmélia Alves em "Vamos Ajuntar os Troços" e de Geraldo Azevedo em "Taqui pá Tu". A voz do Rei, pela primeira vez, começava a dar sinais de cansaço.

No mesmo ano, a RCA[8] lançou *Cinquenta Anos de Chão*, uma caixa com cinco LPs, magnífica compilação do essencial da obra de Luiz Gonzaga. Era o implícito presente de despedida que a gravadora fazia ao artista, depois de 47 anos de colaboração.

Gonzaga não tinha talento para aposentadoria. Passou para a Copacabana, onde gravou *Vou Te Matar de Cheiro*, um péssimo disco que

---

[8] Que a essas alturas passara a se chamar BMG.

Volta: em 1988, vivendo com Zuita, voltou a dar shows.

não deveria ter gravado. Já não havia mais nada que acrescentar à sua fabulosa história musical.

Uma história da qual ele teve a visão fulgurante, luminosa e cujo rumo ele dirigiu com impressionante firmeza e coerência.

Incansável cantador, Gonzaga estava com a agenda de São João cheia, quando foi admitido no hospital Santa Joana no Recife, no dia 21 de junho de 1989. No dia 16 de julho seguinte, devia ser pronunciado o divórcio que enfim resolvera pedir, alegando maus-tratos. Depois, casaria com Zuita. Mas as pressões familiares convenceram-no a desistir do divórcio.

Na noite de 2 de agosto de 1989, adormeceu. Para a eternidade.

Minha vida é andar / Por esse país / Pra ver se um dia descanso feliz / Guardando as recordações / Das terras onde passei / Andando pelos sertões / E dos amigos que lá deixei / Mar e terra, inverno e verão / Mostro o sorriso / Mostro alegria / Mas eu mesmo não / E a saudade no coração.

Exu, 1987/Paris, 1995

O Baião perde seu Rei

Autor:
José João dos Santos (AZULÃO)

ou Mestre Azulão

O BAIÃO PERDE SEU REI
Autor: José João dos Santos, AZULÃO

Como poeta e repórter
Cordelista e violeiro
Expresso meus sentimentos
Na morte do sanfoneiro
A estrela mais brilhante
Do nordeste brasileiro

    Foi Luiz Lua Gonzaga
    Que o Brasil todo se urfana
    D'ele, nascer no nordeste
    Na gleba pernambucana
    O filho de Januário
    E dona Maria Santana

Criou-se nas terras sêcas
Entre homens valentões
Vendo o pai tocar sanfona
Nas palhoças e nos salões
De amigos e fazendeiros
Dando alegria aos sertões

    Januário, um sertanejo
    Muito correto e ordeiro
    Criou seus filhos na roça
    Trabalhando o ano inteiro
    Com sua armônica oito baixos
    Também ganhava dinheiro

Luiz lhe acompanhava
Com toda dedicação
E muito amor pela música
Que a sua vocação
Era de ser no futuro
O grande Rei do Baião

- 1 -

Chegou o máximo apogeu
Nosso Lua o Gonzagão
Milhões de discos rodando
Em rádio e televisão
E nas casas de famílias
Da nossa grande nação

    Deu ajuda aos seus parentes
    Deixou todos muito bem
    Seus irmãos, mulher e filhos
    Muitos artistas também
    Dizendo com ar de riso
    No mundo vale quem tem

Deu sanfona a muita gente
Inclusive a Dominguinho
Projetou-o no mundo artístico
Com muito amor e carinho
Para que ele seguisse
As trilhas do seu caminho

    Depois de muitas batalhas
    Luta e peregrinação
    Sentiu-se muito doente
    Duma grave infecção
    Submeteu-se em Recife
    A uma séria operação

Lá na Clínica Santa Julia
Gonzaga permaneceu
Quarenta dias, porém
Não se restabeleceu
E no dia dois de Agosto
As cinco e trinta morreu

- 7 -

A notícia se espalhou
Da Capital ao sertão
Em rádio, em alto-falante
Jornal e televisão
Dizendo, morreu Luiz
Gonzaga o Rei do Baião

    Foi levado de avião
    Do Recife ao Juazeiro
    Onde grande multidão
    Recebeu seu sanfoneiro
    Que ele do Padre Cícero
    Era um devoto e romeiro

De lá seguiu para Exú
Entre suspiros e áis
Aonde foi sepultado
No jazigo dos seus pais
Unindo no mesmo túmulo
Deles os restos mortais

    Luíz deixou para os seus
    Diploma, brinde e troféu
    A sanfona prateada
    Jibão perneira e chapéu
    Foi tocar harpa e clarim
    Junto aos anjos lá no Céu

Adeus a Luiz Gonzaga
Zeloso, amigo e irmão
Uma estrela que brilhou
Levou depois seu clarão
Agora descança em paz
O grande Rei do Baião

- 8 -
        Set/89

Mito popular: a primeira...
... e as últimas páginas de uma homenagem da literatura de cordel,
"Agora descansa em paz / O grande Rei do Baião".

DISCOGRAFIA

Salvo os anos passados na Odeon (1972/74) e o último momento de sua carreira, na Copacabana, Luiz Gonzaga permaneceu na mesma gravadora, que no início se chamava Victor, depois passou a se chamar RCA Victor, depois RCA e enfim BMG.

1. 78 rpm

Véspera de São João, mazurca (Luiz Gonzaga / F. Reis; 1941; 34744a)

Numa Serenata, valsa (Luiz Gonzaga; 1941; 34744b)

Saudades de São João del-Rei, valsa (Simão Jandi; 1941; 34748a)

Vira e Mexe, xamego (Luiz Gonzaga; 1941; 34748b)

Nós Queremos uma Valsa, valsa (Nássara / Frasão; 1941; 34768a)

Arrancando Caroá, choro (Luiz Gonzaga; 1941; 34768b)

Farolito, valsa (Agustin Lara; 1941; 34778a)

Segura a Polca, polca (Xavier Pinheiro; 1941; 34778b)

Saudades de Ouro Preto, valsa (Luiz Gonzaga; 1942; 34929a)

Pé de Serra, xamego (Luiz Gonzaga; 1942; 34929b)

Saudade, valsa (Carlos Dias Carneiro; 1942; 34945a)

Apitando na Curva, polca (Luiz Gonzaga; 1942; 34945b)

Sanfonando, chorinho (Luiz Gonzaga; 1942; 34955a)

Verônica, valsa (Luiz Gonzaga; 1942; 34955b)

Calangotango, picadinho (Luiz Gonzaga; 1942; 34967a)

Minha Guanabara, valsa (Francisco Reis; 1942; 34967b)

Saudades de Areal, valsa (Mário Magalhães; 1942; 800009a)

Pisa de Mansinho, xamego (Luiz Gonzaga; 1942; 800009b)

Seu Januário, xamego (Luiz Gonzaga; 1942; 800024a)

Sant'Anna, mazurca (Luiz Gonzaga; 1942; 800024b)

Aquele Chorinho, choro (Luiz Gonzaga; 1942; 800034a)

Lygia, valsa (Luiz Gonzaga; 1942; 800034b)

Apanhei-te, Cavaquinho, choro (Ernesto Nazareth; 1943; 800060a)

Yvonne, valsa (Xavier Pinheiro; 1943; 800060b)

Manolita, valsa (Leo Daniderff; 1943; 800090a)

O Xamego da Guiomar, xamego (Luiz Gonzaga; 1943; 800090b)

Araponga, choro (Luiz Gonzaga; 1943; 800093a)

Meu Passado, valsa (Luiz Gonzaga / W. Gomes; 1943; 800093b)

Destino, valsa (Carneiro Filho / V.Gomes; 1943; 800114a)

Galo Garnizé, choro (L. Gonzaga / A. Almeida; 1943; 800114b)

Subindo ao Céu, valsa (Aristides M. Borges; 1944; 800171a)

Fuga da África, polca (Luiz Gonzaga; 1944; 800171b)

Recordações de Alguém, choro (Bisoga; 1944; 800182a)

Pingo Namorando, choro (Luiz Gonzaga; 1944; 800182b)

Escorregando, choro (Ernesto Nazareth; 1944; 800190a)

Madrilena, valsa (A. Almeida / L. Gonzaga; 1944; 800190b)

Luar do Nordeste, valsa (Luiz Gonzaga; 1944; 800201a)

Bilu Bilu, choro (Luiz Gonzaga; 1944; 800201b)

Xodó, choro (Luiz Gonzaga; 1944; 800208a)

Caprichos do Destino, valsa (Odette D. Fiúza; 1944; 800208b)

Fazendo Intriga, xamego (Luiz Gonzaga; 1944; 800215a)

Vanda, valsa (Luiz Gonzaga; 1944; 800215b)

Catimbó, xamego (C. Filho / V. Gomes; 1944; 800225a)

Despedida, valsa (Luiz Bittencourt; 1944; 800225b)

Passeando em Paris, valsa (Luiz Gonzaga; 1944; 800255a)

Aperriado, xamego (Luiz Gonzaga; 1944; 800255b)

Provocando as Cordas, choro (José Miranda Pinto; 1945; 800268a)

Última Inspiração, valsa (Peterpan; 1945; 800268b)

Dança, Mariquinha, mazurca (Luiz Gonzaga / M. Lima; 1945; 800281a)

Impertinente, polca (Luiz Gonzaga; 1945; 800281b)

Na Hora H, choro (Luiz Gonzaga; 1945; 800298a)

Mara, valsa (Luiz Gonzaga; 1945; 800298b)

Penerô Xerém, xamego (L. Gonzaga / M. Lima; 1945; 800306a)

Sanfona Dourada, valsa (Luiz Gonzaga; 1945; 800306b)

Bolo Mimoso, choro (Tito Ramos; 1945; 800323a)

Dança do Macaco, quadrilha (Luiz Gonzaga; 1945; 800323b)

Perpétua, valsa / marcha (L. Gonzaga / M. Lima; 1945; 800385b) (Na face a deste 78 rpm, figura "Isto É o que Nós Queremos", de Ataulfo Alves. Era muito corrente na época dois artistas dividirem um mesmo disco.)

Queixumes, valsa (N. Rosa / H. Britto; 1945; 800333a)

Zinha, polca (Carneiro Filho; 1945; 800333b)

Caxangá, choro (Luiz Gonzaga; 1945; 800344a)

Cortando o Pano, mazurca (L. Gonzaga / M. Lima / J. Portella; 1945; 800344b)

Festa Napolitana, marcha (Ignácio de Oliveira; 1945; 800374a)

Ovo Azul, marcha (M. Lima / Paraguassu; 1945; 800374b)

Marieta, valsa (Luiz Gonzaga; 1946; 800329a)

De Juazeiro a Pirapora, polca (Luiz Gonzaga; 1946; 800329b)

É pra Rir ou Não É, choro (L. Gonzaga / C. Barroso; 1946; 800401a)

Devolve / Não Quero Saber, valsas (Mário Lago; 1946; 800401b)

Ó de Casa, chorinho (Luiz Gonzaga / M. Rossi; 1946; 800411a)

Xamego das Cabrochas, xamego (Luiz Gonzaga / M. Lima; 1946; 800411b)

Não Bate Nele, mazurca (Zé Fechado / L. Pereira; 1946; 800423a)

Calango da Lacraia, calango (Luiz Gonzaga / J. Portella; 1946; 800423b)

Pão-duro, marcha (A. Valente / Luiz Gonzaga; 1946; 800440a)

Sabido, choro (Luiz Gonzaga; 1946; 800440b)

Saudades do Matão, valsa (Jorge Calati; 1946; 800454a)

Brejeiro, choro (Ernesto Nazareth; 1946; 800454b)

Toca uma Polquinha, polca (Luiz Gonzaga; 1946; 800465a)

Feijão cum Côve, embolada (Luiz Gonzaga / Jeová Portella; 1946; 800465b)

Eu vou Cortando, marcha (L. Gonzaga / M. Lima / J. Portella; 1946; 800475a)

Caí no Frevo, marcha (Luiz Gonzaga; 1946; 800475b)

No Meu Pé de Serra, xote (L. Gonzaga / Humberto Teixeira; 1946; 800495a)

Pagode Russo, polca (Luiz Gonzaga; 1946; 800495b)

Vou pra Roça, marchinha (Luiz Gonzaga / Zé Ferreira; 1947; 800510a)

Asa Branca, toada (L. Gonzaga / H. Teixeira; 1947; 800510b)

Balanço do Calango, calango (Luiz Gonzaga / J. Portella; 1947; 800527a)

Coração de Mulher, valsa (Zezinho; 1947; 800527b)

Todo Homem Quer, marcha-frevo (Peterpan / José Batista; 1947; 800557a)

Tenho Onde Morar, samba (Luiz Gonzaga / Dário de Souza; 1947; 800557b)

Quer Ir Mais Eu?, marcha-frevo (Luiz Gonzaga / Miguel Lima; 1947; 800566a)

Pau de Sebo, marcha (Lunga / Luiz Gonzaga; 1947; 800566b)

A Moda da Mula Preta, moda (Raul Torres; 1948; 800580a)

Firim Firim Firim, polca (A. Nogueira / L. Gonzaga; 1948; 800580b)

Lorota Boa, polca (H. Teixeira / L. Gonzaga; 1949; 800604a)

Mangaratiba, xote (H. Teixeira / L. Gonzaga; 1949; 800604b)

Juazeiro, baião (L. Gonzaga / H. Teixeira; 1949; 800605a)

Baião, baião (L. Gonzaga / H. Teixeira; 1949; 800605b)

Siridó, ritmo novo (L. Gonzaga / H. Teixeira; 1949; 800606a)

Légua Tirana, toada (L. Gonzaga / H. Teixeira; 1949; 800606b)

Vou Mudar de Couro, batucada (H. Teixeira / L. Gonzaga; 1949; 800629a)

Gato Angorá, marcha-baião (L. Gonzaga / H. Teixeira; 1949; 800629b)

Vem Morena, baião (L. Gonzaga / Zédantas; 1949; 800643a)

Quase Maluco, xamego (L. Gonzaga / Victor Simão; 1949; 800643b)

17 Légua e Meia, baião (H. Teixeira / C. Barroso; 1949; 800668a)

Forró de Mané Vito, s/i (Zédantas / L. Gonzaga; 1949; 800668b)

Vira e Mexe, xamego (Luiz Gonzaga; 1950; 34748a)

Qui Nem Jiló, baião (H. Teixeira / L. Gonzaga; 1950; 34748b)

A Dança da Moda, baião (L. Gonzaga / Zédantas; 1950; 800658a)

Respeita Januário, baião (L. Gonzaga / H. Teixeira; 1950; 800658b)

Assum Preto, toada (H. Teixeira / L. Gonzaga; 1950; 800681a)

Cintura Fina, xote (Zédantas / L. Gonzaga; 1950; 800681b)

Chofer de Praça, mazurca (Ewaldo Ruy / Fernando Lobo; 1950; 800695a)

No Ceará Não Tem Disso Não, baião (Guio de Morais; 1950; 800695b)

Xanduzinha, baião (H. Teixeira / L. Gonzaga; 1950; 800699a)

A Volta da Asa Branca, toada (Zédantas / L. Gonzaga; 1950; 800699b)

Macapá, baião (H. Teixeira / L. Gonzaga; 1950; 800717a)

Boiadeiro, toada (Klécius Caldas / A. Cavalcanti; 1950; 800171b)

Adeus Rio de Janeiro, xote (Zédantas / Luiz Gonzaga; 1950; 800739a)

Rei Bantu, maracatu (Luiz Gonzaga / Zédantas; 1950; 800739a)

O Torrado, torrado (Luiz Gonzaga / Zédantas; 1950; 800744a)

Estrada de Canindé, toada-baião (L. Gonzaga / H. Teixeira; 1950; 800744b)

Maria, coco-baião (Zédantas / Luiz Gonzaga; 1951; 800756a)

Amanhã Eu Vou, valsa (Beduíno / Luiz Gonzaga; 1951; 800756b)

Discografia

Propriá, baião (Guio de Morais / Luiz Gonzaga; 1951; 800773a)

Olha pro Céu, marcha junina (José Fernandes / Luiz Gonzaga; 1951; 800773b)

Tô Sobrando, polquinha (Luiz Gonzaga / Hervê Cordovil; 1951; 800816a)

Morena, Moreninha, toada (Hervê Cordovil / Luiz Gonzaga; 1951; 800816b)

Madame Baião, baião (Luiz Gonzaga / David Nasser; 1951; 800819a)

Conversa de Barbeiro, rancheira (David Nasser / Luiz Gonzaga; 1951; 800819b)

Sabiá, baião (Luiz Gonzaga / Zédantas; 1951; 800827a)

Baião da Penha, baião (Guio de Morais / David Nasser; 1951; 800827b)

Cigarro de Paia, baião (Klécius Caldas / A. Cavalcanti; 1952; 800874a)

Baião da Garoa, baião (Luiz Gonzaga; 1951; 800874b)

São João do Carneirinho, baião (Luiz Gonzaga / Guio de Morais; 1952; 800894a)

Imbalança, baião (Zédantas / Luiz Gonzaga; 1952; 800894b)

Paraíba, baião (L. Gonzaga / H. Teixeira; 1952; 800510a)

Asa Branca (reedição), baião (L.Gonzaga / H. Teixeira; 1952 800510b)

São João na Roça, marcha junina (Zédantas / Luiz Gonzaga; 1952 800895a)

Juca, valsa (Lupicínio Rodrigues; 1952; 800895b)

Catamilho na Festa, chorinho (Luiz Gonzaga; 1952; 800936a)

Pau de Arara, maracatu (Luiz Gonzaga / Guio de Morais; 1952; 800936b)

Respeita Januário, baião (L. Gonzaga / H. Teixeira; 1952; 800960a)

Légua Tirana, valsa toada (H. Teixeira / L. Gonzaga; 1952; 800960b)

Acauã, toada (Zédantas; 1952; 800961a)

Adeus Pernambuco, toada (H. Cordovil / Manezinho Araújo; 1952; 800961b)

Baião da Garoa, baião (L. Gonzaga / H. Cordovil; 1952; 800962a)

Piauí, toada baião (Sylvio Moacyr de Araújo; 1952; 800962b)

Marabaixo, canção (Julião Thomaz Ramos; 1952; 800963a)

Jardim da Saudade, valsa (L. Rodrigues / A. Gonçalves; 1952; 800963b)

Vamos Xaxear, xaxado (L. Gonzaga / G. Nascimento; 1952; 800977a)

Xaxado, xaxado (L. Gonzaga / H. Cordovil; 1952; 800977b)

Baião de Vassouras, baião (Luiz Gonzaga / David Nasser; 1952; 801015a)

Beata Mocinha, valsa romeira (Manezinho Araújo / José Renato; 1952; 801015b)

Moreninha Tentação, baião (Moacyr de Araújo / L. Gonzaga; 1953; 801104a)

Saudade de Pernambuco, baião (S. Rosendo / S. Miceli; 1953; 801104b)

O Xote das Meninas, xote (Zédantas / Luiz Gonzaga; 1953; 801108a)

Treze de Dezembro, choro (Zédantas / Luiz Gonzaga; 1953; 801108b)

São João Chegou, baião (Mariza Coelho / Luiz Gonzaga; 1953; 801126a)

O Casamento de Rosa, rancheira (Zédantas / Luiz Gonzaga; 1953; 801126b)

A Letra I, baião (Zédantas / Luiz Gonzaga; 1953; 801145a)

Algodão, baião (Zédantas / Luiz Gonzaga; 1953; 801145b)

ABC do Sertão, baião (Zédantas / Luiz Gonzaga;1953; 801193a)

Vozes da Seca, toada (Zédantas / Luiz Gonzaga; 1953 801193b)

Para Xaxar, xaxado (L. Gonzaga / Sylvio M. Araújo; 1953; 801221a)

A Vida do Viajante, toada (L. Gonzaga / H. Cordovil; 1953 801221b)

Feira de Gado, aboio (Luiz Gonzaga / Zédantas; 1954; 801274a)

Velho Novo Exu, baião (L. Gonzaga / Sylvio M. Araújo; 1954; 801274b)

Olha a Pisada, baião xaxado (Zédantas / Luiz Gonzaga; 1954; 801277a)

320   Vida do viajante: a saga de Luiz Gonzaga

Vô Casá Já, baião (Zédantas / Luiz Gonzaga; 1954; 801277b)

Noites Brasileiras, baião (Zédantas / Luiz Gonzaga; 1954; 801307a)

Lascando o Cano, polca (Zédantas / Luiz Gonzaga; 1954; 801307b)

Cana, Só de Pernambuco, xamego (Luiz Gonzaga / Victor Simão; 1954; 801333a)

Relógio Baião, baião (Sérgio Falcão / José Roy; 1954; 801333b)

A Canção do Carteiro, canção (Mauro Pires / Messias Garcia; 1954; 801352a)

Velho Pescador, baião (Luiz Gonzaga / Hervê Cordovil; 1954; 801352b)

Cartão de Natal, toada (Zédantas / Luiz Gonzaga; 1954; 801405a)

Minha Fulô, baião (Zédantas / Luiz Gonzaga; 1954; 801405b)

Baião Granfino, baião (Marcos Valentin / Luiz Gonzaga; 1955; 801416a)

Só Vale Quem Tem, baião (Zédantas / Luiz Gonzaga; 1955; 801416b)

Paulo Afonso, baião (Luiz Gonzaga / Zédantas; 1955; 801441a

Padroeira do Brasil, baião (Luiz Gonzaga / R. Grangeiro; 1955; 801441b)

Café, baião-coco (Zédantas / Luiz Gonzaga; 1955; 801450a)

Cabra da Peste, baião (Luiz Gonzaga / Zédantas; 1955; 801450b)

Baião dos Namorados, baião (Sylvio M. de Araújo / L. Gonzaga; 1955; 801499a)

Ai Amor, baião (Zédantas / Luiz Gonzaga; 1955; 801499b)

Forró de Zé Tatu, rojão (Zé Ramos / Jorge de Castro; 1955; 801518a)

Riacho do Navio, xote (Zédantas / Luiz Gonzaga; 1955; 801518b)

Buraco de Tatu, xote (Jair Silva / Jadir Ambrósio; 1956; 801570a)

Açucena Cheirosa, toada (Rômulo Paes / José Celso; 1956; 801570b)

Mané Zabe, baião (Zédantas / Luiz Gonzaga; 1956; 801590a)

Lenda de São João, baião (Zédantas / Luiz Gonzaga; 1956; 801590b)

O Cheiro da Carolina, xote (Amorim Roxo / Zé Gonzaga; 1956; 801645a)

Aboio Apaixonado, aboio (Luiz Gonzaga; 1956; 801645b)

Derramaro o Gai, coco (Luiz Gonzaga / Zédantas; 1956; 801656a)

Vassouras, xote (Luiz Gonzaga / David Nasser; 1956; 801656b)

Tacacá, baião (Luiz Gonzaga / Lourival Passos; 1956; 801671a)

Chorão, chorão (Luiz Gonzaga; 1956; 801671b)

Braia Dengosa, maracatu (Luiz Gonzaga / Zédantas; 1956; 801689a)

Tesouro e Meio, baião (Luiz Gonzaga; 1956; 801689b)

Siri Jogando Bola, coco (Luiz Gonzaga / Zédantas; 1956; 801740a)

Saudade da Boa Terra, baião (Maruim / Ary Monteiro; 1956; 801740b)

A Feira de Caruaru, baião (Onildo de Almeida; 1957; 801793a)

Capital do Agreste, baião (O. Almeida / Nelson Barbalho; 1957; 801793b)

O Passo da Rancheira, rancheira (Zédantas / Luiz Gonzaga; 1957; 801795a)

São João Antigo, baião (Zédantas / Luiz Gonzaga; 1957; 801795b)

Quarqué Dia, toada (J. Argileu / N. Domingues; 1957; 801827a)

Malhada dos Bois, baião (Luiz Gonzaga / Amâncio Cardoso; 1957; 801827b)

Linda Brejeira, valsa (Ruy Morais / Joaquim Lima; 1957; 801855a)

Meu Pajeú, toada (Luiz Gonzaga / R. Grangeiro; 1957; 801855b)

O Delegado no Coco, coco (José de Souza Dantas Filho; 1957; 801877a)

Comício no Mato, baião-coco (Joaquim Augusto / N. Barbalho; 1957; 801877b)

Forró no Escuro, forró (Luiz Gonzaga; 1958; 801938a)

Moça de Feira, xote (Armando Nunes / J. Portella; 1958; 801938b)

Que Modelo São os Seus, xaxado (Luiz Gonzaga; 1958; 801941a)

Discografia

Festa no Céu, arrastapé (Zeca do Pandeiro / Edgar Nunes; 1958; 801941b)

A Moda da Mula Preta, baião (Raul Torres; 1958; 801952a)

Xote das Moças, xote (N. Barbalho / J. Augusto; 1958; 801952b)

Chorei Chorão, chorão (Luiz Gonzaga / Lourival Passos; 1958; 801998a)

Balance Eu, toada (L. Gonzaga / Nestor de Hollanda; 1958; 801998b)

Sertão Sofredor, baião (N. Barbalho / J. Augusto; 1958; 802012a)

Gibão de Couro, baião (Luiz Gonzaga; 1958; 802012b)

O Sertanejo do Norte, maracatu (João do Vale / Ary Monteiro; 1959; 802118a)

Xote do Véio, xote (N. Barbalho / J. Augusto; 1959; 802118b)

Fogueira de São João, marcha (Luiz Gonzaga / Carmelina; 1959; 802065a)

Casamento Atrapaiado, baião (Valter Levita / Renato Araújo; 1959; 802065)

Marcha da Petrobrás, marcha (N. Barbalho / L.Gonzaga / J.Augusto; 1959; 802056b)
(Na face a desse 78 rpm figura uma re-gravação de Calango da Lacraia)

Amor da Minha Vida, guarânia (Raul Sampaio / Benil Santos; 1960; 802194a)

Meu Padrim, baião (F. Marcelino; 1960; 802194b)

São João no Arraiá, marcha junina (Zédantas; 1960; 802220a)

Testamento de Caboclo, toada (R. Bittancourt / R. Sampaio; 1960; 802220b)

Vida de Vaqueiro, xote (Luiz Gonzaga; 1960; 802259a)

Maceió, toada (Lourival Passos; 1960; 802259b)

O Véio Macho, xote (Rosil Cavalcanti; 1962; 802448a)

Pássaro Caraó, baião (José Marcolino / L. Gonzaga; 1962; 802448b)

Sanfoneiro Zé Tatu, forró (Onildo de Almeida; 1962; 802459a)

Baldrona Macia, rasqueado (Arlindo Pinto / Anacleto Rosas; 1962;802459b)

Matuto Aperriado, baião (José Marcolino / Luiz Gonzaga; 1962; 802495a)

De Teresina a São Luiz, xote (João do Vale / Helena Gonzaga; 1962; 802495b)

Pedido a São João, baião (José Marcolino; 1963; 802533a)

A Morte do Vaqueiro, toada (Nelson Barbalho / Luiz Gonzaga; 1963; 802533b)

Liforme Instravagante, folclore (Raimundo Grangeiro; 1963; 802555a)

Desse Jeito Sim, xote (José Jataí / Luiz Gonzaga; 1963; 802555b)

2. LPS

LUIZ "LUA" GONZAGA; 1961; RCA Victor

Capitão Jagunço, baião (Paulo Dantas / Barbosa Lessa)
Baldrama Macia, rasqueado (Arlindo Pinto / Anacleto Rosas)
Creuza Morena, valsa (Lourival Passos / Luiz Gonzaga)
Dedo Mindinho, baião (Luiz Gonzaga)
Amor que Não Chora, toada (Erasmo Silva)
O Tocador Quer Beber, xote (Carlos Diniz / Luiz Gonzaga)
Na Cabana do Rei, baião (Jaime Florence / Catulo de Paula)
Aroeira, xote (Barbosa Lessa)
Rosinha, baião (Nelson Barbosa / Joaquim Augusto)
Corridinho Canindé, baião (Luiz Gonzaga / Lourival Passos)
Só Se Rindo, xote (Alvarenga / Ranchinho)
Alvorada da Paz, marcha (Luiz Gonzaga / Lourival Passos)

O VÉIO MACHO; 1962; RCA

O Véio Macho, xote (Rosil Cavalcanti)
Balança a Rede, baião (Zédantas)
Sertão de Aço, xote (José Marcolino / Luiz Gonzaga)
Serrote Agudo, toada-baião (José Marcolino / Luiz Gonzaga)
De Teresina a São Luiz, xote (João do Vale / Helena Gonzaga)
Pássaro Caraó, baião (José Marcolino / Luiz Gonzaga)
Sanfoneiro Zé Tatu, forró (Onildo de Almeida)
Matuto Aperriado, baião (José Marcolino / Luiz Gonzaga)
Forró de Zé Antão, xote (Zédantas)

A Dança de Nicodemos, xote (José Marcolino / Luiz Gonzaga)
No Pianco, xote (José Marcolino / Luiz Gonzaga)
Adeus Iracema, toada (Zédantas / Luiz Gonzaga)

SÃO JOÃO NA ROÇA; 1962; RCA

São João na Roça, marcha junina (Zédantas / Luiz Gonzaga)
Fogueira de São João, marcha junina (Luiz Gonzaga / Carmelina)
Festa no Céu, arrastapé (Zeca do Pandeiro / Edgard Nunes)
Olha pro Céu, marcha junina (José Fernandes / Luiz Gonzaga)
Noites Brasileiras, baião (Zédantas / Luiz Gonzaga)
São João Antigo, baião (Zédantas / Luiz Gonzaga)
São João no Arraiá, marcha junina (Zédantas)
O Passo da Rancheira, rancheira (Zédantas / Luiz Gonzaga)
Dança da Moda, baião (Luiz Gonzaga / Zédantas)
Lenda de São João, baião (Zédantas / Luiz Gonzaga)
Mané Zabe, baião (Zédantas / Luiz Gonzaga)
São João do Carneirinho, baião (Luiz Gonzaga / Guio de Morais)

PISA NO PILÃO (FESTA DO MILHO); 1963; RCA

A Festa do Milho, baião (Rosil Cavalcanti)
Pedido a São João, baião (José Marcolino)
Desse Jeito Sim, xote (José Jataí / Luiz Gonzaga)

Discografia

A Morte do Vaqueiro, toada (Nelson Barbalho / Luiz Gonzaga)
Liforme Instravagante, folclore (Raimundo Grangeiro)
Pronde Tu Vai, Baião, baião (João Vale / Sebastião Rodrigues)
Pisa no Pilão, baião (Zédantas)
Amigo Velho, xote (Rosil Cavalcanti)
Eu Vou pro Crato, xote (José Jataí / Luiz Gonzaga)
Caboclo Nordestino, baião (José Marcolino)
Casamento Improvisado, xote (Rui de Morais e Silva)
Faz Força Zé, marchinha (Rosil Cavalcanti)

SANFONA DO POVO; 1964; RCA

Sanfona do Povo, xote (Luiz Guimarães / Luiz Gonzaga)
O Baião Vai, baião (Elias Soares / S. Rodrigues)
Aquilo Sim que Era Vida, valsa (Luiz Gonzaga / J. Portella)
Não Foi Surpresa, baião (João do Vale / João Silva)
Rainha do Mundo, toada (Ary Monteiro / Júlio Ricardo)
Documento Matuto, baião (Paulo Patrício)
Fogo do Paraná, baião (João do Vale / Helena Gonzaga)
Nordeste Sangrento, toada (Elias Soares)
Nega Zefa, xaxado (Severino Ramos / Noel Silva)
Fole Gemedor, xote (Luiz Gonzaga)
Padre Sertanejo, valsa (Pantaleão / Helena Gonzaga)
A Carta, valsa (Iza Franco)

A TRISTE PARTIDA; 1964; RCA

A Triste Partida, toada (Patativa do Assaré)
Toque de Rancho, baião (Luiz Gonzaga / J. Ferreira)

Cacimba Nova, toada (José Marcolino / Luiz Gonzaga)
Marimbondo, forró (José Marcolino / Luiz Gonzaga)
Ave Maria Sertaneja, toada (Júlio Ricardo / O. de Oliveira)
Numa Sala de Reboco, xote (José Marcolino / Luiz Gonzaga)
Viva o Arigó, baião (Geraldo Nunes)
Cantiga do Vem-Vem, baião (José Marcolino)
Cocotá, xote (Luiz Guimarães / Helena Gonzaga)
Forró de Zé do Baile, forró (Severino Ramos)
Lembrança da Primavera, valsa (Gonzaga Júnior)

QUADRILHAS E MARCHINHAS JUNINAS; 1965; RCA

Fim de Festa, polca (Zito Borborema)
Polca Fogueteira, polca (Luiz Gonzaga)
Lascando o Cano, polquinha (Luiz Gonzaga / Zédantas)
Pagode Russo, polca (Luiz Gonzaga)
Fogueira de São João, polquinha (Luiz Gonzaga / Carmelina)
Olha pro Céu, marcha junina (José Ferrnandes / Luiz Gonzaga)
São João na Roça, marcha junina (Zédantas / Luiz Gonzaga)
Fogo sem Fusil, polquinha (Luiz Gonzaga / José Marcolino)
Quero Chá, polquinha (José Marcolino / Luiz Gonzaga)
Matuto de Opinião, marchinha (Luiz Gonzaga / Gonzaga Jr.)
Boi Bumbá, motivo popular (Luiz Gonzaga / Gonzaga Jr.)
O Maior Tocador, marchinha (Luiz Guimarães)
Piriri, marcha junina (João Silva / Albuquerque)

OIA EU AQUI DE NOVO; 1967; RCA
(A partir de 1966, já não é mais indicado o gênero das músicas no rótulo dos discos.)

Oia eu aqui de novo (Antônio Barros Silva)
Tu que Mingabela (Luiz Gonzaga)
Xeêm (José Clementino / Luiz Gonzaga)
Crepúsculo Sertanejo (João Silva / Rangel)
Contrastes de Várzea Alegre (José Clementino / Luiz Gonzaga)
Hora do Adeus (Onildo de Almeida / Luiz Queiroga)
Garota Todeschini (João Silva / Luiz Gonzaga)
Xote dos Cabeludos (José Clementino / Luiz Gonzaga)
Do Lado que Relampea (Luiz Guimarães)
A Sorte É Cega (Luiz Guimarães)
Forró de Pedro Chaves (Luiz Gonzaga)
Ou Casa ou Morre (Elias Soares)

O SANFONEIRO DO POVO DE DEUS; 1968; RCA

Beata Mocinha (Manezinho Araújo / José Renato)
O Jumento É Nosso Irmão (Luiz Gonzaga / José Clementino)
Ave Maria Sertaneja (Júlio Ricardo / O. de Oliveira)
Meu Pajeú (Luiz Gonzaga / Raimundo Grangeiro)
Baião da Penha (David Nasser / Guio de Morais)
Viva o Rei (José Amancio / Zé Gonzaga)
Louvação a João XXIII (Nartan Macedo / Monsenhor Mourão)
Rainha do Mundo (Ary Monteiro / Júlio Ricardo)
Padroeira do Brasil (Luiz Gonzaga / Raimundo Grangeiro)
Padre Sertanejo (Pantaleão / Helena Gonzaga)
Bença Mãe (Bob Nelson)
Boiadeiro (Klécius Caldas / A. Cavalcanti)

SÃO JOÃO DO ARARIPE; 1968; RCA

Madruceu o Milho (João Silva / Sebastião Rodrigues)
Vitória de Santo Antão (Elias Soares / Pilombeta)
Mazurca (Luiz Gonzaga / Raimundo Grangeiro)
A Cheia de 24 (Severino Ramos)
De Juazeiro pro Crato (Luiz Gonzaga / Julinho)
O Andarilho (Dalton Vogeler / Orlando Silveira)
Lenha Verde (João Silva / Luiz Gonzaga)
Coco Xeêm (Severino Ramos / Jacy Santos)
Manduquinha (Luiz Guimarães)
Meu Araripe (João Silva / Luiz Gonzaga)
Rosa do Mearim (Luiz Guimarães)
Anita do Cipó (Jacy Santos / Severino Ramos)

CANAÃ; 1968; RCA

Canaã (Humberto Teixeira)
Pobreza por Pobreza (Luiz Gonzaga Jr.)
Festa (Luiz Gonzaga Jr.)
Nordeste pra Frente (Luiz Queiroga / Luiz Gonzaga)
Valha Deus, Senhor São Bento (Antônio Almeida)
Erva Rasteira (Luiz Gonzaga Jr.)
Diz que Vai Virar (Luiz Gonzaga Jr.)
Baião Polinário (Humberto Teixeira)
Saudades de Helena (Antônio Barros Silva)
Tic-Tac, Tic-Tac (Antônio Almeida)
Canto Sem Protesto (Luiz Queiroga / Luiz Gonzaga)
Chico Valente (Rildo Hora)

SERTÃO 70; 1970; RCA

Já Vou Mãe (Dominguinhos / Anastácia)
Garimpeiro Sonhador (Mário Rossi / Chico Xavier)

Discografia

Xote de Saiote (Onildo de Almeida)
Cantei (Hugo Costa)
A Noite É de São João (Antônio Barros Silva)
O Festão (Rildo Hora)
Sertão Setenta (José Clementino)
Motivação Nordestina (Rousseau / Carlos Cardoso)
Frescobol (Rildo Hora / Helena Gonzaga)
Boca de Forno (Tânia)
Santo Antônio Nunca Casou (João Silva / Luiz Gonzaga)
Raparam Tudo (Severino Ramos)

O CANTO JOVEM DE LUIZ GONZAGA; 1971; RCA Victor

Chuculatera (Antônio Carlos / Jocafi)
Procissão (Gilberto Gil)
Morena (Luiz Gonzaga Jr.)
Cirandeiro (Edu Lobo / Capinan)
Caminho de Pedra (Jobim / Vinícius de Morais)
Asa Branca (Luiz Gonzaga / Humberto Teixeira)
Vida Ruim (Catulo de Paula)
O Milagre (Nonato Buzar)
No Dia que Eu Vim Me Embora (Caetano Veloso / Gilberto Gil)
Fica Mal com Deus (Geraldo Vandré)
O Cantador (Dori Caymmi / Nelson Motta)
Bicho Eu Vou Voltar (Humberto Teixeira)

AQUILO BOM; 1972; RCA Victor

Aquilo Bom (Severino Ramos / Luiz Gonzaga)
Bandeira Dois (Fred Falcão / Arnaldo Medeiros)
Pra Frente Goiás (Prof. Zeferino)
Se Não Fosse Este Meu Fole (Luiz Gonzaga / Severino Ramos)
Vaqueiro Véio (João Silva / J.B. de Aquino)

Meu Pequeno Cachoeiro (Raul Sampaio)
From United States of Piauí (Luiz Gonzaga Jr.)
Forró do Zé Buchudo (Severino Ramos / Helena Gonzaga)
Meu Chevrolet (Roberto Martins)
Ana Rosa (Humberto Teixeira)
Corrida de Mourão (Pedro Bandeira)
(Marilu) 3 x 4 (H. Teixeira / Maria Terezinha)

SÃO JOÃO QUENTE; 1972; RCA Victor

Fuga da África (Luiz Gonzaga)
De Juazeiro a Pirapora (Luiz Gonzaga)
São João do Arraiá (Zédantas)
O Xote das Meninas (Zédantas / Luiz Gonzaga)
Macapá (Luiz Gonzaga / Humberto Teixeira)
Impertinente (Luiz Gonzaga)
Vira e Mexe (Luiz Gonzaga)
O Coreto da Pracinha (Altamiro Carrilho / Riséiro Valente)
Ovo de Codorna (Severino Ramos)
Dia de São João (Rildo Hora)
Coronel Pedro do Norte (Nelson Valença)
O Urubu É um Triste (Nelson Valença)

LUIZ GONZAGA; 1973; Odeon

O Fole Roncou (Nelson Valença / Luiz Gonzaga)
Fogo Pagou (Rivaldo Serrano de Andrade)
O Bom Improvisador (Nelson Valença / Luiz Gonzaga)
Só Xote (Onildo de Almeida)
Cidadão de Caruaru (Janduhy Finizola / Onildo de Almeida)
Indiferente (Severino Ramos / Luiz Guimarães)
A Nova Jerusalém (Janduhy Finizola)
Baião de São Sebastião (Humberto Teixeira)

Vida do viajante: a saga de Luiz Gonzaga

Cantarino (Nelson Valença / Luiz Gonzaga)
Facilita (Luiz Ramalho)
Juvina (Nelson Valença / Luiz Gonzaga)
Mulher de Hoje (Nelson Valença / Luiz Gonzaga)

SANGUE NORDESTINO; 1973/74; Odeon

Samarica Parteira (Zédantas)
Só Xote (Onildo de Almeida)
Frei Damião (Janduhy Finizola)
O Fole Roncou (Nelson Valença / Luiz Gonzaga)
Tei Tei Arraiá (Onildo de Almeida)
Daquele Jeito (Luiz Ramalho / Luiz Gonzaga)
Cidadão de Caruaru (Janduhy Finizola / Onildo de Almeida)
Sangue Nordestino (Luiz Guimarães)
Fogo Pagou (Rivaldo Serrano de Andrade)
Retrato de um Forró (Luiz Ramalho / Luiz Gonzaga)
A Mulher de Meu Patrão (Nelson Valença)

O FOLE RONCOU; 1973/74; Odeon

Só Xote (Onildo de Almeida)
Frei Damião (Janduhy Finizola)
O Fole Roncou (Nelson Valença / Luiz Gonzaga)
Tei Tei Arraiá (Onildo de Almeida)
A Mulher do Meu Patrão (Nelson Valença)
Cantarino (Nelson Valença / Luiz Gonzaga)
Daquele Jeito (Luiz Ramalho / Luiz Gonzaga)
Cidadão de Caruaru (Janduhy Finizola / Onildo de Almeida)
Sangue Nordestino (Luiz Guimarães)
Fogo Pagou (Rivaldo Serrano de Andrade)

Retrato de um Forró (Luiz Ramalho / Luiz Gonzaga)
Baião de São Sebastião (Humberto Teixeira)

A NOVA JERUSALÉM; 1973/74; Odeon

Cavalo Crioulo (Janduhy Finizola / Luiz Gonzaga)
Fole Danado (Nelson Valença)
Indiferente (Severino Ramos / Luiz Guimarães)
Juvina (Nelson Valença / Luiz Gonzaga)
Mulher de Hoje (Nelson Valença / Luiz Gonzaga)
Cantarino (Nelson Valença / Luiz Gonzaga)
Bom?...Pra Uns... (Onildo de Almeida / Juarez Santiago)
A Nova Jerusalém (Janduhy Finizola)
O Bom Improvisador (Nelson Valença / Luiz Gonzaga)
Facilita (Luiz Ramalho)
O Vovô do Baião (João Silva / Severino Ramos)
É Sem Querer (Onildo de Almeida / Luiz Gonzaga)
Baião de São Sebastião (Humberto Teixeira)
Choromingo (Luiz Gonzaga)

DAQUELE JEITO; 1974; Odeon

Frei Damião (Janduhy Finizola)
Tei Tei Arraiá (Onildo de Almeida)
Retrato de um Forró (Luiz Ramalho / Luiz Gonzaga)
Fole Danado (Nelson Valença)
O Vovô do Baião (João Silva / Severino Ramos)
Daquele Jeito (Luiz Ramalho / Luiz Gonzaga)
Cavalo Crioulo (Janduhy Finizola / Luiz Gonzaga)
Sangue Nordestino (Luiz Guimarães)

Discografia

A Mulher do Meu Patrão (Nelson Valença)
Choromingo (Luiz Gonzaga)
Bom?... Pra Uns... (Onildo de Almeida / Juarez Santiago)
É Sem Querer (Onildo de Almeida / Luiz Gonzaga)

CAPIM NOVO; 1976; RCA

Capim Novo (Luiz Gonzaga / José Clementino)
Carapeba (Luiz Bandeira / Julinho)
Sanfona Sentida (Dominguinhos / Anastácia)
Mané Gambá (Luiz Gonzaga / Jorge de Altinho)
Saudade Dói (Humberto Teixeira)
Bandinha de Fé (Hildelito Parente)
Fulô da Maravilha (Luiz Bandeira)
Quero Ver (O. Matias)
São João nas Capitá (Luiz Ramalho / Luiz Gonzaga)
Nos Cafundó de Bodocó (Jurandy da Feira)
Roendo Unha (Luiz Ramalho / Luiz Gonzaga)
Apologia do Jumento (Luiz Gonzaga / José Clementino)

LUIZ GONZAGA & CARMÉLIA ALVES; 1977; RCA

Reis do Baião (Luiz Gonzaga / Luiz Bandeira)
Trepa no Coqueiro (Ary Kerner)
Qui Nem Jiló (Humberto Teixeira / Luiz Gonzaga)
Boiadeiro (Klécius Caldas / Armando Cavalcanti)
Vozes da Seca (Zédantas / Luiz Gonzaga)
Lorota Boa (Humberto Teixeira / Luiz Gonzaga)
Asa Branca (Luiz Gonzaga / Humberto Teixeira)

A Volta da Asa Branca (Luiz Gonzaga / Zédantas)
Légua Tirana (Luiz Gonzaga / Humberto Teixeira)
Sabiá Lá na Gaiola (Hervê Cordovil / Mário Vieira)
Cabeça Inchada (Hervê Cordovil)
Forró de Mané Vito (Luiz Gonzaga / Zédantas)

CHÁ CUTUBA; 1977; RCA

Chá Cutuba (Humberto Teixeira)
Baião de Dois (Humberto Teixeira / Luiz Gonzaga)
Onde Tu Tá Neném (Luiz Bandeira)
Jesus Sertanejo (Janduhy Finizola)
A Morte do Meu Avô (Nelson Valença)
Menestrel do Sol (Humberto Teixeira)
Chapéu de Couro e Gratidão (Luiz Gonzaga / Aguinaldo Batista)
Forró Fungado (Dominguinhos / Anastácia)
São Francisco do Canindé (Julinho / Luiz Bandeira)
Cabocleando (Eduardo Casado)
Não É Só a Paraíba que Tem Zé (Luiz Gonzaga)
Tambaú (Severino Ramos / Silvino Lopes)
Karolina com K (Luiz Gonzaga)

DENGO MAIOR; 1978; RCA

Alegria de Pé de Serra (Dominguinhos / Anastácia)
Engenho Massangana (Capiba)
Serena do Mar (Sivuca / Glorinha Gadelha)
Salmo dos Aflitos (Humberto Teixeira / Luiz Gonzaga)
Umbuzeiro da Saudade (Luiz Gonzaga / João Silva)
Serrote Agudo (José Marcolino / Luiz Gonzaga)
Viola de Penedo (Luiz Bandeira)

Nunca Mais Eu Vi Esperança (Sivuca /
  Glorinha Gadelha)
Onde o Nordeste Garoa (Onildo de
  Almeida)
Dengo Maior (Humberto Teixeira / Julinho)
Qui Ri Qui Qui (Luiz Gonzaga / Audízio
  Brizeno)
Pai Nosso (Janduhy Finizola)

EU E MEU PAI; 1979; RCA

Orélia (Humberto Teixeira)
O Mangangá (Luiz Ramalho)
Súplica Cearense (Gordurinha / Nelinho)
A Vida do Viajante (Luiz Gonzaga /
  Hervê Cordovil)
Acordo às Quatro (Marcondes Costa)
Respeita Januário (Humberto Teixeira /
  Luiz Gonzaga)
Romance Matuto (Luiz Bandeira)
Sorriso Cativante (Dominguinhos /
  Anastácia)
Manoelito Cidadão (Luiz Gonzaga /
  Helena Gonzaga)
Sou do Banco (José Clementino /
  Heldelito Parente)
O Caçador (Janduhy Finizola)
Rio Brígida (Luiz Gonzaga / Luiz
  Gonzaga Jr.)
Alvorada Nordestina (Orlando Silveira /
  Dalton Vogeler)
Adeus a Januário (João Silva / Pedro
  Maranguape)

QUADRILHAS E MARCHINHAS (vol.
  2); 1979; RCA
  (*Pot-pourri* instrumental de 24 músicas
  do repertório de Luiz Gonzaga, soladas
  pelo sanfoneiro)

O HOMEM DA TERRA; 1980; RCA

Mamulengo (Luiz Bandeira)
O Homem da Terra (Walter Santos /
  Tereza Souza)

A Triste Partida (Patativa do Assaré)
Siri Jogando Bola (Luiz Gonzaga /
  Zédantas)
Estrada de Canindé (Luiz Gonzaga /
  Humberto Teixeira)
Lá Vai Pitomba (Luiz Gonzaga / Onildo
  de Almeida)
O Mote (Luiz Bandeira)
Canana (Venâncio / Aparício Nascimento)
O Adeus da Asa Branca (Dalton Vogeler)
Cego Aderaldo (João Silva / P. Maranguape)
Tropeiros de Borborema (Rosil Cavalcanti)

A FESTA; 1981; RCA

Luar do Sertão (Catulo da Paixão Cearense)
Lampião Falou (Venâncio / Aparício
  Nascimento)
Depois da Derradeira (Dominguinhos /
  Fausto Nilo)
Paraíba (Humberto Teixeira / Luiz
  Gonzaga)
A Ligeira (Guio de Morais / Haroldo
  Barbosa)
Ranchinho da Praia (Francisco Elion)
Não Vendo Não Troco (Luiz Gonzaga /
  Luiz Gonzaga Jr.)
Portador do Amor (Luiz Bandeira / Julinho)
O Resto a Gente Ajeita (Luiz Gonzaga /
  Dalton Vogeler)
Os Bacamarteiros (Janduhy Finizola /
  Luiz Gonzaga)
Pesqueira Centenária (Nelson Valença)
Cacimba Nova (José Marcolino)

GONZAGÃO E GONZAGUINHA, A
  VIDA DO VIAJANTE (álbum duplo);
  1981; EMI-Odeon/RCA

Disco 1
Sangrando (Gonzaga Jr.)
Amanhã ou Depois (Gonzaga Jr.)
Achados e Perdidos (Gonzaga Jr.)
*Pequena Memória para um Tempo Sem
  Memória* (Gonzaga Jr.)
Começaria Tudo Outra Vez (Gonzaga Jr.)

Discografia

O Jumento É Nosso Irmão (Luiz Gonzaga / José Clementino)
Acauã (Zédantas)
Assum Preto (Humberto Teixeira / Luiz Gonzaga)
A Morte do Vaqueiro (Luiz Gonzaga / Nelson Barbalho)
Discanço em Casa, Moro no Mundo (J. Morais / A. Plassarollo / Gonzaga. Jr.)
Boiadeiro (Klécius Caldas / A. Cavalcanti)
Vozes da Seca (Zédantas / Luiz Gonzaga)
Pau de Arara (Guio de Morais / Luiz Gonzaga)
Baião de São Sebastião (Humberto Teixeira)
Baião (Humberto Teixeira / Luiz Gonzaga)
Karolina com K (Luiz Gonzaga)
Derramaro o Gai (Zédantas / Luiz Gonzaga)
Légua Tirana (Luiz Gonzaga / Humberto Teixeira)
Baião da Garoa (Luiz Gonzaga / Hervê Cordovil)

Disco 2
Juazeiro (Luiz Gonzaga / Humberto Teixeira)
No Meu Pé de Serra (Luiz Gonzaga / Humberto Teixeira)
Estrada de Canindé (Luiz Gonzaga / Humberto Teixeira)
Riacho do Navio (Zédantas / Luiz Gonzaga)
Da Vida (Gonzaga Jr.)
Estradas (Gonzaga Jr.)
Diga Lá, Coração (Gonzaga Jr.)
Espere por Mim, Morena (Gonzaga Jr.)
Grito de Alerta (Gonzaga Jr.)
Da Maior Liberdade (Do Meu Jeito) (Gonzaga Jr.)
Com a Perna no Mundo (Gonzaga Jr.)
Agalope (Gonzaga Jr.)
Não Dá Mais pra Segurar (Explode Coração) (Gonzaga Jr.)
Respeita Januário (Humberto Teixeira / Luiz Gonzaga)

Estrela de Ouro (Antônio Barros Silva / José Batista)
Hora do Adeus (Onildo de Almeida / Luiz Gonzaga)
A Vida do Viajante (Luiz Gonzaga / Hervê Cordovil)

ETERNO CANTADOR; 1982; RCA

Prece por Novo Exu (Luiz Gonzaga Jr.)
Dança do Capilé (Rildo Hora / Humberto Teixeira)
Maria Cangaceira (Téo Azevedo)
Tristeza do Jeca (Argelino Oliveira)
Alma do Sertão (Renato Murce)
Farinhada (Zédantas)
Eterno Cantador (Alemão / Elizo Augusto)
Frutos da Terra (Jurandy da Feira)
Razão do Meu Querer (Julinho Anastácia)
A Volta da Asa Branca (Luiz Gonzaga / Zédantas)
Acácia Amarela (Luiz Gonzaga / Orlando Silveira)

70 ANOS DE SANFONA E SIMPATIA; 1983; RCA

Sequei os Olhos (Luiz Gonzaga / João Silva)
Plano Piloto, com participação de Alceu Valença (Carlos Fernando / Alceu Valença)
Canto do Povo (Jurandy da Feira)
Casa de Caboclo (Hekel Tavares / Luiz Peixoto)
Cidadão Sertanejo (Luiz Gonzaga / João Silva)
A Peleja do Gonzagão x Téo Azevedo, com participação de Téo Azevedo (Téo Azevedo)
O Papa e o Jegue (Otacílio Batista / Luiz Gonzaga)
Lampião Era Besta Não (Solange Veras / Luiz Gonzaga)

Saudade do Velho (Orlando Silveira / Beatriz Dutra)
Projeto Asa Branca (José Marcolino / Luiz Gonzaga)
Xengo (Rildo Hora / Humberto Teixeira)
Tamborete de Forró (Artúlio Reis)
Forró de Ouricuri (Luiz Gonzaga / João Silva)

DANADO DE BOM; 1984; RCA-Camden

Pagode Russo (Luiz Gonzaga / João Silva)
Respeita Januário (Luiz Gonzaga / Humberto Teixeira)
Riacho do Navio (Luiz Gonzaga / Zédantas)
Forró no Escuro (Luiz Gonzaga)
Danado de Bom (Luiz Gonzaga / João Silva)
Pense n'Eu (Gonzaga Jr.)
Nessa Estrada da Vida (Valdi Geraldo / Aparecido José)
Regresso do Rei (Luiz Gonzaga / Onildo de Almeida)
Sanfoninha Choradeira, com participação de Elba Ramalho (Luiz Gonzaga / João Silva)
Casamento de Rosa (Zédantas / Luiz Gonzaga)
Aproveita Gente (Onildo de Almeida)
São João sem Futrica (João Silva / Zé Mocó)
Terra, Vida e Esperança (Jurandy da Feira)
Adeus, Iracema (Zédantas / Luiz Gonzaga)
Lula Meu Filho (Luiz Gonzaga / Aguinaldo Batista)

LUIZ GONZAGA & FAGNER; 1984; RCA

Sangue Nordestino (Luiz Gonzaga / João Silva)
Seu Januário (Luiz Guimarães)

São João na Roça (Zédantas / Luiz Gonzaga)
Olha pro Céu (José Fernandes / Luiz Gonzaga)
Baião (Humberto Teixeira / Luiz Gonzaga)
Algodão (Zédantas / Luiz Gonzaga)
No Ceará Não Tem Disso Não (Guio de Morais)
O Cheiro da Carolina (Amorim Roxo / Zé Gonzaga)
Cintura Fina (Zédantas / Luiz Gonzaga)
O Xote das Meninas (Zédantas / Luiz Gonzaga)
Acauã (Zédantas)
Corrida de Morão (Pedro Bandeira)
Súplica Cearense (Gordurinha / Nelinho)
Cigarro de Paia (Klécius Caldas / A. Cavalcanti)
Boiadeiro (Klécius Caldas / A. Cavalcanti)
Vaca Estrela e Boi Fubá (Patativa do Assaré)
Feira do Gado (Zédantas / Luiz Gonzaga)

SANFONEIRO MACHO; 1985; RCA-Camden

Deixa a Tanga Voar (Luiz Gonzaga / João Silva)
Forró nº 1 (Cecéu)
A Puxada (Luiz Gonzaga / João Silva)
Sanfoneiro Macho (Luiz Gonzaga / Onildo de Almeida)
Flor de Lírio (Luiz Gonzaga / João Silva)
Eu e Minha Branca (Gonzaguinha e Gonzagão)
Maria Baiana (João Silva / Zé Mocó)
Qui Nem Jiló (Luiz Gonzaga / Humberto Teixeira)
Morena Bela (Luiz Gonzaga / João Silva)
Forró do Bom (Luiz Gonzaga / João Silva)
Tá Bom Demais (Luiz Gonzaga / Onildo de Almeida)
A Mulher do Sanfoneiro (Luiz Gonzaga / João Silva)

Discografia

331

Amei à Toa (João Silva / Joquinha Gonzaga)

FORRÓ DE CABO A RABO; 1986; RCA-Camden

Forró de Cabo a Rabo (Luiz Gonzaga / João Silva)
Forró da Miadeira (Antônio Barros Silva)
Açucena Cheirosa (Rômulo Paes / Celso Garcia)
Passo Fome mas Não Deixo (João Silva / Zé Mocó)
Boca de Caieira (Zé Marcolino / Zé Mocó)
Rodovia Asa Branca (Luiz Gonzaga / João Silva)
Xote Machucador (Dominhguinhos / João Silva)
Viva Meu Padim, com participação especial de Benito de Paula (Luiz Gonzaga / João Silva)
Engabelando (Ceceu / Bella Maria)
Forronerão - Jardim da Saudade, com participação de Renato Borghetti (Renato Borghetti - L. Rodrigues)
Queimando Lenha (Onildo de Almeida)
Quadrilha Chorona, com participação de Chico Anysio (Luiz Gonzaga / Maranguape)
Eu e Meu Fole (Zé Marcolino)

DE FIA PAVI; 1987; RCA Vik

De Fia Pavi (João Silva / Oseinha)
Zé Budega (Ceceu)
Nem Se Despediu de Mim (Luiz Gonzaga / João Silva)
De Olho no Candeeiro (João Silva / Zé Mocó)
Quero Ver Correr Moleque (Luiz Guimarães)
Forró no Interior (Furum Firim) (João Silva / Oseinha)
Eu Me Enrabicho (João Silva / Pollyana)

Doutor do Baião (Luiz Gonzaga / João Silva)
Forró de Zé Antão (Zédantas)
Festa de Santo Antônio (Alcymar Monteiro / João Paulo Jr.)
Mariana, com participação de Gonzaguinha (Gonzaguinha / Gonzagão)
Toca Pai (Luiz Gonzaga / João Silva)
Pobre do Sanfoneiro (Luiz Gonzaga / João Silva)

GONZAGÃO & FAGNER 2; 1988; RCA (BMG)

ABC do Sertão (Zédantas / Luiz Gonzaga)
Xamego (Luiz Gonzaga / Miguel Lima)
Vem Morena (Zédantas / Luiz Gonzaga)
Derramaro o Gai (Luiz Gonzaga / Zédantas)
Pobre do Sanfoneiro (Luiz Gonzaga / João Silva)
Noites Brasileiras, com participação de Gonzaguinha (Luiz Gonzaga / Zédantas)
Estrada de Canindé (Luiz Gonzaga / Humberto Teixeira)
Juazeiro (Luiz Gonzaga / Humberto Teixeira)
Vozes da Seca (Zédantas / Luiz Gonzaga)
Amanhã Eu Vou (Beduíno)

AÍ TEM GONZAGÃO; 1988; BMG (RCA-Ariola)

Bom pra Eu (Jorge de Altinho)
Aí Tem (João Silva / Zé Mocó)
Taqui pá Tu, com participação de Geraldo Azevedo (João Silva / Luiz Gonzaga)
No Canto do Salão (Nando Cordel)
Pra que Mais Mulher (João Silva / Luiz Gonzaga)
Moela e Coração (Ceceu / Zé Mocó)
Fruta Madura (João Silva / Luiz Gonzaga)

Outro Amanhã Será (Luiz Gonzaga / João Silva)

Vamos Ajuntar os Troços, com participação de Carmélia Alves (Antônio Barros Silva)

Forró Gostoso (João Silva / Luiz Gonzaga)

Cajueiro Velho (Ceceu)

Recado do Velho (Luiz Gonzaga / João Silva)

Dá Licença pra Mais Um, com participação de Joquinha Gonzaga (João Silva / R. Evangelista)

VOU TE MATAR DE CHEIRO; 1989; Copacabana

Vou Te Matar de Cheiro (Luiz Gonzaga / João Silva)

Um pra Mim, Um pra Tu, com participação de João Silva (Luiz Gonzaga / João Silva)

Vê se Ligas pra Mim (João Silva / Luiz Gonzaga)

Arcoverde Meu, com participação de João Silva (João Silva / Luiz Gonzaga)

Coração Molim (Ceceu)

Baião Agrário (Ceceu / Maranguape)

Xote Ecológico (Aguinaldo Batista / Luiz Gonzaga)

Ladrão de Bode, com participação de João Silva (Rui Morais e Silva)

Pedaço de Alagoas (Edu Maia)

Na Lagoa do Amor (Ceceu)

Já Era Tempo (Luiz Gonzaga / João Silva)

Faça Isso Não (João Silva / Geraldo Nunes)

Discografia

3. Compilações

A HISTÓRIA DO NORDESTE NA VOZ DE LUIZ GONZAGA; 1955; RCA Victor

Paraíba, baião (Humberto Teixeira / Luiz Gonzaga)
Respeita Januário, baião (Luiz Gonzaga / Humberto Teixeira)
O Xote das Meninas, xote (Zédantas / Luiz Gonzaga)
Saudades de Pernambuco, baião (Sebastião Rosendo / Salvador Miceli)
ABC do Sertão, baião (Zédantas / Luiz Gonzaga)
Acauã, toada (Zédantas)
Algodão, baião (Zédantas / Luiz Gonzaga)
Asa Branca, toada-baião (Luiz Gonzaga / Humberto Teixeira)

ABOIOS E VAQUEJADAS; 1956; RCA Victor

Tacacá, baião (Luiz Gonzaga / Lourival Passos)
Vassouras, xote (Luiz Gonzaga / David Nasser)
Aboio Apaixonado, aboio (Luiz Gonzaga)
Chorão, chorão (Luiz Gonzaga)
Braia Dengosa, maracatu (Luiz Gonzaga / Zédantas)
O Cheiro da Carolina, xote (Zé Gonzaga / Amorim Roxo)
Derramaro o Gai, coco (Luiz Gonzaga / Zédantas)
Tesouro e Meio, baião (Luiz Gonzaga)

O REINO DO BAIÃO; 1957; RCA Victor

Forró no Escuro, forró (Luiz Gonzaga)
Moça de Feira, xote (Armando Nunes / J. Portella)

Sertão Sofredor, baião (Nelson Barbalho / Joaquim Augusto)
Xote das Moças, xote (Nelson Barbalho / Joaquim Augusto)
O Delegado no Coco, coco (Zédantas)
Gibão de Couro, baião (Luiz Gonzaga)
Comício no Mato, baião coco (Nelson Barbalho / Joaquim Augusto)
Meu Pajeú, toada (Luiz Gonzaga / Raimundo Grangeiro)

SÃO JOÃO NA ROÇA; 1958; RCA Victor

São João na Roça, marcha junina (Zédantas / Luiz Gonzaga)
Olha pro Céu, marcha junina (José Fernandes / Luiz Gonzaga)
Noites Brasileiras, baião (Zédantas / Luiz Gonzaga)
São João Antigo, baião (Zédantas / Luiz Gonzaga)
A Dança da Moda, baião (Luiz Gonzaga / Zédantas)
Lenda de São João, baião (Zédantas / Luiz Gonzaga)
Mané Zabe, baião (Zédantas / Luiz Gonzaga)
São João do Carneirinho, baião (Luiz Gonzaga / Guio de Morais)

XAMEGO; 1958; RCA Victor

Xamego, xamego (Luiz Gonzaga / Miguel Lima)
Dança Mariquinha, mazurca (Luiz Gonzaga / Miguel Lima)
Quer Ir Mais Eu?, frevo (Luiz Gonzaga / Miguel Lima)
Três e Trezentos, baião (Miguel Lima / Gerson Filho)

Galo Garnizé, choro (Luiz Gonzaga / Miguel Lima)

Dezessete e Setecentos, calango (Luiz Gonzaga / Miguel Lima)

Cortando o Pano, rancheira (L. Gonzaga / M. Lima / J. Portella)

O Xamego da Guiomar, xamego (Luiz Gonzaga)

Perpétua, valsa (Luiz Gonzaga / Miguel Lima)

Bamboleando, maxixe (Luiz Gonzaga / Miguel Lima)

O Torrado da Lili, xaxado (Helena Gonzaga / Miguel Lima)

Penerô Xerém, xamego (Luiz Gonzaga / Miguel Lima)

LUIZ GONZAGA CANTA SEUS SUCESSOS COM ZÉ DANTAS; 1959; RCA Victor

Sabiá
O Xote das Meninas
Vem Morena
A Volta da Asa Branca
A Letra I
Forró de Mané Vito
A Dança da Moda
Riacho do Navio
Vozes da Seca
Cintura Fina
Algodão
Paulo Afonso

O NORDESTE NA VOZ DE LUIZ GONZAGA; 1962; RCA

Paraíba, baião (H. Teixeira / L. Gonzaga)

Respeita Januário, baião (L. Gonzaga / H. Teixeira)

Saudade de Pernambuco, baião (S. Rosendo / S. Miceli)

Assum Preto, toada (H. Teixeira / L. Gonzaga)

Calango da Lacraia, calango (Luiz Gonzaga / Jeová Portella)

Cigarro de Paia, baião (Klécius Caldas / A. Cavalcanti)

ABC do Sertão, baião (Zédantas / Luiz Gonzaga)

Acauã, toada (Zédantas)

Asa Branca, toada baião (L. Gonzaga / H. Teixeira)

Derramaro o Gai, coco (Luiz Gonzaga / Zédantas)

No Meu Pé de Serra, xote (L. Gonzaga / H. Teixeira)

Moda da Mula Preta, moda (Raul Torres)

LUIZ GONZAGA, SUA SANFONA E SUA SIMPATIA; 1966; RCA
(A partir de 1966, já não é mais indicado o gênero das músicas no rótulo dos discos.)

O Cheiro da Carolina (Amorim Roxo / Zé Gonzaga)

Mangaratiba (H. Teixeira / L. Gonzaga)

Chofer de Praça (Ewaldo Ruy / Fernando Lobo)

Xanduzinha (H. Teixeira / L. Gonzaga)

Siri Jogando Bola (Luiz Gonzaga / Zédantas)

A Feira de Caruaru (Onildo de Almeida)

Forró no Escuro (Luiz Gonzaga)

Xamego (Luiz Gonzaga / Miguel Lima)

Cortando o Pano (L. Gonzaga / M. Lima / J. Portella)

Penerô Xerém (Luiz Gonzaga / Miguel Lima)

Buraco de Tatu (Jadyr Ambrósio / Jair Silva)

Dança Mariquinha (Luiz Gonzaga / Miguel Lima)

OS GRANDES SUCESSOS DE LUIZ GONZAGA; 1968; RCA

No Ceará Não Tem Disso Não (Guio de Morais)

Moreninha Tentação (Moacyr de Araújo / Luiz Gonzaga)

Discografia

335

Imbalança (Zédantas / Luiz Gonzaga)
Légua Tirana (Humberto Teixeira / Luiz Gonzaga)
Pau de Arara (Luiz Gonzaga / Guio de Morais)
Qui Nem Jiló (Humberto Teixeira / Luiz Gonzaga)
Amanhã Eu Vou (Beduíno / Luiz Gonzaga)
Juazeiro (Luiz Gonzaga / Humberto Teixeira)
17 Légua e Meia (Humberto Teixeira / Carlos Barroso)
Forró de Mané Vito (Zédantas / Luiz Gonzaga)
A Volta da Asa Branca (Zédantas / Luiz Gonzaga)
Estrada de Canindé (Luiz Gonzaga / Humberto Teixeira)
Vira e Mexe (Luiz Gonzaga)
Dezessete e Setecentos (Luiz Gonzaga / Miguel Lima)

MEUS SUCESSOS COM HUMBERTO TEIXEIRA; 1968; RCA

Baião
Asa Branca
Lorota Boa
Mangaratiba
Assum Preto
Juazeiro
Paraíba
Xanduzinha
Qui Nem Jiló
Estrada de Canindé
Respeita Januário
No Meu Pé de Serra

LUIZ GONZAGA E HUMBERTO TEIXEIRA; 1970; RCA (coleção História da MPB / Abril Cultural)

Baião, por Quatro Ases e Um Coringa (Luiz Gonzaga / Humberto Teixeira)
Vira e Mexe (Luiz Gonzaga)

Qui Nem Jiló (Humberto Teixeira / Luiz Gonzaga)
17 Légua e Meia, por Gilberto Gil (Humberto Teixeira / Carlos Barroso)
Vozes da Seca (Zédantas / Luiz Gonzaga)
Paraíba (Humberto Teixeira / Luiz Gonzaga)
Asa Branca (Luiz Gonzaga / Humberto Teixeira)
Assum Preto, por Gal Costa (Humberto Teixeira / Luiz Gonzaga)

LUIZ GONZAGA (vol. 1); 1971; RCA — coleção Disco de Ouro

Apologia do Jumento (Luiz Gonzaga / José Clementino)
Assum Preto (Humberto Teixeira / Luiz Gonzaga)
Paraíba (Humberto Teixeira / Luiz Gonzaga)
Asa Branca (Luiz Gonzaga / Humberto Teixeira)
Boiadeiro (Klécius Caldas / A. Cavalcanti)
Qui Nem Jiló (Humberto Teixeira / Luiz Gonzaga)
A Triste Partida (Patativa do Assaré)
Karolina com K (Luiz Gonzaga)
Paulo Afonso (Luiz Gonzaga / Zédantas)
Mangaratiba (Humberto Teixeira / Luiz Gonzaga)
Capim Novo (Luiz Gonzaga / José Clementino)
Feira de Caruaru (Onildo de Almeida)
ABC do Sertão (Zédantas / Luiz Gonzaga)
Serrote Agudo (José Marcolino / Luiz Gonzaga)
Juazeiro (Luiz Gonzaga / Humberto Teixeira)

SÃO PAULO: QG DO BAIÃO; 1974; RCA

Baião da Garoa (Luiz Gonzaga / Hervê Cordovil)
A Vida do Viajante (Luiz Gonzaga / Hervê Cordovil)

Jardim da Saudade (L. Rodrigues /
  Alcides Gonçalves)
Marabaixo (Julião Thomaz Ramos)
Catamilho na Festa (Luiz Gonzaga)
Xaxado (Luiz Gonzaga / Hervê Cordovil)
Cana, Só de Pernambuco (Luiz Gonzaga /
  Victor Simão)
Moda da Mula Preta (Raul Torres)
Morena, Moreninha (Hervê Cordovil /
  Luiz Gonzaga)
Tô Sobrando (Luiz Gonzaga / Hervê
  Cordovil)
Relógio Baião (Sérgio Falcão / José Roy)
A Canção do Carteiro (Mauro Pires /
  Messias Garcia)
Velho Pescador (Luiz Gonzaga / Hervê
  Cordovil)
Vamos Xaxear (Luiz Gonzaga / Geraldo
  Nascimento)

SANFONA DO POVO; 1974; RCA

Oia Eu Aqui de Novo (Antônio Barros
  Silva)
Hora do Adeus (Onildo de Almeida / Luiz
  Queiroga)
Xote dos Cabeludos (José Clementino /
  Luiz Gonzaga)
O Jumento É Nosso Irmão (Luiz
  Gonzaga / José Clementino)
Sanfoneiro Zé Tatu (Onildo de Almeida)
São João do Carneirinho (Luiz Gonzaga /
  Guio de Morais)
Quase Maluco (Victor Simão)
Sanfona do Povo (Luiz Guimarães / Luiz
  Gonzaga)
Noites Brasileiras (Zédantas / Luiz
  Gonzaga)
A Morte do Vaqueiro (Nelson Barbalho /
  Luiz Gonzaga)
A Festa do Milho (Rosil Calvalcanti)
Olha pro Céu (José Fernandes / Luiz
  Gonzaga)
De Juazeiro pro Crato (Luiz Gonzaga /
  Julinho)
Forró no Escuro (Luiz Gonzaga)

ASA BRANCA; 1975; RCA

Asa Branca (Luiz Gonzaga / Humberto
  Teixeira)
Cintura Fina (Luiz Gonzaga / Zédantas)
Ovo de Codorna (Severino Ramos)
Paraíba (Luiz Gonzaga / Humberto
  Teixeira)
Boiadeiro (Klécius Caldas / A. Cavalcanti)
Procissão (Gilberto Gil)
Xote dos Cabeludos (José Clementino /
  Luiz Gonzaga)
Assum Preto (Humberto Teixeira / Luiz
  Gonzaga)
Juazeiro (Luiz Gonzaga / Humberto
  Teixeira)
Chuculatera (Antônio Carlos / Jocafi)
A Volta da Asa Branca (Luiz Gonzaga /
  Zédantas)
Paulo Afonso (Luiz Gonzaga / Zédantas)
Bicho Eu Vou Voltar (Humberto
  Teixeira)
Oia Eu Aqui de Novo (Antônio Barros
  Silva)

LUIZ GONZAGA (vol. 2); 1979; RCA —
  coleção Disco de Ouro

Ovo de Codorna (Severino Ramos)
Baião de Dois (Humberto Teixeira / Luiz
  Gonzaga)
Légua Tirana (Luiz Gonzaga / Humberto
  Teixeira)
Ave Maria Sertaneja (Julio Ricardo / O.
  de Oliveira)
Cintura Fina (Luiz Gonzaga / Zédantas)
Derramaro o Gai (Luiz Gonzaga /
  Zédantas)
Forró no Escuro (Luiz Gonzaga)
Chá Cutuba (Humberto Teixeira)
Respeita Januário (Humberto Teixeira /
  Luiz Gonzaga)
Procissão (Gilberto Gil)
Vozes da Seca (Luiz Gonzaga / Zédantas)
O Xote das Meninas (Luiz Gonzaga /
  Zédantas)

Discografia

Calango da Lacraia (Luiz Gonzaga / Jeová Portella)
Chofer de Praça (Evaldo Ruy / Fernando Lobo)

DISCOGRAFIA BÁSICA; 1979; RCA

Cortando o Pano (L. Gonzaga / M. Lima / J. Portella)
No Meu Pé de Serra (Humberto Teixeira / Luiz Gonzaga)
Baião (Humberto Teixeira / Luiz Gonzaga)
Qui Nem Jiló (Humberto Teixeira / Luiz Gonzaga)
Assum Preto (Humberto Teixeira / Luiz Gonzaga)
Paraíba (Humberto Teixeira / Luiz Gonzaga)
Asa Branca (Humberto Teixeira / Luiz Gonzaga)
Boiadeiro (Klécius Caldas / A.Cavalcanti)
A Volta da Asa Branca (Zédantas / Luiz Gonzaga)
Respeita Januário (Humberto Teixeira / Luiz Gonzaga)
O Xote das Meninas (Zédantas / Luiz Gonzaga)
Vozes da Seca (Zédantas / Luiz Gonzaga)

LUIZ GONZAGA (vol. 3); 1981; RCA — coleção Disco de Ouro
Pra Não Dizer que Não Falei das Flores (Geraldo Vandré)
Chá Cutuba (Humberto Teixeira)
Súplica Cearense (Gordurinha / Nelinho)
Estrada de Canindé (Luiz Gonzaga / Humberto Teixeira)
Alegria de Pé de Serra (Anastácia / Dominguinhos)
No Ceará Não Tem Disso Não (Guio de Morais)
Riacho do Navio (Zédantas / Luiz Gonzaga)
Forró de Mané Vito (Zédantas / Luiz Gonzaga)

A Vida do Viajante (Luiz Gonzaga / Hervê Cordovil)
Siri Jogando Bola (Luiz Gonzaga / Zédantas)
Forró Fungado (Dominguinhos / Anastácia)
O Cantador (Dori Caymmi / Nelson Motta)
A Volta da Asa Branca (Zédantas / Luiz Gonzaga)
Cortando o Pano (L. Gonzaga / J. Portella / M. Lima)
Lorota Boa (Humberto Teixeira / Luiz Gonzaga)
A Dança da Moda (Luiz Gonzaga / Zédantas)

OS GRANDES SUCESSOS DE LUIZ GONZAGA; 1982; RCA

Luar do Sertão (Catulo da Paixão Cearense)
Baião da Penha / Viva o Rei (D. Nasser / G. de Morais — J. Amâncio / Zé Gonzaga)
Pisa no Pilão (Zédantas)
Canaã (Humberto Teixeira)
Sertão de Aço (José Marcolino / Luiz Gonzaga)
Beata Mocinha (Manezinho Araújo / José Renato)
Baião Polinário (Humberto Teixeira)
Xamego (Luiz Gonzaga / Miguel Lima)
O Véio Macho (Rosil Cavalcanti)
Caminho de Pedra (A.C. Jobim / Vinícius de Moraes)
O Xamego da Guiomar (Luiz Gonzaga)
Fica Mal com Deus (Geraldo Vandré)
Madruceu o Milho (João Silva / Sebastião Rodrigues)
No Dia que Eu Vim Me Embora (Caetano Veloso / Gilberto Gil)

OS GRANDES MOMENTOS DE LUIZ GONZAGA; 1982; Som Livre

Asa Branca (Humberto Teixeira / Luiz Gonzaga)
Calango da Lacraia (Luiz Gonzaga / Jeová Portella)

A Volta da Asa Branca (Zédantas / Luiz Gonzaga)
No Ceará Não Tem Disso Não (Guio de Morais)
A Dança da Moda (Luiz Gonzaga / Zédantas)
Ovo de Codorna (Severino Ramos)
Deramaro o Gai (Luiz Gonzaga / Zédantas)
Paraíba (Humberto Teixeira / Luiz Gonzaga)
Mangaratiba (Humberto Teixeira / Luiz Gonzaga)
Qui Nem Jiló (Humberto Teixeira / Luiz Gonzaga)
A Vida do Viajante (Luiz Gonzaga / Hervê Cordovil)
Baião de Dois (Humberto Teixeira / Luiz Gonzaga)
Juazeiro (Humberto Teixeira / Luiz Gonzaga)
O Xote das Meninas (Zédantas / Luiz Gonzaga)

O REI VOLTA PRA CASA; 1982; RCA
(Essa compilação contém, intercalada entre as músicas, uma entrevista do artista)

O Rei Volta pra Casa (Aguinaldo Batista)
Respeita Januário (Humberto Teixeira / Luiz Gonzaga)
Jesus Sertanejo (Janduhy Finizola)
Carapeba (Luiz Bandeira / Julinho)
Légua Tirana (Humberto Teixeira / Luiz Gonzaga)
Juazeiro (Humberto Teixeira / Luiz Gonzaga)
A Vida do Viajante (Luiz Gonzaga / Hervê Cordovil)
Dança do Capilé (Rildo Hora / Humberto Teixeira)
Pé de Serra (Luiz Gonzaga)
Vira e Mexe (Luiz Gonzaga)
No Meu Pé de Serra (Humberto Teixeira / Luiz Gonzaga)
Vozes da Seca (Zédantas / Luiz Gonzaga)
A Triste Partida (Patativa do Assaré)

Asa Branca (Humberto Teixeira / Luiz Gonzaga)
Fantasia sobre tema Asa Branca (maestro Clóvis Pereira)

45 ANOS DE SUCESSO; 1985; RCA Vik

Baião (Humberto Teixeira / Luiz Gonzaga)
Cintura Fina (Luiz Gonzaga / Zédantas)
Moda da Mula Preta (Raul Torres)
Lorota Boa (Humberto Teixeira / Luiz Gonzaga)
Estrada de Canindé (Luiz Gonzaga / Humberto Teixeira)
Chofer de Praça (Evaldo Ruy / Fernando Lobo)
Forró de Mané Vito (Zédantas / Luiz Gonzaga)
Assum Preto (Humberto Teixeira / Luiz Gonzaga)
Respeita Januário (Luiz Gonzaga / Humberto Teixeira)
Boiadeiro (Klécius Caldas / A. Cavalcanti)
Dezessete e Setecentos (Luiz Gonzaga / Miguel Lima)
No Meu Pé de Serra (Humberto Teixeira / Luiz Gonzaga)
Cortando o Pano (L. Gonzaga / M. Lima / J. Portella)
Pau de Arara (Luiz Gonzaga / Guio de Morais)

50 ANOS DE CHÃO; 1988; RCA

Disco 1
Vira e Mexe (Luiz Gonzaga)
Dança, Mariquinha (Luiz Gonzaga / Miguel Lima)
No meu Pé de Serra (Luiz Gonzaga / H. Teixeira)
Vem, Morena (Luiz Gonzaga / Zédantas)
Acauã (Zédantas)
Baião (Luiz Gonzaga / H. Teixeira)
Asa Branca (Luiz Gonzaga / H. Teixeira)
Boiadeiro (Klécius Caldas / Armando Cavalcanti)

Discografia   339

Cintura Fina (Zédantas / Luiz Gonzaga)
Forró de Mané Vito (Zédantas / Luiz Gonzaga)
Treze de Dezembro (Zédantas / Luiz Gonzaga)
No Ceará Não Tem disso Não (Guio de Morais)

Disco 2
Pau de Arara (Luiz Gonzaga / Guio de Morais)
Sabiá (Luiz Gonzaga / Zédantas)
Juazeiro (Luiz Gonzaga / H. Teixeira)
A Volta da Asa Branca (Zédantas / Luiz Gonzaga)
Baião da Garoa (Luiz Gonzaga / Hervê Cordovil)
Qui nem Jiló (H. Teixeira / Luiz Gonzaga)
O Xote das Meninas (Zédantas / Luiz Gonzaga)
Assum Preto (H. Teixeira / Luiz Gonzaga)
Riacho do Navio (Zédantas / Luiz Gonzaga)
Respeita Januário (Luiz Gonzaga / H. Teixeira)
Paraíba (Luiz Gonzaga / H. Teixeira)
ABC do Sertão (Zédantas / Luiz Gonzaga)

Disco 3
A Dança da Moda (Luiz Gonzaga / Zédantas)
Légua Tirana (H. Teixeira / Luiz Gonzaga)
Imbalança (Zédantas / Luiz Gonzaga)
Estrada de Canindé (Luiz Gonzaga / H. Teixeira)
Xanduzinha (H. Teixeira / Luiz Gonzaga)
Vozes da Seca (Zédantas / Luiz Gonzaga)
Olha pro Céu (José Fernandes / Luiz Gonzaga)
São João na Roça (Zédantas / Luiz Gonzaga)
Noites Brasileiras (Zédantas / Luiz Gonzaga)
São João do Carneirinho (Luiz Gonzaga / Guio de Morais)
Piriri (João Silva / Albuquerque)
Forró no Escuro (Luiz Gonzaga)

Disco 4
A Feira de Caruaru (Onildo de Almeida)
Cacimba Nova (José Marcolino / Luiz Gonzaga)
Apologia do Jumento (O Jumento é Nosso Irmão) (L. Gonzaga / José Clementino)
Sanfona do Povo (Luiz Guimarães / Luiz Gonzaga)
Oia Eu Aqui de Novo (Antônio Barros Silva)
Meu Araripe (João Silva / Luiz Gonzaga)
Pense n'Eu (Gonzaga Jr.)
Ovo de Codorna (Severino Ramos)
Serrote Agudo (José Marcolino / Luiz Gonzaga)
A Morte do Vaqueiro (Nelson Barbalho / Luiz Gonzaga)
Capim Novo (Luiz Gonzaga / José Clementino)
A Triste Partida (Patativa do Assaré)

Disco 5
A Vida do Viajante (Luiz Gonzaga / Hervê Cordovil)
Danado de Bom (Luiz Gonzaga / João Silva)
Súplica Cearense (Gordurinha / Nelinho)
Pagode Russo (Luiz Gonzaga / João Silva)
Forró nº 1 (Cecéu)
Sanfoneiro Macho (Luiz Gonzaga / Onildo de Almeida)
Luar do Sertão (Catulo da Paixão Cearense)
Obrigado, João Paulo (Pe. Gothardo Lemos / Luiz Gonzaga)
Sanfoninha Choradeira (Luiz Gonzaga / João Silva)
Forró de Cabo a Rabo (Luiz Gonzaga / João Silva)
Nem se Despediu de Mim (Luiz Gonzaga / João Silva)
Depois da Derradeira (Dominguinhos / Fausto Nilo)

4. CDs

Os três títulos citados são compilações que apresentam músicas até então disponíveis apenas em 78 rpm ou em gravações raras. Não foram incluídos os CDs que são relançamentos de LPs.

ÊTA CABRA DANADO DE BOM; 1993;
  Revivendo
Vira e Mexe (Luiz Gonzaga)
Numa Serenata (Luiz Gonzaga)
Pé de Serra (Luiz Gonzaga)
Sanfonando (Luiz Gonzaga)
Saudades de Ouro Preto (Luiz Gonzaga;
  adaptação)
Calangotango (Luiz Gonzaga; adaptação)
Pisa de Mansinho (Luiz Gonzaga)
Última Inspiração (Peterpan)
Seu Januário (Luiz Gonzaga)
Apanhei-te Cavaquinho (Ernesto
  Nazareth)
Fuga da África (Luiz Gonzaga)
Farolito (Agustin Lara)
O Xamego da Guiomar (Luiz Gonzaga)
Bilu Bilu (Luiz Gonzaga)
Devolve / Não Quero Saber (Mário Lago)
Sant'Anna (Luiz Gonzaga)
Araponga (Luiz Gonzaga)
Saudades de Matão (Jorge Galati)
Fazendo Intriga (Luiz Gonzaga)
Galo Garnizé (Antônio de Almeida / Luiz
  Gonzaga)
Subindo ao Céu (Aristides M. Borges)

Calango da Lacraia (Luiz Gonzaga /
  Jeová Portella)
Sabido (Luiz Gonzaga)
17 Légua e Meia (Humberto Teixeira /
  Carlos Barroso)
Légua Tirana (Humberto Teixeira / Luiz
  Gonzaga)
Apitando na Curva (Luiz Gonzaga)
Tenho Onde Morar (Luiz Gonzaga /
  Dario de Souza)
Siridó (Luiz Gonzaga / Humberto
  Teixeira)
Queixumes (Noel Rosa / Henrique Britto)
Toca uma Polquinha (Luiz Gonzaga)
Ó de Casa (Luiz Gonzaga / Mário Rossi)
Segura a Polca (Xavier Pinheiro)
Feijão cum Côve (Luiz Gonzaga / Jeová
  Portella)
Cortando o Pano (L. Gonzaga / M. Lima
  / J. Portella)
Caxangá (Luiz Gonzaga)
Não Bate Nele (Zé Fechado / Lourenço
  Pereira)
Balanço do Calango (Luiz Gonzaga /
  Jeová Portella)
Sanfona Dourada (Luiz Gonzaga)

SANFONA DOURADA; 1994;
  Revivendo

Penerô Xerém (Luiz Gonzaga / Miguel
  Lima)
Dança Mariquinha (Luiz Gonzaga /
  Miguel Lima)
Saudades de São João del-Rei
  (Turquinho)
Vou pra Roça (Luiz Gonzaga / Zé
  Ferreira)

NO MEU PÉ DE SERRA; 1995;
  Revivendo

No Meu Pé de Serra (Luiz Gonzaga /
  Humberto Teixeira)
Minha Fulô (Luiz Gonzaga)
Arrancando Caroá (Luiz Gonzaga)
Estrela de Ouro (Antônio Barros Silva /
  José Batista)
Adeus Pernambuco (Hervê Cordovil /
  Manezinho Araújo)
Lygia (Luiz Gonzaga)

Discografia

Moda da Mula Preta (Raul Torres)
O Casamento de Rosa (Zédantas / Luiz Gonzaga)
Pagode Russo (Luiz Gonzaga)
Firim, Firim, Firim (Alcebíades Nogueira / Luiz Gonzaga)
Malhada dos Bois (Luiz Gonzaga / Amâncio Cardoso)
Nós Queremos uma Valsa (Nássara / Frazão)
Perpétua (motivo popular adaptado por L. Gonzaga / M. Lima)
Olha a Pisada (Zédantas / Luiz Gonzaga)
Aquele Chorinho (Luiz Gonzaga)
Mangaratiba (Humberto Teixeira / Luiz Gonzaga)
Açucena Cheirosa (Rômulo Paes)
Saudade (Carlos Dias Carneiro)
Propriá (Guio de Morais / Luiz Gonzaga)
Amor da Minha Vida (Raul Sampaio / Benil Santos)
Xamego das Cabrochas (Miguel Lima / Luiz Gonzaga)

MUSICOGRAFIA

Muitas músicas, inicialmente registradas como sendo deste ou daquele gênero musical, receberam mais tarde registro de outro ritmo. O que explica as aparentes contradições nas indicações do texto e as da discografia ou da musicografia. Com um * estão assinaladas as músicas gravadas unicamente por outros artistas. O total de músicas é de 312.

ABC do Sertão, baião (Zédantas / Luiz Gonzaga; 1953)

Aboio Apaixonado, aboio (Luiz Gonzaga; 1956)

Abraço do Baião*, baião (David Nasser / L. Gonzaga; 1952)

Acácia Amarela (L. Gonzaga / Orlando Silveira; 1982)

Adeus Iracema, toada (Zédantas / Luiz Gonzaga; 1962)

Adeus Rio de Janeiro, xote (Zédantas / Luiz Gonzaga; 1950)

Ai Amor, baião (Zédantas / Luiz Gonzaga; 1955)

Ai, Ai Portugal, fado baião (H. Teixeira / Luiz Gonzaga; 1951)

Ai, Miquilina*, baião (Guio de Morais / L. Gonzaga; 1952)

Alembrando*, rancheira (L. Gonzaga / Severino Januário; 1955)

Algodão, baião (Zédantas / Luiz Gonzaga; 1953)

Alvorada da Paz, marcha (Luiz Gonzaga / Lourival Passos; 1961)

Amanhã Eu Vou, valsa (Beduíno / Luiz Gonzaga; 1951)

Aperriado, xamego (Luiz Gonzaga; 1944)

Apitando na Curva, polca (Luiz Gonzaga; 1942)

Apologia do Jumento (L. Gonzaga / José Clementino; 1976)

Aquele Chorinho, choro (Luiz Gonzaga; 1942)

Aquilo Bom (Severino Ramos / Luiz Gonzaga; 1972)

Aquilo Sim que Era Vida, valsa (J. Portella / Luiz Gonzaga; 1946)

Araponga, choro (Luiz Gonzaga; 1943)

Arcoverde Meu, João Silva / Luiz Gonzaga; 1989)

Arrancando Caroá, choro (Luiz Gonzaga; 1941)

Asa Branca, toada (L. Gonzaga / H. Teixeira; 1947)

Assum Preto, toada (H. Teixeira / L. Gonzaga; 1950)

Bacamarteiros, Os, Janduhy Finizola / Luiz Gonzaga; 1981)

Baião, baião (L. Gonzaga / H. Teixeira; 1946)

Baião da Garoa, baião (Luiz Gonzaga; 1951)

Baião da Garoa, baião (L. Gonzaga / H. Cordovil; 1952)

Baião de Dois, baião (H. Teixeira / L. Gonzaga; 1950)

Baião de Vassouras, baião (Luiz Gonzaga / David Nasser; 1952)

Baião do Pescador*, baião (Luiz Gonzaga / Hervê Cordovil; 1953)

Baião dos Namorados, baião (Sylvio M. de Araújo / L. Gonzaga; 1955)

Baião Granfino, baião (Marcos Valentim / Luiz Gonzaga; 1955)

Baião no Braz*, baião (H. Teixeira / L. Gonzaga; 1949)

Musicografia

343

Balaio de Veramundo*, *O*, baião xote (Zédantas / Luiz Gonzaga; 1954)

Balaio*, marcha-baião (Luiz Gonzaga / Zédantas; 1951)

Balance Eu, toada (L. Gonzaga / Nestor de Hollanda; 1958)

Balanço do Calango, calango (Luiz Gonzaga / J. Portella; 1947)

Bamboleando, maxixe (Luiz Gonzaga / Miguel Lima; 1945)

Bilu Bilu, choro (Luiz Gonzaga; 1944)

Bilu Bilu*, choro (Luiz Gonzaga / Miguel Lima; 1945)

Boi Bumbá, motivo popular (Luiz Gonzaga / Gonzaga Jr.; 1965)

Bom Improvisador, O, Nelson Valença / Luiz Gonzaga; 1973)

Braia Dengosa, maracatu (Luiz Gonzaga / Zédantas; 1956)

Cabra da Peste, baião (Luiz Gonzaga / Zédantas; 1955)

Cabra-Macho*, xote (L. Gonzaga / Severino Januário; 1955)

Cachorro do Ma*, baião (L. Gonzaga / Severino Januário; 1955)

Cacimba Nova, toada (José Marcolino / Luiz Gonzaga; 1964)

Café, baião-coco (Zédantas / Luiz Gonzaga; 1955)

Caí no Frevo, marcha (Luiz Gonzaga; 1946)

Calango da Lacraia, calango (Luiz Gonzaga / Jeová Portella; 1946)

Calangotango, picadinho (Luiz Gonzaga; 1942)

Cana, Só de Pernambuco, xamego (Luiz Gonzaga / Victor Simão; 1954)

Canastrinha*, baião (L. Gonzaga / Severino Januário; 1955)

Cantarino (Nelson Valença / Luiz Gonzaga; 1973)

Canto Sem Protesto (Luiz Queiroga / Luiz Gonzaga; 1968)

Capim Novo (L. Gonzaga / José Clementino; 1976)

Capricho Nortista*, fantasia (H. Teixeira / Luiz Gonzaga; 1950)

Carapina*, calango (Severino Januário / L. Gonzaga; 1957)

Cariri*, baião (H. Teixeira / Luiz Gonzaga; 1950)

Cartão de Natal, toada (Zédantas / Luiz Gonzaga; 1954)

Casamento de Rosa, O, rancheira (Zédantas / Luiz Gonzaga; 1950)

Catamilho na Festa, chorinho (Luiz Gonzaga; 1952)

Cavalo Crioulo (Janduhy Finizola / Luiz Gonzaga; 1973)

Caxangá, choro (Luiz Gonzaga; 1945)

Chapéu de Couro e Gratidão (L. Gonzaga / Aguinaldo Batista; 1977)

Chorão, chorão (Luiz Gonzaga; 1956)

Chorei Chorão, chorão (Luiz Gonzaga / Lourival Passos; 1958)

Choromingo, (Luiz Gonzaga; 1973)

Cidadão Sertanejo (Luiz Gonzaga / João Silva; 1983)

Cintura Fina, xote (Zédantas / L. Gonzaga; 1950)

Contrastes de Várzea Alegre (José Clementino / Luiz Gonzaga; 1967)

Conversa de Barbeiro, rancheira (David Nasser / Luiz Gonzaga 1951)

Corridinho Canindé, baião (Luiz Gonzaga / Lourival Passos; 1961)

Cortando o Pano, mazurca (L. Gonzaga / M. Lima / J. Portella; 1945)

Creuza Morena, valsa (Lourival Passos / Luiz Gonzaga; 1961)

Criança Má*, samba (L. Gonzaga / Giuseppe Ghiaroni; 1954)

Danado de Bom, Luiz Gonzaga / João Silva; 1984)

Dança da Moda, A, baião (Luiz Gonzaga / Zédantas; 1950)

Dança de Nicodemos, A, xote (José Marcolino / Luiz Gonzaga; 1962)

Dança do Macaco, quadrilha (Luiz Gonzaga; 1945)

Dança Mariquinha, mazurca (Luiz Gonzaga / Miguel Lima; 1945)

Daquele Jeito (Luiz Ramalho / Luiz Gonzaga; 1973)

De Juazeiro pro Crato (Luiz Gonzaga / Julinho; 1968)

De Juazeiro a Pirapora, polca (Luiz Gonzaga; 1946)

Dedo Mindinho, baião (Luiz Gonzaga; 1961)

Deixa a Tanga Voar (Luiz Gonzaga / João Silva; 1985)

Derramaro o Gai, coco (L. Gonzaga / Zédantas; 1950)

Desse Jeito Sim, xote (José Jataí / Luiz Gonzaga; 1963)

Dezessete e Setecentos, samba (Luiz Gonzaga / Miguel Lima; 1945)

Dona Vera Tricotando*, choro (H. Teixeira / Luiz Gonzaga ; 1950)

Doutor do Baião (Luiz Gonzaga / João Silva; 1987)

Dúvida*, valsa (L. Gonzaga / Domingos Ramos; 1946)

É Sem Querer (Onildo de Almeida / Luiz Gonzaga; 1973)

É pra Rir ou Não É, choro (Luiz Gonzaga / Carlos Barroso; 1946)

Estrada de Canindé, toada-baião (L. Gonzaga / H. Teixeira; 1950)

Eu e Minha Branca (Gonzaguinha e Gonzagão; 1985)

Eu Vou Cortando, marcha (L. Gonzaga / M. Lima / J. Portella; 1946)

Eu Vou pro Crato, xote (José Jataí / Luiz Gonzaga; 1963)

Fazendo Intriga, xamego (Luiz Gonzaga; 1944)

Feijão cum Côve, embolada (Luiz Gonzaga / Jeová Portella; 1946)

Feira de Gado, aboio (Luiz Gonzaga / Zédantas; 1954)

Firim Firim Firim, polca (Alcibíades Nogueira / L. Gonzaga; 1948)

Flor de Lírio (Luiz Gonzaga / João Silva; 1985)

Fogo sem Fusil, polquinha (Luiz Gonzaga / José Marcolino; 1965)

Fogueira de São João, marcha (Luiz Gonzaga / Carmelina; 1959)

Fole Gemedor, xote (Luiz Gonzaga; 1964)

Fole Roncou, O (Nelson Valença / Luiz Gonzaga; 1973)

Forró de Cabo a Rabo (Luiz Gonzaga / João Silva; 1986)

Forró de Mané Vito (Zédantas / L. Gonzaga; 1949)

Forró de Ouricuri (Luiz Gonzaga / João Silva; 1983)

Forró de Pedro Chaves (Luiz Gonzaga; 1967)

Forró do Bom (Luiz Gonzaga / João Silva; 1985)

Forró do Quelemente*, xote miudinho (Luiz Gonzaga Zédantas; 1951)

Forrofiar (Luiz Gonzaga / João Silva; 1984)

Forró Gostoso (João Silva / Luiz Gonzaga; 1988)

Forró no Escuro, forró (Luiz Gonzaga; 1958)

Fruta Madura (João Silva / Luiz Gonzaga; 1988)

Fuga da África, polca (Luiz Gonzaga; 1944)

Galo Garnizé, choro (Luiz Gonzaga / Antônio Almeida; 1943)

Garota Todeschini (João Silva / Luiz Gonzaga; 1967)

Gato Angorá, marcha-baião (L. Gonzaga / H. Teixeira; 1949)

Gauchita*, rancheira (Luiz Gonzaga; 1949)

Gibão de Couro, baião (Luiz Gonzaga; 1958)

Imbalança, baião (Zédantas / Luiz Gonzaga; 1952)

Impertinente, polca (Luiz Gonzaga; 1945)

Já Era Tempo (Luiz Gonzaga / João Silva; 1989)

Juazeiro, baião (L. Gonzaga / H. Teixeira; 1949)

Jumento É Nosso Irmão, O (Luiz Gonzaga / José Clementino; 1968)

Juvina (Nelson Valença / Luiz Gonzaga; 1973)

Karolina com K (Luiz Gonzaga; 1977)

Lá Vai Pitomba (Luiz Gonzaga / Onildo de Almeida; 1980)

Musicografia   345

Lampião Era Besta Não (Solange Veras / Luiz Gonzaga1983)

Lascando o Cano, polca (Zédantas / Luiz Gonzaga; 1954)

Légua Tirana, toada (H. Teixeira / L. Gonzaga; 1949)

Lenda de São João, baião (Zédantas / Luiz Gonzaga; 1956)

Lenha Verde (João Silva / Luiz Gonzaga; 1968)

Letra I, A, baião (Zédantas / Luiz Gonzaga; 1953)

Lorota Boa, polca (H. Teixeira / L. Gonzaga; 1949)

Luar do Nordeste, valsa (Luiz Gonzaga; 1944)

Lula Meu Filho (L. Gonzaga / Aguinaldo Batista; 1984)

Lygia, valsa (Luiz Gonzaga; 1942)

Macapá, baião (H. Teixeira / L. Gonzaga; 1950)

Machucado, O*, baião (Zédantas / Luiz Gonzaga; 1951)

Madame Baião, baião (Luiz Gonzaga / David Nasser; 1951)

Madrilena, valsa (Antônio Almeida / Luiz Gonzaga; 1944)

Malhada dos Bois, baião (Luiz Gonzaga / Amâncio Cardoso; 1957)

Mambo Não*, baião (Denis Brean / Luiz Gonzaga; 1951)

Mané Gambá (L. Gonzaga / Jorge de Altinho; 1976)

Mané Zabe, baião (Zédantas / Luiz Gonzaga; 1956)

Mangaratiba, xote (H. Teixeira / L. Gonzaga; 1949)

Manoelito Cidadão (Luiz Gonzaga / Helena Gonzaga; 1979)

Mara, valsa (Luiz Gonzaga; 1945)

Marcha da Petrobrás, marcha (N. Barbalho / L.Gonzaga / J. Augusto 1959)

Maria, coco-baião (Zédantas / Luiz Gonzaga; 1951)

Mariana (Gonzaguinha / Gonzagão; 1987)

Marieta, valsa (Luiz Gonzaga; 1946)

Marimbondo, forró (José Marcolino / Luiz Gonzaga; 1964)

Matuto Aperreado, baião (José Marcolino / Luiz Gonzaga; 1962)

Matuto de Opinião, marchinha (Luiz Gonzaga / Gonzaga Jr.; 1965)

Mazurca (L. Gonzaga / Raimundo Grangeiro ; 1968)

Me Deixe em Paz*, samba (Luiz Gonzaga / H. Teixeira ; 1949)

Meu Araripe (João Silva / Luiz Gonzaga; 1968)

Meu Brotinho, marcha (H. Teixeira / Luiz Gonzaga; 1949)

Meu Pajeú, toada (Luiz Gonzaga / R. Grangeiro; 1957)

Meu Pandeiro*, samba (Luiz Gonzaga / Ary Monteiro; 1947)

Meu Passado, valsa (L. Gonzaga / Waldemar Gomes; 1943)

Minha Fulô, baião (Zédantas / Luiz Gonzaga; 1954)

Morena Bela (Luiz Gonzaga / João Silva; 1985)

Morena, Moreninha, toada (Hervê Cordovil / Luiz Gonzaga; 1951)

Moreninha Tentação, baião (Moacyr de Araújo / L. Gonzaga; 1953)

Morte do Vaqueiro, A, toada (Nelson Barbalho / L.Gonzaga; 1963)

Mulher de Hoje (Nelson Valença / Luiz Gonzaga; 1973)

Mulher do Lino, A*, samba (Luiz Gonzaga / Miguel Lima; 1944)

Mulher do Sanfoneiro, A (Luiz Gonzaga / João Silva; 1985)

Na Hora H, choro (Luiz Gonzaga; 1945)

Não É Só a Paraíba que Tem Zé (Luiz Gonzaga; 1977)

Não Vendo Não Troco (Luiz Gonzaga / Luiz Gonzaga Jr.; 1981)

Nem se Despediu de Mim (Luiz Gonzaga / João Silva; 1987)

No Meu Pé de Serra, xote (L. Gonzaga / Humberto Teixeira; 1946)

No Pianco, xote (José Marcolino / Luiz Gonzaga; 1962)

Noites Brasileiras, baião (Zédantas / Luiz Gonzaga; 1954)

Nordeste pra Frente (Luiz Queiroga / Luiz Gonzaga; 1968)

Numa Sala de Reboco, xote (José Marcolino / Luiz Gonzaga; 1964)

Numa Serenata, valsa (Luiz Gonzaga; 1941)

Ó de Casa, chorinho (Luiz Gonzaga / Mário Rossi; 1946)

Obrigado, João Paulo (L. Gonzaga / Pe. Gothardo Lemos; 1980)

Olha a Pisada, baião xaxado (Zédantas / Luiz Gonzaga; 1954)

Olha pro Céu, marcha junina (José Fernandes / Luiz Gonzaga; 1951)

Outro Amanhã Será (Luiz Gonzaga / João Silva; 1988)

Padroeira do Brasil, baião (Luiz Gonzaga / R. Grangeiro; 1955)

Pagode Russo (Luiz Gonzaga / João Silva; 1984)

Pagode Russo, polca (Luiz Gonzaga; 1946)

Pão-duro, marcha (Assis Valente / Luiz Gonzaga; 1946)

Papa e o Jegue, O (Otacílio Batista / Luiz Gonzaga; 1983)

Para Xaxar, xaxado (L. Gonzaga / Sylvio M. Araújo; 1953)

Paraíba, baião (L. Gonzaga / H. Teixeira; 1950)

Pássaro Caraó, baião (José Marcolino / L. Gonzaga; 1962)

Passeando em Paris, valsa (Luiz Gonzaga; 1944)

Passo da Rancheira, O, rancheira (Zédantas / Luiz Gonzaga; 1957)

Passo do Pinguim, O*, marcha (H. Teixeira / Luiz Gonzaga; 1949)

Pau de Arara de Minas Gerais*, baião (Luiz Gonzaga / Carlos Antunes; 1955)

Pau de Arara, maracatu (Luiz Gonzaga / Guio de Morais; 1952)

Pau de Sebo, marcha (Lunga / Luiz Gonzaga; 1947)

Paulo Afonso, baião (Luiz Gonzaga / Zédantas; 1955)

Pé de Serra, xamego (Luiz Gonzaga; 1942)

Penerô Xerém, xamego (L. Gonzaga / M. Lima; 1945)

Perpétua, valsa / marcha (pop. / Luiz Gonzaga / Miguel Lima; 1945)

Pingo Namorando, choro (Luiz Gonzaga; 1944)

Piracuru*, baião (H. Teixeira / Luiz Gonzaga; 1950)

Pisa de Mansinho, xamego (Luiz Gonzaga; 1942)

Pobre do Sanfoneiro (Luiz Gonzaga / João Silva; 1987)

Polca Fogueteira*, polca (Luiz Gonzaga ; 1957)

Pra que Mais Mulher (João Silva / Luiz Gonzaga; 1988)

Projeto Asa Branca (José Marcolino / Luiz Gonzaga; 1983)

Pronde Tu Vai, Luiz?*, baião (Luiz Gonzaga / Zédantas; 1954)

Propriá, baião (Guio de Morais / Luiz Gonzaga; 1951)

Puxada, A (Luiz Gonzaga / João Silva; 1985)

Quadrilha Chorona (Luiz Gonzaga / Maranguape; 1986)

Quase Maluco, xamego (Luiz Gonzaga / Victor Simão; 1949)

Que É que Tu Qué?*, baião (Zédantas / Luiz Gonzaga; 1953)

Que Modelo São os Seus, xaxado (Luiz Gonzaga; 1958)

Quem É?*, samba (Luiz Gonzaga / J. Calazans "Jararaca"; 1945)

Quer Ir Mais Eu?, marcha-frevo (Luiz Gonzaga / Miguel Lima; 1947)

Quero Chá, polquinha (José Marcolino / Luiz Gonzaga; 1965)

Qui Nem Jiló, baião (H. Teixeira / Luiz Gonzaga; 1950)

Qui Ri Qui Qui (Luiz Gonzaga / Audízio Brizeno; 1978)

Recado do Velho (Luiz Gonzaga / João Silva; 1988)

Regresso do Rei (Luiz Gonzaga / Onildo de Almeida; 1984)

Rei Bantu, maracatu (Luiz Gonzaga / Zédantas; 1950)

Reis do Baião (Luiz Gonzaga / Luiz Bandeira; 1977)

Respeita Januário, baião (L. Gonzaga / H. Teixeira; 1950)

Resto a Gente Ajeita, O (Luiz Gonzaga / Dalton Vogeler; 1981)

Retrato de um Forró (Luiz Ramalho / Luiz Gonzaga; 1973)

Riacho do Navio, xote (Zédantas / Luiz Gonzaga; 1955)

Rio Brígida (Luiz Gonzaga / Luiz Gonzaga Jr.; 1979)

Rodovia Asa Branca (Luiz Gonzaga / João Silva; 1986)

Roendo Unha (Luiz Ramalho / Luiz Gonzaga; 1976)

Sabiá, baião (Luiz Gonzaga / Zédantas; 1951)

Sabido, choro (Luiz Gonzaga; 1946)

Salmo dos Aflitos (Humberto Teixeira / L. Gonzaga; 1978)

Sanfona do Povo, xote (Luiz Guimarães / Luiz Gonzaga; 1964)

Sanfona Dourada, valsa (Luiz Gonzaga; 1945)

Sanfonando, chorinho (Luiz Gonzaga; 1942)

Sanfoneiro Macho (L. Gonzaga / Onildo de Almeida; 1985)

Sanfoninha Choradeira (Luiz Gonzaga / João Silva; 1984)

Sant'Anna, mazurca (Luiz Gonzaga; 1942)

Santo Antônio Nunca Casou (João Silva / Luiz Gonzaga; 1970)

São João Antigo, baião (Zédantas / Luiz Gonzaga; 1957)

São João Chegou, baião (Mariza Coelho / Luiz Gonzaga; 1953)

São João do Carneirinho, baião (Luiz Gonzaga / Guio de Morais; 1952)

São João na Roça, marcha junina (Zédantas / Luiz Gonzaga; 1952)

São João nas Capitá (Luiz Ramalho / Luiz Gonzaga; 1976)

Sarapaté*, maxixe (Luiz Gonzaga / Anselmo Domingos; 1945)

Saudades de Ouro Preto, valsa (Luiz Gonzaga; 1942)

Se Não Fosse Este Meu Fole (Luiz Gonzaga / Severino Ramos; 1972)

Se Quer Ver Vem Cá*, marcha-calango (Luiz Gonzaga / M. Lima; 1946)

Sequei os Olhos (Luiz Gonzaga / João Silva; 1983)

Serra Talhada, miudinho (S. Januário / Luiz Gonzaga; 1957)

Serrote Agudo, toada baião (José Marcolino / Luiz Gonzaga; 1962)

Sertão de Aço, xote (José Marcolino / Luiz Gonzaga; 1962)

Seu Januário, xamego (Luiz Gonzaga; 1942)

Siri Jogando Bola, coco (Luiz Gonzaga / Zédantas; 1956)

Siridó, ritmo novo (Luiz Gonzaga / Humberto Teixeira; 1949)

Só Vale Quem Tem, baião (Zédantas / Luiz Gonzaga; 1955)

Tá Bom Demais (Luiz Gonzaga / Onildo de Almeida; 1985)

Tá Legal*, batucada (Zédantas / Luiz Gonzaga; 1951)

Tacacá, baião (Luiz Gonzaga / Lourival Passos; 1956)

Taqui pá Tu (João Silva / Luiz Gonzaga; 1988)

Tenho Onde Morar, samba (Luiz Gonzaga / Dário de Souza; 1947)

Tesouro e Meio, baião (Luiz Gonzaga; 1956)

Tô Sobrando, polquinha (Luiz Gonzaga / H. Cordovil; 1951)

Toca Pai (Luiz Gonzaga / João Silva; 1987)

Toca Sanfoneiro*, rancheira (Luiz Gonzaga / Stellinha Egg; 1952)

Toca uma Polquinha, polca (Luiz Gonzaga; 1946)

Tocador Quer Beber, O, xote (Carlos Diniz / Luiz Gonzaga; 1961)

Toque de Rancho, baião (Luiz Gonzaga / J. Ferreira; 1964)

Torrado, O, torrado (Luiz Gonzaga / Zédantas; 1950)

Treze de Dezembro, choro (Zédantas / Luiz Gonzaga; 1953)

Tu que Mingabela (Luiz Gonzaga; 1967)

Tudo É Baião*, baião (Zédantas / Luiz Gonzaga; 1952)

Um pra Mim, Um pra Tu (Luiz Gonzaga / João Silva; 1989)

Umbuzeiro da Saudade (Luiz Gonzaga / João Silva; 1978)

Vamos Xaxear, xaxado (Luiz Gonzaga / G. Nascimento; 1952)

Vanda, valsa (Luiz Gonzaga; 1944)

Vassouras, xote (Luiz Gonzaga / David Nasser; 1956)

Vê Se Ligas pra Mim (João Silva / Luiz Gonzaga; 1989)

Velho Novo Exu, baião (Luiz Gonzaga / Sylvio M. Araújo; 1954)

Velho Pescador, baião (Luiz Gonzaga / Hervê Cordovil; 1954)

Vem Morena, baião (Luiz Gonzaga / Zédantas; 1949)

Verônica, valsa (Luiz Gonzaga; 1942)

Véspera de São João, mazurca (Luiz Gonzaga / F. Reis; 1941)

Vida de Vaqueiro, xote (Luiz Gonzaga; 1960)

Vida do Viajante, toada (Luiz Gonzaga / H. Cordovil; 1953)

Vira e Mexe, xamego (Luiz Gonzaga ; 1941)

Viva Meu Padim (Luiz Gonzaga / João Silva; 1986)

Vô Casá Já, baião (Zédantas / Luiz Gonzaga; 1954)

Volta da Asa Branca, A, toada (Zédantas / Luiz Gonzaga ; 1950)

Vou Mudar de Couro, batucada (H. Teixeira / Luiz Gonzaga; 1949)

Vou pra Roça, marchinha (Luiz Gonzaga / Zé Ferreira; 1947)

Vou Te Matar de Cheiro (Luiz Gonzaga / João Silva; 1989)

Vozes da Seca, toada (Zédantas / Luiz Gonzaga; 1953)

Xamego da Guiomar, O, xamego (Luiz Gonzaga; 1943)

Xamego das Cabrochas, xamego (Luiz Gonzaga / Miguel Lima; 1946)

Xamego, samba (Luiz Gonzaga / Miguel Lima; 1944)

Xanduzinha, baião (H. Teixeira / Luiz Gonzaga; 1950)

Xaxado, xaxado (Luiz Gonzaga / H. Cordovil; 1952)

Xeêm (José Clementino / Luiz Gonzaga; 1967)

Xodó, choro (Luiz Gonzaga; 1944)

Xote das Meninas, O, xote (Zédantas / Luiz Gonzaga; 1953)

Xote dos Cabeludos (José Clementino / Luiz Gonzaga; 1967)

Xote Ecológico (Aguinaldo Batista / Luiz Gonzaga; 1989)

BIBLIOGRAFIA

ALENCAR, Juarez Aires de. *Dona Bárbara do Crato: a heroína cearense*. Fortaleza: edição do autor, 1972.

ALMIRANTE. *No tempo de Noel Rosa*. Rio de Janeiro: Francisco Alves, 1977 (2ª ed.).

ANDRADE, Mário de. *Dicionário musical brasileiro*. Belo Horizonte: Itatiaia, 1989.

ARAÚJO, Alceu Maynard. *Folclore nacional, vol. II: danças, recreação, música*. São Paulo: Melhoramentos, 1964.

ASSIS, Ângelo. *Eu vou contar pra vocês*. São Paulo: Ícone, 1990.

CABRAL, Sérgio. *No tempo de Almirante: uma história do rádio e da MPB*. Rio de Janeiro: Francisco Alves, 1990.

CALDAS, Klecius. *Pelas esquinas do Rio: tempos idos e jamais esquecidos*. Rio de Janeiro: Civilização Brasileira, 1994.

CÂMARA CASCUDO, Luís da. *Antologia do folclore brasileiro*. São Paulo: Martins, 1956.

_____. *Dicionário do folclore brasileiro*. Belo Horizonte: Itatiaia, 1988 (6ª ed.).

CAMPOS, Augusto de. *Balanço da bossa e outras bossas*. São Paulo: Perspectiva, 1978 (3ª ed.).

CAMPOS, Eduardo. *Cantador, musa e viola*. Brasília: Americana/MEC, 1973.

CHANDLER, Billy Jaynes. *Lampião, o rei dos cangaceiros*. Rio de Janeiro: Paz e Terra, 1980 (tradução de Sarita Linhares Barsted).

CASTRO, Ruy. *Chega de saudade: a história e as histórias da bossa nova*. São Paulo: Companhia das Letras, 1990.

CHEDIAK, Almir (org.). *Songbook de Caetano Veloso*. Rio de Janeiro: Lumiar (2 vols.).

_____. *Songbook de Gilberto Gil*. Rio de Janeiro: Lumiar (2 vols.).

DOLABELA, Marcelo. *ABZ do rock brasileiro*. São Paulo: Estrela do Sul, 1987.

FACÓ, Rui. *Cangaceiros e fanáticos*. Rio de Janeiro: Civilização Brasileira, 1983 (7ª ed.).

FERREIRA, José de Jesus. *Luiz Gonzaga, o rei do baião*. São Paulo: Ática, 1986.

FERRETTI, Mundicarmo Maria Rocha. *Baião de dois: Zé Dantas e Luiz Gonzaga*. Recife: Massangana, 1988.

FONSECA, Heber. *Caetano, esse cara*. Rio de Janeiro: Revan, 1993 (2ª ed.).

MACEDO, Nertan. *O padre e a beata: a vida do padre Cícero do Juazeiro*. Rio de Janeiro: Renes, 1981 (2ª ed.).

MACIEL, Anamélia. *Alceu Valença em frente e verso*. Recife: edição do autor, 1989.

MACIEL, Frederico Bezerra. *Lampião, seu tempo e seu reinado*. Petrópolis: Vozes, 1985 (3 vols.).

MARCONDES, Marcos Antônio (org.). *Enciclopédia da música brasileira erudita, folclórica e popular*. São Paulo: Art Editora, 1977 (2 vols.).

MELLO, Frederico Pernambuco de. *Guerreiros do sol: o banditismo no Nordeste do Brasil.* Recife: Massangana, 1985.

MORAES, Mário de. *Recordações de Ary Barroso.* Rio de Janeiro: MEC/Funarte, 1979.

MORAES NETO, Geneton. *Caderno de confissões brasileiras: dez documentos, palavra por palavra.* Recife: Comunicarte, 1983.

MORAIS, Fernando. *Chatô, o rei do Brasil.* São Paulo: Companhia das Letras, 1994.

NASCIMENTO, Alfredo Ricardo do. *Memórias de Zé do Norte.* Rio de Janeiro: Revista Continente Editorial, 1985.

OLIVEIRA, Aglae Lima de. *Lampião, cangaço e Nordeste.* Rio de Janeiro: Edições O Cruzeiro, 1970 (2ª ed.).

OLIVEIRA, Gildson de. *Luiz Gonzaga, o matuto que conquistou o mundo.* Recife: Comunicarte, 1991.

PARANAGUÁ, Paulo Antônio (org.). *Le Cinéma brésilien.* Paris: Centre Georges Pompidou, 1987.

RISÉRIO, Antônio (org.). *Gilberto Gil, Expresso 2222.* São Paulo: Corrupio, 1982.

SÁ, Sinval. *O sanfoneiro do riacho da Brígida.* Recife: Coleção Pernambucana, 1986 (6ª ed. revista e aumentada).

SAROLDI, Luiz Carlos; MOREIRA, Sônia Virgínia. *Rádio Nacional: o Brasil em sintonia.* Rio de Janeiro: Funarte, 1984.

PAVÃO, Albert. *Rock brasileiro, 1955-65: trajetória, personagens e discografia.* São Paulo: Edicon, 1989.

PEREIRA, João Batista Borges. *Cor, profissão e mobilidade: o negro e o rádio de São Paulo.* São Paulo: Pioneira, 1967.

SKIDMORE, Thomas. *Brasil: de Getúlio a Castelo (1930-1964).* Rio de Janeiro: Saga, 1969 (tradução coordenada por Ismênia Tunes Dantas).

SOUZA, Tárik de; ANDREATO, Elifas. *Rostos e gostos da música popular brasileira.* Porto Alegre: L&PM, 1979.

SOUZA, Tárik de. *O som nosso de cada dia.* Porto Alegre: L&PM, 1983.

TINHORÃO, José Ramos. *Música popular: do gramofone ao rádio e TV.* São Paulo: Ática, 1981.

_____. *Pequena história da música popular.* Petrópolis: Vozes, 1975 (2ª ed.).

VÁRIOS AUTORES. *A Revolução de 1930 e seus antecedentes.* Rio de Janeiro: Nova Fronteira, 1980.

VÁRIOS AUTORES. *História da música popular brasileira.* São Paulo: Abril, 1970-72.

VÁRIOS AUTORES. *História da música popular brasileira: grandes compositores.* São Paulo: Abril, 1977.

VÁRIOS AUTORES. *Luiz Gonzaga.* São Paulo: Martin Claret/Vozes do Brasil, 1990.

VÁRIOS AUTORES. *O som do Pasquim.* Rio de Janeiro: Codecri, 1976 (2ª ed.).

WERNECK, Humberto. *Chico Buarque, letra e música.* São Paulo: Companhia das Letras, 1989 (2 vols.).

Este livro foi composto em Sabon pe-
la Bracher & Malta, com CTP da
New Print e impressão da Graphium
em papel Alta Alvura 90 g/m² da Cia.
Suzano de Papel e Celulose para a
Editora 34, em março de 2013.